## Ein Autor…

Klaus Farin, geb. 1958 in Gelsenkirchen und viel zu lange dort gelebt. Mit vierzehn dank Udo L. von deutscher Schlagerseligkeit erlöst. «Daumen im Wind» und keine seiner Tourneen versäumt. Angefangen, eigene Texte zu schreiben und von Berlin zu träumen, noch mutlos. Schule & Uni. In Wirklichkeit Konzerte veranstaltet, Buttons entworfen und auf Festivals verkauft. Tourbegleitungen. Ina D. kennengelernt und nachdenklich geworden. Häufigere Berlin-Trips. Vater Staat schickt ein Einschreiben, sofortiger Umzug in die Mauerstadt. Seitdem frei arbeitend im Journalist(inn)enbüro PRESSTIGE, für TIP und TAZ, RIAS und ROWOHLT. Porträts, Gespräche & Reportagen.

## Eine Autorin…

Anke Kuckuck, geboren, als Bill Haley mit «Rock Around the Clock» die Charts stürmte. Aufgewachsen mit Rex und Gitte in einem Nest in Nordrhein-Westfalen. Weihnachten 1970 zum erstenmal (!) eine Platte von den BEATLES freudig erregt gehört. Gitarre gekauft und es bis zum Tode von Jim Morrison im Juni '71 zu drei Akkorden gebracht. 1977 erstes Monatsgehalt in den Kauf einer Stereoanlage investiert. 1980 dem Freiheitsruf nach Berlin gefolgt. Gesungen und getextet, wo immer auch nur eine bescheidene Nachfrage auftrat. Vogelfrei arbeitend für Hörfunk und Presse. Zweimal ROCK CITY, Musikerhandbuch für die Mauerstadt, mitherausgegeben. In VENUS WELTKLANG (Elefantenpress) über Musikarbeiterinnen im Rockgeschäft geschrieben. Es gibt ja so viele Bücher…

Kowarik, Gabi 95 ff
Kranz, George 57, 96
Kunze, Heinz Rudolf 130, 131, 156
Küster, Elfi 129 ff

Lehnert, Helmut 140, 190
Lindenberg, Udo 71, 182, 183

Maahn, Wolf 116, 128, 154, 164
Maffay, Peter 99 ff, 199 ff
Marcus, Stefi 77 ff
Marie-Marie 144 ff
Meinecke, Ulla 16, 32, 156, 209
Metronome 116, 118, 132, 145
Milde, Barbara 38 ff
Miller, Betsy 38 ff
Mitteregger, Herwig 57, 64
Modern Talking 71, 73, 138
Müller, Caroline 73 ff
Musik-Express 128 ff, 138, 173, 174, 193, 194

Nabu, Else 13 ff
Na Sowas 137, 138
Nena 16, 82, 106, 174, 176

Papst, Das 88 ff
Pesch, Doro 66 ff
Phonogram 66, 94, 116, 133, 135, 166
Ping 19 ff
Playing Games 161, 168
Polygram 116, 133
Porzner, Hucky 77 f

Rainbirds, The 77, 92 ff
Rakete, Jim 156, 174, 176
Rau, Fritz 99, 101, 161

RCA 116
Reinecke Fuchs 18, 57
Richter, Eva 120 ff
Rölfing, Huberta 161 ff
Ruckert, Kat 77 ff
Rumpf, Inga 182

Schellenberg, Karin 77 ff
Schröder, Bettina 45 ff
SFBeat 140, 187 ff, 193
Siegel, Ralph 150 ff
Sippel-Till, Petra 120 ff
Slaughterhouse 5, 85 ff
Spex 148, 190, 194
Spillmann, Louis 94, 134
SST 33 ff
Staccato 45, 48, 49
Stern 131, 138, 184, 194, 206
Stricher, Die 77, 83
Subtones, The 140, 143

TAZ 87, 194
Teldec 116, 143, 145, 160
Thomsen-Röder, Petra 144 ff
Tip 21, 193
Traub, Andrea 38 ff
Trebuth, Heike 105 ff

Vielklang 139 ff
Violent Femmes 145, 148

Warlock 66, 68
WEA 116, 129, 132, 145, 160
Wecker, Konstantin 156, 157, 160
Weinhold, Jutta 13, 38 ff, 66, 71
Werth, Gaby 150 ff
Wingels, Katja 77 ff, 92 ff

# Texte & Töne

Klaus Hoffmann
**Wenn ich sing**
Lieder und Texte (5754)

Heinz Rudolf Kunze
**Papierkrieg**
Lieder und Texte 1983-1985 (5762)

Frank Laufenberg (Hg.)
**Klaus Lage**
**«... und es hat ZOOM gemacht!»**
Seine Story von seinen Freunden,
Kollegen und ihm selbst erzählt (5646)

**Peter Maffay**
Ein Buch
Fotografiert und geschrieben von
Frank Eyssen (5910)

Erika Pluhar
**Lieder** (5885)

Kathrin Brigl/Siegfried Schmidt-Joos (Hg.)
**Selbstredend...**
Interview-Porträts mit Georg Danzer,
Peter Horton, Stephan Sulke u.a. (5602)
**Selbstredend...**
André Heller, Ulla Meinecke, Konstantin
Wecker u.a. Neue Interview-Porträts von
Kathrin Brigl und Siegfried Schmidt-Joos
(5814)

Udo Lindenberg
**Highlige Schriften**
Alle Songtexte – auch englische –
von '46 bis '84 (5535)

ro
ro
ro

C 1094/10a

Klaus Farin / Anke Kuckuck

# promotion

Frauen im Rock-Business
Begegnungen, Gespräche,
Reportagen

Rowohlt

Originalausgabe
Veröffentlicht im Rowohlt Taschenbuch Verlag GmbH,
Reinbek bei Hamburg, Februar 1987
Copyright © 1987 by Rowohlt Taschenbuch Verlag GmbH,
Reinbek bei Hamburg
Redaktion Meike Wolff
Umschlaggestaltung Erasmi & Stein
(Zeichnung nach einem Foto von
Ann-Christine Jansson/PRESSTIGE, Berlin
Gruppe: Ping mit Kissing all over)
Alle Rechte vorbehalten
Gesetzt aus der Sabon (Linotron 202)
Gesamtherstellung Clausen & Bosse, Leck
Printed in Germany
980-ISBN 3 499 15881 7

# INHALT

**VORWORT**
(Klaus Farin / Anke Kuckuck) 9

## I. MUSIKERINNEN

*«Singen ist die absolute Mitte» (AK)*
Else Nabu, Gesang & Text  13

*«Nur die wilde Band fehlte» (KF)*
Ping, Gesang, Bass, Gitarre, Text & Komposition  19

*Zwei Frauen, vier Männer, ein Kind (AK)*
Klara Brandi und Dorle Ferber, Cochise  23

*«Auf der Bühne stehen. Immer!» (KF)*
Anne Haigis, Gesang  28

*Young Music for Young Hearts (AK)*
SST  33

*«Seid ihr geil auf der Bühne?» (KF/AK)*
Eine Gesprächsrunde in Hamburg  38

*Hans-a-plast – gut verheilt (AK)*
Bettina Schröder, Schlagzeug, Text & Komposition  45

*«Ein neues Gefühl» (KF)*
Ina Deter, Gesang, Gitarre, Text & Komposition  50

*«Den Mösenbonus überwinden» (KF)*
Annette Kluge, Schlagzeug  57

*«Eines Tages wird's nie geben» (AK)*
Annette Hopfenmüller, Bass & Produktion  60

*«Die geilste Form, sich abzureagieren» (KF)*
Heavy Metal mit Doro Pesch (Warlock), Sabina Claßen
(Holy Moses) und Jutta Weinhold (Zedyago)  66

### Modernes Gespräch (AK)
CAROline Müller, Gesang  73

### «Frauenrock gibt's nicht» (KF/AK)
Eine Gesprächsrunde in Berlin  77

### Thrash Beat Pop Punk Garage Rock (AK)
Slaughterhouse 5  85

### Drei für allemal (AK)
Das Papst  88

### Gänsehaut (AK)
Katja Wingels, Gesang, Gitarre, Text & Komposition  92

## II. BACKSTAGE

### Achtung – Die Ärzte sind los! (KF)
Gabi Kowarik, Tourneemanagement  95

### Der Ton macht die Musik (AK)
Carmen Böll, Tontechnik  99

### 1000 Lampen und Farben (AK)
Heike Trebuth, Lichtdesign  105

### Rouladen mit Gefühl (AK)
Thera van den Booren, Catering  109

## III. PLATTENFIRMEN & MUSIKVERLAGE

### Warum wird ein Hit zum Hit? (AK)
Schallplattenfirmen in der Bundesrepublik  115

### Von Schmarotzern und Blutsaugern (KF/AK)
Eva Richter & Petra Sippel-Till,
Presse national bei EMI Electrola  120

### «Augenringe sind unser Markenzeichen» (KF/AK)
Elfi Küster, Presse-Chefin bei WEA  129

### «Eine Hand wäscht die andere» (KF/AK)
Karin Heinrich, Product Manager International bei
PHONOGRAM  133

*«Ein gewisser Wahnsinn gehört wohl dazu» (KF)*
Silvie Fukking, Vielklang Musikproduktion und -verlag   139

*Ein Fan im Business (KF)*
Petra Thomsen-Röder,
Marie-Marie Musikverlag & another record company   144

*Einen Riecher für Hits (AK)*
Gaby Werth, Verlagsmanagerin bei Ralph Siegel/MCA   150

## IV. MANAGEMENT

*«Irgendwie menschlicher arbeiten» (KF)*
Vivi Eickelberg   155

*«Ich werde es nicht mehr los» (KF)*
Vera Brandes & Huberta Rölfing   161

*Eine scheinbar private Ebene (AK)*
Kerstin Kilanowski, Agentur Defizit   169

## V. MEDIEN

*BRAVO für Headbanger (AK)*
Gundi Hoppe, Chefredakteurin bei CRASH   173

*Das Bild der Frau (AK)*
Moni Kellermann, Fotografin   179

*Push once or twice (AK)*
Monika Dietl, Dijäi beim Rundfunk   187

*«Einfach weg» (KF)*
Gitti Gülden, Fernsehen, Radio & Presse   192

## VI. FANS

*Die Ärztin (AK)*
Melanie   195

*Wofür ein Star alles gut ist (AK)*
Sabine   199

## VII. SCHNEEWITTCHEN ODER SCHNEEFLITTCHEN

*Anke Kuckuck nachdenklich* 203

## VIII. INITIATIVEN (KF) 209

## IX. ANHANG

*Kleines Lexikon (AK)* 217

*Dank an.../Bildnachweis* 219

*Namenregister (KF)* 220

# VORWORT

*ANKE:* Äh, hm, hust...
*KLAUS:* Los jetzt!
*ANKE:* O.K.! Also, wir haben dieses Buch gemacht, weil wir meinen, daß es im Rock-Business so wenig Frauen...
*(leise)* stimmt doch gar nicht...
*KLAUS:* Dann sag was anderes, aber sag endlich was.
*ANKE:* Gut. Nachdem wir nun mehr als 70 Frauen aus dem Rock-Business interviewt haben, stellen wir fest: Die Zeit des Jammerns ist vorbei. Es gibt ganz viele tolle Musikerinnen, starke Frauen...
*KLAUS:* Viel zu pathetisch. Sag doch lieber, daß dies vermutlich das letzte Buch dieser Art sein wird, weil es bald ebenso viele Männer wie Frauen...
*ANKE:* Haha! Frauen wie Männer...
*KLAUS:* Ja richtig... geben wird. Und wenn nicht, sind sie selber schuld.
*ANKE:* Ach nee. Sehr einfach hast du dir das gemacht.
*KLAUS:* Sind deine Worte.
*ANKE:* Im Leben nicht!
*KLAUS:* Dann jetzt deine Version.
*ANKE:* Richtig ist: Es gibt zu viele Männer in dieser Branche. Aber die wären ja blöde, wenn sie freiwillig ihre Erbhöfe in den Chefetagen und auf den Bühnen an Frauen abtreten würden.
*KLAUS:* Sehr gut. *Warum* gibt es zu viele Männer?
*ANKE:* Das müßte ich wohl eher dich fragen.
*KLAUS:* Also, entweder *ich* stelle die Fragen oder *du*.

*ANKE:* Dann stelle ich jetzt die Fragen.
*KLAUS:* Aber eben hast du doch gesagt...
*ANKE:* Aber jetzt frage ich dich. Warum gibt es so viele Männer in diesem Business?
*KLAUS:* Weil die Frauen so wenig Engagement, Ausdauer und Exhibitionismus mitbringen. Sich selbst nicht verkaufen können. Kein Selbstwertgefühl haben.
*ANKE:* Würdest du das öffentlich wiederholen?
*KLAUS:*. Sind alles Zitate von Frauen, mit denen wir geredet haben.
*ANKE:* Aber du bist dir doch im klaren darüber, daß es da noch eine gesellschaftliche Erklärung gibt, so mehr soziologisch. Erziehung, Rolle der Frau, Blockflöte in der Kindheit und so... Wenig «Mut zum Erfolg», hast du mir doch auch schon erzählt.
*KLAUS:* Ja, aber die Frauen in diesem Business scheinen diese Erklärung nicht mehr so zwingend zu finden. Welche Bezeichnung wurde bei fast allen Gesprächen als gröbste Beleidigung aufgefaßt?
*ANKE:* Feministin.
*KLAUS:* Eben. Das war schon manchmal komisch, wenn die Frauen sich so kraß von der Frauenbewegung als männerhassendem Emanzenverein, Müsli-Bewegung und so distanzierten, und ich versuchte als Mann sie zu überzeugen, daß da ja auch was anderes gewesen sei,

gleiche Chancen, Frauenzentren, -literatur, Friedens- und Umweltbewegung, die ohne Feministinnen nicht denkbar wären...
*ANKE:* Tja, die Frauen heute sehen das individueller. Ina Deter und Frauengruppen sind nicht angesagt.
*KLAUS:* Manchester-Ideologie: Wenn ich gut genug bin, schaff ich's.
*ANKE:* Ausdauer und Durchsetzungsvermögen braucht man natürlich in dieser Branche. In anderen auch, aber hier vielleicht extrem, weil alles so wenig organisiert und festgeschrieben ist.
*KLAUS:* Die meisten sind irgendwie reingerutscht und haben keine spezielle Ausbildung dafür.
*ANKE:* Hast du 'ne Ausbildung?
*KLAUS:* Was hat das mit mir zu tun?
*ANKE:* Also, wer stellt hier die Fragen?
*KLAUS:* Ich jetzt wieder. Was hat dir am meisten imponiert?
*ANKE:* Wie konsequent und geradeaus viele auf ihr Ziel zugehen und was sie dafür alles in Kauf nehmen.
*KLAUS:* Was hat dich geärgert?
*ANKE:* Daß wir so gut wie nie die Gesprächsabschnitte über Sex und Gagen, über Bestechungen beim Fernsehen, über Drogengebrauch und Klatsch & Tratsch veröffentlichen durften.
*KLAUS:* Und was hat dich mißtrauisch gemacht?

*ANKE:* So viele Kämpfernaturen mit Hang zum Workaholic, die nicht bereit sind, schwache Leistungen zu akzeptieren, und malochen bis zum Umfallen. Das ist doch nicht gesund.

*KLAUS:* Aber wir leben doch genauso. Ich brauche auch meine 60-Stunden-Woche. Ein bißchen Wahnsinn gehört dazu, um in diesem Business zu arbeiten. Erst recht als Selbständiger.

*ANKE:* Nee, ich brauch das nicht. Aber sag mal ehrlich: Wie findest du unser Buch, jetzt, wo es fertig ist?

*KLAUS:* Spannend. Ich denke, es ist uns gelungen, die Widersprüchlichkeiten zuzulassen. Das Buch handelt nicht von armen, bemitleidenswerten Musikerinnen, die sooo gut sind, aber ständig von bösen Männern diskriminiert und mißhandelt werden, sondern von aktiven Frauen mit viel Power und vielen Schwächen.

*ANKE:* Und vom Business vor, auf und hinter der Bühne. Das ist ja eigentlich unser roter Faden gewesen. Und deine Ausrede, wenn dich eine gefragt hat, wieso du als Typ auf die Idee kamst, ein Buch über Frauen zu schreiben.

*KLAUS:* Warum nicht? Alleine hätte ich es nie gemacht, aber du alleine hättest auch ein schlechteres Buch produziert.

*ANKE:* Na na...

*KLAUS:* ...weil du selbst Musik machst, während ich nicht mal Gitarre spielen kann; und weil du als solidarische Schwester zur Harmonisierung neigst.

*ANKE:* «Mösenbonus», wie es Annette Kluge so schön formulierte. Aber du als Mann warst doch auch nicht unbeeindruckt. Oder willst du jetzt behaupten, daß du keine der Frauen toll fandest?

*KLAUS:* Doch. Aber das gehört schließlich dazu. Oder meinst du, für die Fans ist Sex unwichtig?

*ANKE:* Nein, für mich auch nicht. Aber du schreibst anders, wenn du auf jemanden abfährst.

*KLAUS:* Du auch, zum Beispiel...

*ANKE:* Sei ruhig!

*KLAUS:* Die Lektorin und die Musikerinnen haben fast nie richtig getippt, wenn wir sie fragten, wer wohl welchen Beitrag geschrieben hat.

*ANKE:* Abwarten, wie die Leserinnen reagieren.

*KLAUS:* Die sind sowieso skeptisch – wegen des Alphabets.

*ANKE:* Weil deshalb dein Name – F vor K – auf dem Cover vor meinem steht? Das werden wir ändern – bei unserem nächsten Buch über die letzten Männer im Rock-Business.

# I. MUSIKERINNEN

## «SINGEN IST DIE ABSOLUTE MITTE»

*Else Nabu, Gesang & Text*

Sie hatte schon «1000 Haarfarben und 1000 Namen», und ihren richtigen verrät sie nicht. Warum auch, alle haben sich an Else Nabu gewöhnt, seit die Jazzformation *Margo* ihn ihr gab. Der Name paßt zu ihr.

Ihr Alter verschweigt sie auch. «18! Ich lüge immer wie ein Tier, und wenn es die Leute glauben, bleibt es dabei.» Es passiert mir nicht zum erstenmal, daß jemand aus der Rock-Szene sein Alter nicht verraten will. *Die Ärzte* sind auch schon seit Jahren 18, Jutta Weinhold sagt nur verheißungsvoll: «Über 30!» Und Monika Dietl findet: «Das geht keinen was an.» Vielleicht muß man jung sein in diesem Business, «weil es so viele mißgünstige Leute gibt», meint Else.

Else kommt richtig aus Berlin. Trifft man ja selten, so Waschechte. An Selbstbewußtsein mangelt es denen meistens nicht. Else über Else: «Ich bin toll, schön und intelligent. Daraus muß ich was Gutes machen.» Tut sie bereits.

Mit fünf, sechs Jahren trällerte sie schon mit ihrer Mutter (Operettensängerin), sang in Filmchören. Der Rock 'n' Roll von Elvis und Bill Haley stand im Plattenschrank ihrer Mutter. «Mit dieser Mischung bin ich groß geworden. Rock 'n' Roll war's sowieso. Rambo Zambo.»

## ICH WILL SPASS

Operette war damals wie heute nicht gerade das große Geschäft. Also glaubte Else, daß man mit Musik kein Geld machen könne. Sie machte erst einmal ihr Abitur, «aber nur, weil mich alle überredet haben und mir nichts Besseres einfiel». Damit war die ordentliche Ausbildung bereits zu Ende. Else lockte das Abenteuer in der Ferne, frei nach dem Motto: «Ich will Spaß.» Aber Südfrankreich mit Schlafsack und 30 Mark in der Tasche war irgendwann auch nicht mehr lustig. Und immer, wenn sie irgendwo Musik hörte, bekam sie große Ohren. «Musik war's eben.»

Der lange Marsch durch die düsteren Übungskeller begann mit zwei Musikern, 1000 Effektgeräten und einer ordentlichen Portion Frechheit: Schlecht, aber überzeugend. Der erste Auftritt lockte 100 Leute ins Berliner Quartier Latin, «davon waren 95 unsere Freunde. Ich fand mich ganz revolutionär mit deutschen Texten – lange Geschichten, ganz poetisch mit lauter Wortassoziationen und so 'n Zeug.»

Dann packte sie bei den ersten strengen Jazzern, die Else zum Gesange baten und ihre bunte Lebendigkeit mochten, der Ehrgeiz. «Ich habe tierisch geübt, jahrelang. Das, was die Kollegen auf den Instrumenten brachten.» Skalen, Terzen, Quarten. Klingen wie ein Saxophon mit «möglichst viel Dreck», gigantische Höhen und Überschläge aus dem Stand.

Mutter hatte recht gehabt. Wer kann vom Trällern schon leben. Sieben magere Jahre als Putzfrau und Verkäuferin. Und nachts ging es wieder in die Keller, Band für Band. Mittendrin kam *Margo*. Endlich Stücke, gut komponiert, gut gespielt. Else sang: «Donnerschock. Du hast ja 'n Ding am Kopp!» Schweinetour-Zeit in Wessiland. Wochenlang von Club zu Club. Und eine Ehe «mit einem wunderbaren Mann, der mich jahrelang mit durchgezogen hat».

Macht ja nix. Es folgten die *Insisters*, Berliner Frauenrockband. Damals, an Elses Geburtstag in diesem langweiligen Folkclub. Sie sang dort wegen der Kohle, als Gabi, Ärztin und Gitarristin, auf sie zukam und fragte, ob sie Lust habe mitzumachen. Else sagte wie immer zuerst «ja!» und fragte danach: «Was macht ihr denn eigentlich?» Endlich Rockmusik mit deutschen Texten. (Das war so um 1980.)

Sie klang ein bißchen wie Nina Hagen, aber eigentlich doch eher wie Else. So viele Stimmen in einer Person. Alle in der Frauenband wollten gut werden, viel arbeiten, was erreichen, Profis werden und von Musik leben. «Intern», sagte Else heute, «hat es keine Unterschiede zu 'ner Männerband gegeben. Aber wir hatten kaum dreimal geprobt, da stand schon das französische Fernsehen vor der Tür. Für die

war das was Besonderes, daß wir Frauen waren. Für uns nicht. Aber es war schwierig zu wissen, daß wir noch viel arbeiten müssen, um besser zu werden, und andererseits schon diesen Scheinerfolg hatten, so auffällig waren.»

Eine Textzeile von damals ist mir bis heute in Erinnerung geblieben. «Du hast Glück, und ich hab die Spirale – Glücksspirale.» Aber die war nicht von Else. Sie hatte wohl schon andere Sachen im Kopf. Solo-Karriere. Wie Rosa Precht, die bei den *Insisters* Keyboard spielte. Rosa hieß dann *Cosa Rosa*, war bei Ulla Meinecke und arbeitete an einer eigenen Platte. Else blieb Else und landete mit ihrer ersten Solo-LP «Else Nabu» einen astreinen Flop. «Ich wollte, daß alle mal machen, was ich will, ohne immer viel reden und sich einigen zu müssen. Und ich hatte Lust auf bestimmte Musiker.»

## URSCHREI

Bei der Produktion der LP – eigentlich hätte es nur eine Single werden sollen – wollte Carlo Karges, der Gitarrist von Nena, mithelfen. Just da kam aber Nena von Hagen nach Berlin, und die Band fing an zu proben. «Plötzlich stand ick alleene mit dieser Produktion und sollte ooch noch singen.» Warum die Platte nun eingebrochen ist, obwohl die Live-Gigs gut besucht waren? Immerhin sang Else vor 7000 Leuten in der Waldbühne. «Wow! Ich war so stolz. Das war geil», und ihre flinken, braunen Augen strahlen immer noch bei dem Gedanken.

Immer, wenn es nach Karriere roch, hat Else wieder was anderes gemacht – scheint mir. Meint Else: «Gar nicht. Die Karriere ist leider geplatzt, obwohl es eine Zeitlang ganz gut aussah. Aber die Leute mochten die Platte nicht. Es gab kein musikalisches Konzept, und die Texte waren zu verrückt.» Sogar ein bißchen französisch. Else ist nämlich zweisprachig aufgewachsen.

Un bout de soleil
un bout de cerceuil
un fil de fer
dans ses yeux verts
Ein Stückchen Sonne
ein Stückchen Sarg
und ein Draht
in seinem Blick.
il est là, er ist da
il est là, er ist da.
Un pul ôté
une tache de beauté
une aile d'oiseau
sa main sur ma peau
Pullover aus
Leberfleck guckt raus
federleicht
Hand auf meiner Haut.
je suis là, ich bin da
je suis là, ich bin da.
Une langue de chat
un goût de tabac
une faim de loup
ou – ou – ou

Eine Katzenzunge
mit Tabakgeschmack
und soviel Hunger
ou – ou – ou

Und nun ihre message: «Ich habe nichts zu sagen. Ich bin dafür da, Kraft auszugeben und den Leuten Spaß zu bringen, das hab ich von klein auf ganz genau gespürt. Ich bin der absolute Performer.» Sie meint, sie sei kein genialer, von einer Idee besessener Mensch, und sie bringe nur den Spaß, der ihr auch selber Spaß macht. Von Musik allerdings ist sie besessen. «Die Götter sind ganz dicht, wenn ich singe», und sie hält eine Hand über ihren Strubbelkopf, schielt erwartungsvoll nach oben. Das Trommeln liebt sie auch, aber es sei so octopusmäßig weit weg vom Körper. «Singen ist die absolute Mitte. Der totale Ausdruck, das Wegreißen. Ich habe schon mal Töne gesungen, da bin ich fast ohnmächtig geworden. Riesentöne über acht Takte, wo alles nur noch irgendein Licht ist. Das ist wahnsinnig. Das ist Orgasmus.» Ha! Der Urschrei. Laute von innen durch den Mund nach draußen. Ist das etwa Therapie? «Wieso, ich bin doch nicht krank!» Aber vielleicht wäre sie krank, wenn sie nicht singen würde? «Das ist gut möglich. Singen macht gesund. Wenn ich singe, ist alles in Ordnung.»

Orgasmus. Sex. Kampf der Geschlechter. Else ist eine Kämpfernatur. Aber der Kampf findet bei ihr nicht zwischen Mann und Frau statt. «Ich weiß gar nicht, was das bedeutet, Geschlechter und Hautfarben und so. Ich kenne sowieso nur Verrückte, wo das alles keine Rolle spielt.» Es ist ihr zwar nicht egal, wer vor ihr steht, weil sie «eben lieber mit Jungs» schläft. Aber das war's dann auch mit der Frauenfrage. «Die meisten Herren sind doch Gentlemen», kichert sie, «sogar die wildesten Jungs. Ab und zu gibt es mal ein paar, bei Sendertouren, die es ganz schick finden, einem eine reinzuwürgen. Aber ich bin ganz sicher, daß die das bei Jungs auch machen. Ich denke mir immer: Das ist jetzt wichtig für ihn, so ganz überlegen und kritisch zu tun.»

## *LIEBE ISSES*

Sie hat wohl schon mal von Durchsetzungsproblemen anderer Frauen in dieser Männerwelt gehört. Bei ihr sei das anders: «Ich mußte mich dazu erziehen, höflich und zurückhaltend zu sein. Schließlich bin ich doppelter Löwe. Wenn ich wollte, würde ich überall meinen Kopf durchsetzen, aber das isses ja nicht!»
Was isses denn? «Liebe isses. Jeden akzeptieren, wie er ist. Ich kann nicht überall rumknallen, wie ich will. Dann lerne ich nichts.»

Gelernt hat sie vor allem von Musikern, «den tollsten, die

heute ganz bekannt sind. Und ich als völliger Schwachkopf früher dazwischen.» Sie waren rücksichtsvoll. Es hat ihr rückblickend viel zu lange gedauert, bis ihr mal vorsichtig einer andeutete: «Hast du eigentlich schon mal dieses und jenes geübt?» Kritik ist ihr wichtig, weil sie gut sein will. «Au Mann. Ob ich nun Klos putze, Theater spiele oder Rock 'n' Roll singe – ich will das optimal machen. Die Sachen sind es wert. Ich will das mit aller Kraft, mit aller Liebe und dem größtmöglichen Wissen machen.»

## NIE WIEDER ROCK

Welch ein Anspruch. Wie geht es einem danach? Ihre LP ließ sich nicht verkaufen, ihre Band löste sich auf. Schluß war es mit Rockstar, trotz aller Liebe und Energie. «Ich hatte natürlich eine kurze Trotzphase. Leckt mich doch alle am Arsch. Nie wieder Rock. Ich spiele jetzt Theater. Rumfluchen, ‹scheiße› schreien und ‹ich mache was anderes›. Dann wieder denken, es liegt an mir selber. Lernen. Nächstes Mal besser machen.»

Nach *Vaganten-Bühne*, Rocktheater *Reinecke Fuchs* und dem *Grips*-Musical «Linie 1», nach Filmerei und Chor-Projekt mit dem Kollegen Bruno Ferrari steht ein «nächstes Mal» jetzt an. Mit Manne Opitz, mit dem sie zusammenlebt und über dessen T-Shirt-Aufdruck «Hau ab!» beide kräftig gelacht haben. Sie richten sich in der Berliner Wohnung gerade ein Studio ein. Sie wollen sich viel Zeit nehmen für die Produktion einer neuen Scheibe.

Else kann zwar noch nicht von eigener Musik, eigenen Texten und Kompositionen leben, aber immerhin seit einigen Jahren von ihrer Stimme. Dank diverser Theater- und Studio-Jobs. «Meine Sachen werden immer besser. Das nächste oder übernächste Ding wird so gut sein, daß ich dann in der *BRAVO* stehe. Ganz sicher. Das muß so sein.»

Vielleicht wird er dann doch wahr, der Traum von der tollen Rockband und vom «ganz viel Rumreisen». Auch wenn sie nicht mehr 18 ist. Die Zeit scheint günstig. Deutsche Rocker und Rokkerinnen machen derzeit erfolgreiche Projekte und viel Knete. Und es wundern sich sowieso schon viele Kritiker der Mauerstadt, warum Else den Durchbruch noch nicht geschafft hat. Bei *der* Stimme, *dem* Showtalent und *der* Erfahrung. «Na ja. Es kam eben immer was Neues. Alle Mosaiksteine, auch meine Jobs als Putzfrau, alles wird sich zusammentun zu einem guten Etwas. Aus dem Topf werde ich schöpfen, ohne mir viele Gedanken zu machen.» So gesehen ist alles positiv. Prost!

Geht es Else etwa nie schlecht? «Na hör mal. Liebeskummer. Alles andere wird weggesteckt, verarbeitet. Aber Liebeskummer kann mich wochen- und monatelang lahmlegen. Aber das sind ja auch wichtige Phasen. So richtig traurig sein. Ich sehe mein Leben als Theaterstück an. Das Material ist vorhanden, die Texte sind da. Aber wer was spielt, welche Rolle ich spiele und wie es inszeniert wird, kann ich größtenteils selber bestimmen.»

Den Schluß, die Pointe aber nicht.

«Will ich auch gar nicht wissen. Dann wär's nicht mehr spannend.»

Und der Applaus?

«Ist täglich wichtig!»

## «NUR DIE WILDE BAND FEHLTE»

*Ping, Gesang, Bass, Gitarre, Text & Komposition*

*I*ch bin zwar bis auf den letzten Pfennig pleite, weil ich keinen Job kriege, aber ich will weg hier, raus aus Deutschland. In diesem Land gute, witzige Musik zu machen, ist einfach unmöglich.» Ping hat beschlossen auszuwandern, nach Brighton in die Nähe Londons. Ping ist verärgert, enttäuscht. Ein Jahr lang hat sie versucht, eine Band auf die Beine zu stellen und einen Plattenvertrag zu bekommen. Vergeblich.

Dabei fing alles so gut an, vor drei Jahren in Berlin. Welcher Musiker bekommt schon für einen Auftritt, 50 Minuten incl. Zugaben, 10 000 Mark. Ping konnte diese stolze Summe gleich beim allerersten Auftritt mit ihrer eigenen Band *Kissing all over* kassieren, überreicht vom Rockbeauftragten des Berliner Senats. Dabei hatte sie nur drei Wochen für diesen alljährlich ausgeschriebenen Rockwettbewerb geübt: dann sprang auch noch wenige Tage vor dem Auftritt der Schlagzeuger ab, und überhaupt ging so einiges daneben an jenem entscheidenden Abend im Quartier Latin, vor 800 erwartungsvollen Rockfans: Mangels eines Nachfolgers für den abhanden gekommenen Schlagzeuger zierte ein Drumcomputer die Bühne, der Monitor-Mix spuckte zeitweilig nur Tonsuppe aus, so daß zwei

Stücke sogar abgebrochen und neu begonnen werden mußten. Doch Publikum und Jury waren begeistert von der bis zur Frechheit selbstbewußten Frontlady, die jede Panne mit Schimpfkanonaden gegen Technik, Band oder sich selbst beantwortete und ansonsten den Eindruck erweckte, als stünde sie seit Jahren allabendlich auf den Bühnenbrettern.

## SHE'S THE BOSS

Ping sang, spielte Bass und Gitarre und schrieb die Texte zu ihren Stücken. Ping erledigt in ihrer Moabiter Hinterhofwohnung das Management von *Kissing all over*, und dort entstand auch mit Hilfe von Keyboard, Woolworth-Billigrecorder und 10-Watt-Verstärker die Rohkompositionen. Ping bestimmte die Bühnenshow und das Outfit der Band. Keine Frage, wer da der Boss war. «Mein Anspruch ist es eben, gut zu sein», meinte Ping (→ Tempiwechsel!). Da war sie gerade 23 geworden und hatte noch immer alles erreicht, was sie erreichen wollte. Mit 12, 13 hatte sie die Jungs aus ihrer Nachbarschaft überzeugt, sie in ihre Fußballmannschaft aufzunehmen, und später, als alle ihre Freunde plötzlich anfingen, Musik zu machen, kaufte auch sie sich eine Gitarre. Das war noch in Hilden, einem 40 000-Seelen-Städtchen, mit Textil- und Eisenindustrie und Düsseldorf als allabendlichem Zufluchtsort gleich nebenan. «Wir hatten damals, als das mit den Hausbesetzungen noch nicht so politisiert war, einfach bei uns in der Nähe eine alte Fabrik, ein Riesengelände besetzt. Da haben sich immer alle Cliquen getroffen, die Bands konnten dort ungestört proben, es gab ständig Sessions und Parties», schwärmt sie noch heute. «Im Sommer schliefen wir sogar oft dort im Wald.» Irgendwann fehlte ihren Freunden ein Gitarrist, und Ping durfte einspringen. Als der Bassist für ein halbes Jahr ausfiel, zeigten sie ihr die Bassläufe.

Frauen in den Bands mitspielen zu lassen, war damals eigentlich noch nicht angesagt, zumindest nicht in Hilden. Doch Ping hatte wie gesagt noch nie Probleme, sich durchzusetzen. «Wenn so ein Typ meinte, als Frau sollte ich lieber Groupie bleiben als selbst Musik zu machen, hab ich einfach gesagt: Komm, spiel mir mal hier den Basslauf nach. Das konnte der dann nicht, und schon hat er sein Maul gehalten.» Daß es heute auf den Bühnen immer noch kaum Instrumentalistinnen gibt, liegt an den Frauen selbst, meint Ping. «Viele sind einfach urfaul. Ich kenne mehrere, die angefangen haben, ein Instrument zu spielen. Aber wenn du nicht kräftig übst, hat das keinen Sinn.»

So schmiß Ping eines Tages alle ihre Schulbücher in die Mülltonne, um sich fortan voll und ganz der Musik zu widmen. «Mein Vater hat gedacht, ich räum endlich mal mein Zimmer auf. Der war ganz schön geschockt, als ich ihm sagte, ich werd jetzt Briefträger, da hab ich mittags frei und kann den ganzen Tag Musik machen. Der wollte lieber, daß ich irgendwas Seriöses werde. Sekretärin, Lehrerin oder so. Aber meine Mutter meinte, wenn du unbedingt Musikerin werden willst, dann versuch's.»

## SÄNGERIN GESUCHT

Das tat sie dann auch. «Morgens hab ich schnell die Post ausgetragen, dann ab in die Fabrik und acht bis zehn Stunden geübt.» Und am nächsten Morgen um sieben wieder raus. Ein Jahr lang hielt sie das durch. Dann nahm sie Urlaub und fuhr nach Berlin. Im *TIP* entdeckte sie eine Anzeige: *Soif de la vie* suchen eine Sängerin. «Eigentlich konnte ich ja überhaupt nicht singen und wollte auch sowieso lieber Gitarre spielen. Aber im TIP war damals keine andere Anzeige und so hab ich mich eben da als Sängerin beworben.»

Es klappte. Ping fuhr mit dem nächsten Zug zurück nach Hilden, packte ihre Gitarre und einen Koffer voll Klamotten und stand zwei Tage später wieder bei *Soif de la vie* im Probenraum. «Es war sehr lustig, aber absolut scheußlich anzuhören. Wir mach-

en so eine ganz komische deutsch-französisch-englische Funk-Pop-Musik.» Nach vier Monaten stieg Ping wieder aus. «Das war mir alles zu sanft und zu nett. Ich wollte was Wilderes machen.» Vielleicht wie Billy Idol, unter dessen Fotos sie zu Hause ihre Wände versteckte.

Oder wie Jimmy Hendrix. Ideen hatte sie genug, auch schon ein paar eigene Stücke. Nur die wilde Band fehlte noch. «Ich hab dann ein Dutzend Bands anprobiert und Ewigkeiten nur mit einem Schlagzeuger gespielt. Als ich endlich den Rest der Band zusammen hatte, sprang der Schlagzeuger wieder ab.» Und so weiter. Ein Jahr lang immer der gleiche Ärger. Mal fehlte der Keyboarder, mal ein Trommler. Hatte sie einmal eine komplette Band zusammen, um endlich ins Studio zu gehen, fehlte der Produzent. Über mangelnde Angebote konnte sie eigentlich nicht klagen, selbst Hansi Behrendt, Ex-*Ideal*-Trommler, bekundete sein Interesse. Doch Ping schaffte es immer wieder, alle zu vergraulen. «Mich hat diese Berliner Szene immer so angeekelt. Ich finde, in Berlin sind alle Leute eingebildet, jeder plustert sich auf, als wäre er sonstwas. Ich hatte nach 'ner Zeit gar kein Vertrauen mehr zu irgendwelchen Leuten und hab mich sehr zurückgezogen. Das war

wohl ein Fehler. Ich hätte mich voll in dieses ganze Geklüngel hineinstürzen sollen, dann hätte ich es wohl gepackt. Aber das ging nicht. Ich bin irgendwie andere Töne gewohnt. Ich bin Rheinländerin, verstehst du?»

Nach zwei Jahren verschwand sie wieder aus der Mauerstadt und zog zurück ins Elternhaus. «Ich fühl mich hier wieder wohl. Hilden ist eben mein Zuhause.» Aber auf die Dauer könne sie dort auch nicht leben, schränkt sie gleich ein, «da verblödet man doch etwas. Und Musik kann ich hier natürlich auch nicht so richtig machen.» Und Musik muß sein. «Ich kann ja nichts anderes.» Aus England hat sie nur Gutes gehört. Ein paar Jungs aus der Umgebung hätten dort 100 000 Mark zur Produktion ihres Albums bekommen, erzählte ihr neulich einer. «Ich glaube, die Engländer sind viel aufgeschlossener gegenüber neuen Bands. Ich versuch's jedenfalls.» Doch bevor sie «endgültig» abreist, will sie noch schnell ein paar Demo-Cassetten verschicken. «Ich kenn da noch zwei, drei Leute in großen Plattenfirmen. Ganz aufgegeben hab ich nicht. Das kann ich gar nicht. Vielleicht finde ich ja doch eine Firma, die an mich glaubt. Dann schaffe ich es.»

Sie wird es schaffen. ▬

# ZWEI FRAUEN, VIER MÄNNER, EIN KIND

*Klara Brandi und Dorle Ferber, Cochise*

Klara Brandi, 30
Querflöte, Bass, Saxophon, Gesang, Texte

Meine großen Vorbilder waren Jethro Tull und John Mayall. Ab 14 versuchte ich mich an der Mundharmonika, nahm Flötenunterricht wegen Ian Anderson. Ich lernte einen Gitarrenlehrer kennen. Er saß auf seinem Bett mit ganz langen Haaren. Also – so hatte ich mir einen Lehrer damals nicht vorgestellt. Es war Pit Budde, mit dem ich heute noch bei *Cochise* spiele. Zuerst haben wir Folk und Westcoast-Stücke nachgespielt. Danach hatten wir eine Gruppe, die hieß *Barleycorn*. Von 1977 bis 1979 spielte ich bei *Manderley*. Da gab es schon Versuche, deutsch zu singen und unsere politischen Gedanken reinzupacken. 1979 gründete ich mit Pit *Cochise*. Zwischendurch habe ich noch bei verschiedenen LP's als Studiomusikerin mitgespielt und beim Dortmunder Kinder- und Jugendtheater als Musikerin gearbeitet.

Dorle Ferber, 33
Geige, Saxophon, Klavier, Gesang, Texte

Mit 15 hatte ich einen Freund, einen 68er, der sagte: Geige ist kein revolutionäres Instrument. Du mußt unbedingt Gitarre lernen, dann kannste auch politische Sachen singen. Also hörte ich mit meiner klassischen Geige erst einmal auf, lernte Gitarre und sang dazu. Mit 18 hatte ich in Mannheim meine erste richtige Band *Mohn und Gedächtnis* und versuchte, elektrisch verstärkte Geige zu spielen. Danach habe ich von Hardrock bis Neue Musik fast alles abgeklappert und zwei LP's mit *Zyma* eingespielt. Daneben gab es verschiedene projektbezogene Zusammenschlüsse von Musikern wie *Zauberfinger-Orchester*, *Rocksuite*, *Mannheimer Rock'n'Roll-Zirkus*. Bei einem Dutzend Platten befreundeter Musiker habe ich mitgesungen oder gegeigt und am Mannheimer Nationaltheater als Bühnenmusikerin gearbeitet. Klara und *Cochise* lernte ich 1982 auf einer Tour mit *Zeitenwende* (Folk-Rock) kennen.

Die Zimmer quellen über von Musikinstrumenten. Vor dem Zweifamilienhaus am Stadtrand von Dortmund steht der eigene Bandbus. Gerade sind Klara und Dorle mit *Cochise* von einer Wochenend-Tour aus Hessen zurückgekehrt. Es hat ihnen, wie meistens, Spaß gemacht, auch wenn sie jetzt geschafft sind. Der feste Fan-Kreis zwischen Kiel und Freiburg sichert der Szene-Band seit sieben Jahren 200 bis 600 Zuschauer pro Konzert. Da die sechsköpfige Gruppe über eine eigene Anlage und einen Bus verfügt, sich also nichts ausleihen muß, reicht das völlig. *Cochise* ist eine der wenigen Bands mit deutschen Texten, die sich durch Tourneen finanzieren. Die fünf Platten, die seit Bestehen der Gruppe auf unabhängigen Labels erschienen sind, haben sich bis jetzt etwa 120 000mal verkauft. Die Gruppe hat ohne unterstützende Promotion im wesentlichen selbst für diese Umsätze gesorgt; denn die kleinen unabhängigen Plattenfirmen haben meistens einen miserablen Vertrieb und kein Geld für große Werbeeinsätze.

## *SOUND UND BILD*

Klara und Dorle prägen Sound und Bild der Gruppe. Sie singen, tanzen, texten, stehen im Mittelpunkt der Auftritte. Aber nur selten kommt eine(r) auf die Idee, daß es sich bei den beiden Musikerinnen um Frontfrauen im klassischen Sinne handeln könnte. Das mag mit am Selbstverständnis des Publikums liegen. Linke, Freaks, Müslis, Politleute. Begriffe, die heute im Zuge der neuen deutschen Belanglosigkeit fast als Schimpfwörter gelten.

So hatte auch ich mir die beiden in lila Latzhose und mit Gesundheitsschuhen an den Füßen vorgestellt. Aber vor allem Dorles Outfit weist darauf hin, daß Klischees eben doch in Schubladen gehören. Besonders ihre Brosche beeindruckt mich. Zwei Krokodilklemmen mit Draht und Transistor zu einem Kunstwerk verschlungen. Auch das deutet darauf hin, daß Dorle ihre Technikfeindlichkeit aus früheren Jahren überwunden hat.

Die beiden *Cochise*-Frauen stehen heute auch im Mini-Rock mit Netzstrümpfen auf der Bühne, was ihnen gelegentlich übelgenommen wurde: politische Texte und aufreizende Klamotten! Da brachen Welten zusammen. Da schien die nötige Ernsthaftigkeit zu fehlen. Klara: «Ich seh das nicht mehr so eng. Ich habe allerdings erst so richtig Lust gekriegt, mich zu stylen, seit Dorle in der Gruppe ist.» Dorle: «Bei uns sind aber auch immer so Sachen drin, die nicht ganz stimmen. Entweder eine Laufmasche, Löcher oder verschiedene Socken. Das geht nicht glatt runter.» Manchmal – auf'm Land – nimmt Dorle sich auch zurück: «Wenn vorne 'ne Jungenclique steht, die einen so richtig anglotzt, muß ich mich zurückhalten. Auf die Art will ich nicht angemacht werden. Die verstehen dann im Moment nicht, welche Energie ich zu geben habe.» Klara: «Ich habe mal im Knast gespielt. Das war schlimm. Da sitzen die Jungs, und plötzlich steht eine Frau auf der Bühne. Ich habe mir erst im nachhinein klargemacht, daß sowas nicht geht. Aber das war eine Extremsituation. Mittlerweile fühle ich mich als Frau freier auf der Bühne, nicht zuletzt, weil Dorle dabei ist.»

Konflikte gibt es auch schon mal hinter der Bühne. Klara: «Früher haben die anderen Musiker oder die Veranstalter zu unseren Jungs gesagt: Aha, Groupies habt ihr auch dabei! Die haben vielleicht blöd geguckt, als wir dann mit aufgebaut und verkabelt haben. Wir dachten oft: Scheiße, das ist nicht zum Aushalten. Die stehen da und glotzen, wenn du dich in der Garderobe umziehst. Dann sind wir manchmal aufs Klo geflüchtet.» Was in jedem Betrieb Pflicht, ist auf Tour nicht üblich: Getrennte Umkleideräume. Dorle: «Selbst fortschrittliche Männer sind nach ein paar Tagen Tournee irgendwie schräg drauf. Die Gesprächsthemen schrumpfen, und sie fangen an, die Frauen so seltsam anzugucken.»

Im allgemeinen halten die beiden Männer für mutiger oder – anders gesagt – für dreister. Dorle: «Die stellen sich mit viel weniger Können hin und lernen einfach beim Machen.» Klara: «Es ist aber auch dieses Sich-Darstellen, dieses Exhibitionistische, das fällt Männern leichter.» Dorle: «Rockmusiker leben gerne ihr Mackertum auf der Bühne aus.» Klara: «Für die ist der Gitarrenhals oft die Schwanzverlängerung.» Und wie reagieren Frauen im Publikum auf die beiden? «Manche schöpfen Mut, selber was zu machen.» Konkurrenz spüren sie kaum.

Zwei Frauen, vier Männer in einer Band. Das muß doch zu Spannungen führen, zu Eifersucht untereinander oder Stress. Klara: «Wir hatten auch mal Beziehungschaos in der Band.» Muß aber gleichzeitig lachen, weil sie nun ihre kleine Tochter auf den Knien schaukelt und ihr Freund und Vater von Charlotte durchs Zimmer huscht. Der ist übrigens Sänger in einer anderen Band, unter Vertrag bei einer großen Plattenfirma. Gibt's da Konkurrenz? «Ich habe einen guten Stand, denn wir machen mehr Gigs; zu uns kommen mehr Leute in die Konzerte. Ach, das sind uralte Fehden. Wir sind immer die doofen Ökos, und das sind die, die mittlerweile Schlager machen...»

## *MIT KIND UND OHNE*

Dorle, wegen *Cochise* einst nach Dortmund gezogen, lebt jetzt wieder in Tübingen in der Nähe ihres Freundes. Sie hat immer vermieden, sich in Musiker richtig zu verlieben, aber: «Das geht manchmal richtig ab. Auch wenn du persönlich gar nicht unbedingt mit denen klarkommst, oben auf der Bühne passiert's.» Das sind Highlights, von denen auch das Publikum profitiert.

Klara macht selbstverständlich auch mit Charlotte weiter Musik. Als sie schwanger war, hat die Gruppe ein halbes Jahr pausiert und dann ohne sie weitergespielt. Aus dem gemeinsamen Topf wurden ihr 100 DM pro Gig ausbezahlt. Aber längeren Mutterschaftsurlaub gönnte sie sich nicht. «Als ich noch gestillt habe, habe ich sie mitgenommen. Da war 'ne Kinderfrau dabei, die ist solange mit Charlotte ins Hotel gegangen. Seit ich nicht mehr stille, lasse ich sie oft zu Hause, weil ihr Vater sie dann nimmt. Wenn Charlotte richtig sitzen kann, fährt sie wieder mit.» Charlotte müßte doch nun endlich *die* Rockfrau werden, die mit Musik groß wird, ohne Blockflöte und meckernde Eltern. «Klar, sie haut jetzt schon mal aufs Klavier. Aber ich werde sie nicht zu einer Rocklady erziehen.» Bisher muß Mutter Klara die Kleine sowieso noch von Instrument zu Instrument tragen, obwohl sie schon vom vielen Anlagen schleppen leicht knochengeschädigt ist.

Bevor es auf Tour geht, bekommt *Cochise* vom Manager einen Plan mit Ort und Zeit der Auftritte. Dann werden Anlage, Instrumente und Gepäck in den Tourbus geladen. Am Auftrittsort muß alles aufgebaut und verkabelt werden. Klara: «Ich verlege den Strom, das Licht. Dorle macht die Mikros klar. Jeder hat so sein Gebiet. Dann Soundcheck und Abwarten. Nach dem Kon-

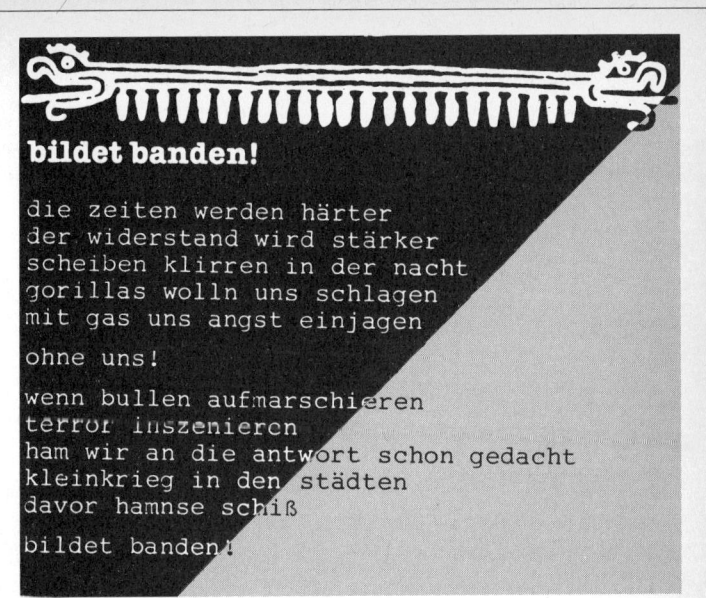

**bildet banden!**

die zeiten werden härter
der widerstand wird stärker
scheiben klirren in der nacht
gorillas wolln uns schlagen
mit gas uns angst einjagen

ohne uns!

wenn bullen aufmarschieren
terror inszenieren
ham wir an die antwort schon gedacht
kleinkrieg in den städten
davor hamnse schiß

bildet banden!

zert verkaufen wir unsere Platten und unterhalten uns mit den Leuten aus dem Publikum.»

## TEXTE UND ZENSUR

Finanziell geht es meistens gut, jenachdem, ob ihr Manager beim örtlichen Veranstalter eine Prozentbeteiligung am Eintritt, eine Festgage oder eine Mischung aus beidem heraushandeln konnte.

Jeder bekommt zehn Prozent von der Gage ausgezahlt. 15 Prozent gehen an den Manager. Der Rest wird für Auto, Sprit, Übungsraummiete, Reparaturen zurückgelegt. Auf diese Weise konnte sich *Cochise* im Lauf der Jahre eine eigene Anlage zusammensparen. In den sieben Jahren ihres Bestehens haben sie 650 Auftritte hinter sich gebracht, vor 300 000 Leuten bei der Bonner Friedensdemo gespielt, in der Westfalen-, Gruga- und Deutschlandhalle, an der Startbahn West, in Mutlangen, Wackersdorf, sich an Solidaritätsplatten für Indianer, Hausbesetzer und die Friedensbewegung beteiligt. Dabei sind sie mit ihrem Bandbus zehnmal um die Erde gefahren – kilometermäßig.

Dennoch: Der große kommerzielle Durchbruch ist *Cochise* bisher nicht gelungen. Das liegt auch daran, daß Medien wie Funk und Fernsehen sie ignorieren. Klara: «Unsere Platten werden ganz selten im Rundfunk gespielt. Da traut sich keiner richtig ran wegen der Texte. 1985 ist mal ein Text in der Münchner Zeitung *Freiraum* abgedruckt worden. Daraufhin sind da Bullen aufgelaufen, haben die Zeitung beschlagnahmt und mehrere Wohnungen durchsucht.»

## «AUF DER BÜHNE STEHEN. IMMER!»

*Anne Haigis, Gesang*

Also: Ich komm aus Rottweil, das ist 'ne Kleinstadt am Rande des Schwarzwalds zwischen Stuttgart und dem Bodensee. Da hab ich 'ne ganz normale Kindheit erlebt und 'ne ziemlich beschissene Teenager-Zeit, weil ich immer auf dem Fernweh-Trip war. Es hat mir alles net gefallen, ich wollt weg. Mit 14 war ich zum erstenmal im Urlaub, in Frankreich, und ab da war ich nicht mehr zu halten. Seitdem hab ich meine Schule nur noch so durchgezogen. Und eines Tages war ich in den Ferien bei meiner Schwester in Stuttgart. Da sind wir abends in einen Club gegangen, wo auch Bands gespielt haben. Ich hatte ja schon mit 14 das erste Mal 'ne Gitarre in der Hand gehabt. Der Freund von meinem Bruder hat mir die Griffe gezeigt von «House of the rising sun» und so'n Zeugs. Ich hab so vor mich hingespielt, *Beatles*-Sachen, aber nur die ganz einfachen, weil ich ziemlich faul war auf der Gitarre. Rock-Folk, *Eagles* und «Streets of London». Und irgendwie sind die Leute tierisch drauf abgefahren. Ich weiß noch, wie wir im Schullandheim waren, da hab ich «Green, green grass of home» gesungen, und die waren immer ganz gerührt. Ich hab das

nie so ganz verstanden, aber weil mein Chemie-Lehrer auch drauf stand, kriegte ich immer meinen Chemie-Vierer.

Ja, und an dem Abend in Stuttgart hab ich so Typen kennengelernt, die uns auf eine Party mitnahmen. Da stand eine Gitarre rum, ich hab so'n bißchen gespielt und gesungen. Da meinten die, ich soll mal am nächsten Tag mit denen in den Proberaum gehen. Das hab ich gemacht, und die waren ganz begeistert und ich auch.

Ich war etwa 16 damals und hab sofort beschlossen: Ich höre jetzt mit der Schule auf und werde Sängerin. Da ist die ganze Band zu meinen Eltern gekommen und hat denen erzählt: Eure Tochter muß unbedingt Musik machen. Die sind total ausgeflippt. Aber für mich war die Sache klar. Am nächsten Tag hab ich noch 'ne Mathearbeit geschrieben und mich gleich darauf in den Zug gesetzt und bin nach Stuttgart gefahren.

## ALARM

Ab da ging das Theater richtig los. Da war ein Jahr lang Alarm angesagt. Morgens um sechs klopften die Bullen an und wollten mich zurückholen. Meine Eltern wußten nicht mehr, was sie machen sollten. Obwohl ich immer wieder nach Hause gefahren bin oder Briefe schrieb, weil ich denen das unbedingt beibringen wollte. Seitenlang hab ich versucht zu erklären: Der westliche Materialismus ist überhaupt nicht mein Ding... Naja, ich bin dann mit der Band nach Österreich abgehauen, die haben mich über die Grenze geschmuggelt. Aber irgendwann hatten meine Eltern die Schnauze voll und drohten, entweder käme ich jetzt heim oder sie zeigen den Bandleader an, mit dem ich auch zusammen war. Dann bin ich also nach Hause und hab gesagt: Okay, ihr wollt, daß ich hier bin, ich bin hier, aber ich mach nichts, absolut nichts, ich geh nicht in die Schule, ich geh nicht jobben. Ich bin weiterhin viel weggefahren, vor allem nach Frankreich. Irgendwann hab ich nachgegeben und in Stuttgart eine Dolmetscherschule angefangen, zumindest formal, hingegangen bin ich nie.

Dann lernte ich in 'nem Ami-Club eine Band kennen, mit der ich so zwei-, dreimal in der Woche auftreten konnte. So hab ich auch genug verdient, ich brauchte damals ja nicht viel. Da war noch ein Sänger dabei, ich mußte also nicht so arg viel singen. Ich konnte damals auch gar nicht viel singen, ich war schon nach zwei Stücken heiser. Das ist heute noch mein Problem. Mein Starstück war «Season of the witch» von Julie Driscoll. Aber irgendwann bin ich wieder ausgestiegen und hab dann in verschiedenen Bands gespielt, bis ich ein Angebot von einer Jazzband bekam. Die haben mir Sachen von Ella Fitzgerald geschickt, auch Südamerikanisches. Da hab ich mich echt hinterklemmen müssen, das war zum erstenmal eine richtige Anforderung an mich. Aber in der Zeit ging's mir finanziell sehr schlecht. Auch psychisch war ich nicht so besonders gut drauf.

## *CHANCE*

In der Situation lernte ich den Wolfgang Dauner kennen. Der hat dann diverse Rundfunkproduktionen mit mir gemacht, mit der *Radio Jazz Group* in Stuttgart. 1981 kam die erste Platte, und dann hab ich zwei Tourneen als Vorband von Wolfgangs *United Rock & Jazz Ensemble* gemacht. Das war toll. Eine gute Chance für mich. Im Herbst '82 kam die erste Solo-Tour. Und im Frühjahr '83 hab ich mich vom Wolfgang privat getrennt. Da gab's ein riesiges Theater, der wollte mich nicht mehr produzieren, hat überhaupt nicht mehr mit mir geredet und so.

Doch da kam Herr Doktor Dieter Dehm auf mich zu und hat gefragt, ob ich nicht mal mit ihm was machen will, mit deutschen Texten. Es ergab sich daraus ein Plattenangebot von der EMI. Das Rock-Jazz-Zeugs hatte mich sowieso gelangweilt am Schluß. Da singst du einen Refrain, dann kommen erst mal 30 Soli, du stehst blöd auf der Bühne rum und hast nichts zu tun. Ich wollte viel mehr singen. Zunächst waren nur Coverversionen da, «Come on» von Janis Joplin, «Needles and Pins» von den *Platters*, «What about me» von *Moving*

*Pictures*. Dann haben wir noch ein paar Schreiberlinge gefunden. Ich selbst schreib ja nichts, weil ich das, was ich zustande bringen würde, bestimmt selbst nie singen würde. Ich hab von Harmonien und so zu wenig Ahnung. Und zum Texten hab ich überhaupt keinen Bock. Das ist dermaßen schwierig. Ich weiß es von der Ulla Meinecke. Die sagt, es sei jedesmal eine Qual. Dafür bin ich ehrlich gesagt viel zu faul und zu unruhig auch, mich stundenlang hinzusetzen. Ich seh mich als Interpretin. Obwohl ich mich bei dem neuen Album mehr darum kümmern muß. Ich bin mit dem letzten kräftig auf die Schnauze gefallen, so kritikmäßig. Ich find das aber auch so Scheiße mit den Kritikern, die reden immer nur über die Texte. Weil sie nämlich von Musik überhaupt keine Ahnung haben.

## LIVE

Jetzt muß ich erst mal wieder los. Seit '81 war ich ja jedes Jahr zweimal auf Tour, durchschnittlich drei bis vier Wochen jeweils. Das ist sowieso das Wesentliche an der ganzen Musik. Auf der Bühne stehen. Live. Das ist mein Leben. Ich finde es toll, mit Leuten unterwegs zu sein. Ich hab mir das früher schon immer gewünscht, nur so herumreisen und spielen. Als Kind wollte ich unbedingt zum Zirkus. Meine Freundin und ich haben uns das immer ausgemalt: Wir kaufen uns einen Citroën, dann ist ein riesiger Bernhardinerhund dabei, und wir kurven nur noch in der Gegend rum...

# YOUNG MUSIC FOR YOUNG HEARTS

SST

Mit fünf bekam Sandra eine Gitarre. Kurz darauf ein Klavier. Klassik mochte sie nie so besonders, und mit sieben wußte sie: Ihre Leidenschaft gilt dem Schlagzeug. Zuerst klopfte sie auf Konservenbüchsen herum, dann hatte sie einen wichtigen Traum: Das Christkind würde ihr ein kleines, blaues Schlagzeug bringen. Mit großen Augen becircte sie Vater Trümmel. Der nahm auf der Stelle Kontakt mit dem Außerirdischen auf. Nun spielt Sandra Schlagzeug. Seit drei Jahren. Heute ist sie zehn.

Susanne Trümmel, 14, begann mit neun auf der Gitarre, wechselte dann ebenfalls zum Klavier. Klassisch sollte es sein, verlangten die Eltern. Aber auch Susanne stand mehr auf Rock 'n' Roll. Kein Wunder, wenn der Papa selber ein alter Beatnick ist und die Mutter mit ihren schönen langen Haaren aussieht wie Chèr vom Gesangsduo *Sonny & Chèr*.

Tanja Trümmel ist 15 und spielt seit sechs Jahren Solo-Gitarre. Sie hat dem Vater die ganze *Beatles*-Sammlung geklaut, textet und komponiert alle Lieder von *SST* und gibt den Ton an. Wie das so ist mit älteren Schwestern. Ihre Lieblingsgitarre ist die Fender telecaster deluxe, die anderen hängen meistens an der Wand auf dem Weg zum Übungsraum im Keller des Hauses.

Außer Vater Rainer, dem die Kinder in erster Linie das rockige Erbe zu verdanken haben, und Mutter Hannelore, die Klavier und Baß spielen kann, gehören noch drei Katzen, zwei Hunde, ein Pferd und zwei Papageien zur Familie Trümmel. Alle zusammen haben jetzt gefunden, wonach sie lange gesucht haben: ein riesiges Haus im Oberbergischen mit Pferdekoppel. Jennecken heißt das Dorf bei Gummersbach, in dem es nicht einmal Straßennamen gibt.

## Keine Wunderkinder

Die drei Schwestern haben es mit ihrem Talent und der Unterstützung der Eltern optimal getroffen. Hannelore und Rainer Trümmel machen zwar keinen Hehl daraus, daß sie das Engagement ihrer Kinder toll finden, weisen aber weit von sich, daß sie ihre drei Mädchen zu Wunderkindern machen wollen. «Leute,

die sich über ihre Kinder selbstverwirklichen müssen, haben kein ausgeprägtes Selbstwertgefühl», meint Hannelore. Und dann schaut sie etwas schmunzelnd zu ihrem Angetrauten, wenn er in Erinnerung an alte Musikerzeiten schwelgt, als er noch Gitarrist und Sänger von *Broadway* war. Rainer kann es nicht fassen, daß seine drei Töchter «so locker» sind, während er nach Konzerten der Sprößlinge immer «völlig erschöpft» ist.

Auch daß er, wenn überhaupt, allenfalls mal als Ausputzer mitspielen darf, befriedigt ihn nicht gerade. «Armer alter Musiker», tröstet ihn seine Frau, und beide wippen stolz im Takt, wenn *SST* im Übungsraum die neuesten Stücke präsentiert. Einfacher Aufbau, aber voller Ideen und kritischer Texte, dreistimmiger Gesang, professionell gespielt und mit einer Selbstverständlichkeit vorgetragen, daß sich selbst alte Hasen wie Franky Miller oder Hermann Brood, bei denen sie im Vorprogramm spielten, fragen: «Wie machen die das bloß?»

Und das als Trio – Soundfülle ohne Baß und Rhythmusgitarre. Sandra muß ganz alleine den Rhythmus halten, haut rein wie ein Alter. «Da geh ich so richtig drin auf, vor allem, wenn ich wütend bin.» Worüber sie manchmal sauer ist, wird unter allgemeinem Grinsen nicht verraten.

Eins ist sicher: Sandra ist der Augenstern der Familie, ausgestattet mit einem betörenden Blick und einem Dickschädel. Unter beidem hat vor allem der Vater zu leiden. Als Hermann Brood ihn darauf hinweist, daß Sandra das Konzert wohl kaum auf seinem großen Schlagzeug über die Runden bringen würde, sagt Rainer Trümmel lakonisch: «Ich sag da nichts zu. Setzen Sie sich selber mit ihr auseinander. Wenn sie sagt, sie kann es, kann sie es auch.» Keiner hat's so recht geglaubt, daß das kleine Ding mit den großen Drums zurechtkommen würde. Aber es ging.

*SST* gibt es seit 1984. Zuerst traten die drei nur mit Gitarren auf, spielten Lieder nach, *Shadows*, lateinamerikanische Titel. Alle sind *Beatles*-Fans, und Sandra will mal so werden wie Ringo Starr. Tanja findet *Santana* toll, aber imitieren wollen sie niemanden. Bis zum eigenen Stil mit Wiedererkennungswert wird es noch ein paar Jahre dauern.

Mit ihrer ersten Platte «Tu dies, tu das» waren sie gar nicht zufrieden. Die Eltern waren sowieso dagegen «wegen des ganzen Rummels». Doch der damalige Manager überredete die drei, trotzdem die Platte zu machen – sicherlich eher aus Eigennutz, denn im Interesse der Mädchen. Heute sähe die ganze Familie das Machwerk lieber eingestampft, weil es schlecht produziert ist und der Produzent und Manager die Ideen der Kinder nicht berücksichtigt hat.

Vater Trümmel, der für jedes Familienmitglied eine dicke Mappe mit Fotos und Pressematerial angelegt hat, dokumentierte auch die Entwicklung dieses Liedes auf Cassette.

1. Stadium: Der Produzent erhebt sich zum Komponisten und legt eine Musik für die Single vor. Urteil: müde Hammond-Orgel zum Tanztee.

2. Stadium: *SST* macht sich darüber her. Tanja textet und baut eigene Ideen ein. Der Titel wird ein rockiger Teenysong mit Witz.

3. Stadium: Während der Produktion fallen die widerborstigen Ideen raus. Das Stück wird etwas lieblos geglättet und technisch schlecht abgemischt. Der ‹Komponist› kassiert den Hauptanteil der GEMA-Gebühren.

## Miese Erfahrungen

Nun hat *SST* mit ARIOLA einen neuen Plattenvertrag über

zwei Singles gemacht, wobei sie selber bestimmen können. Eltern und Plattenfirma dürfen ihre Meinung dazu sagen. Kompromisse wollen sie nur dann machen, «wenn wir dahinterstehen. Wenn die einen guten Vorschlag haben, mit dem wir uns identifizieren können, machen wir das», so Tanja. Sie haben aus den Erfahrungen mit Leuten, die ihnen was aufschwatzen wollen, gelernt. Ihr erster Manager behauptete bei einem Bonner Konzert, der Veranstalter habe keine Gage bezahlt, was gar nicht stimmte. Sie trennten sich von ihm. Seitdem halten die Eltern ein Auge auf das Geschäftliche. Die Töchter sind noch nicht volljährig und dürfen keine eigenen Verträge machen – und nicht nach 22 Uhr auf der Bühne stehen. Die Eltern managen auch die Auftritte – nicht zu viel, damit die anderen Interessen nicht zu kurz kommen. Die Tiere, die Schule, die Freunde. «Bisher behandeln uns alle ganz normal», sagt Susanne. Die Schulkollegen sind stolz. Neid haben sie noch nicht gespürt. Susanne will später Kunst studieren und Musik als Hobby weitermachen. Tanja möchte zur Film- und Fernsehschule München, und Sandra hat Lust auf Sportlehrerin. Eltern Trümmel erwarten, daß die Kinder was Ordentliches lernen. Erst dann sollen sie sich entscheiden, ob sie bei der Musik bleiben wollen.

Momentan können sich die drei Schwestern sowieso nur vorstellen, miteinander Musik zu machen. Wer würde auch schon in ihrem Alter auf dem gleichen Stand dazwischen passen. Sie üben manchmal nur zehn Minuten, manchmal eine Stunde am Tag. Kein Zwang, kein Stress. Alles aus Spaß und nicht selten aus dem Bedürfnis heraus, auf Mißstände aufmerksam zu machen. *SST* gibt nämlich nicht nur Benefiz-Konzerte, sondern schreibt auch beispielsweise dem NRW-Ministerpräsidenten Johannes Rau, er möge sich um die Erhaltung alter Häuser in Gummersbach kümmern (→ S. 37).

Gagen spielen für SST keine große Rolle. «Sie haben ja alles», sagt der Vater. Eine gute Ausrüstung nebst Instrumenten, die sie alleine auf- und abbauen. Nur beim Tragen muß Vater wieder her. Ein Großteil der Gagen verschwindet in einer Spendenbüchse für krebskranke Kinder, der Rest – «aber das ist nicht die Masse», sagt Tanja, wird gespart, vielleicht für einen Urlaub. Alice im Rock'n' Roll-Wunderland! ∎

## HAUS FROWEIN

Gummersbach, Ecke Karlstraße,
da stand ein uraltes Haus,
ja das sah noch klasse aus, einfach
toll.

Jeder, der daran vorbeifuhr,
blickte bewundernd darauf,
ach, hätte die Stadt das auch, wär'
doch schön.

Warum will man das Stadtbild so
verändern,
das sehen wir doch gar nicht mehr
ein,
die Menschen lieben alle das
Schöne,
laßt das sein.

Alte Häuser haben Geschichte,
sie alle erzählen uns viel,
sie haben besonderen Stil, ist
doch klar.

Gibt es nicht genug Straßen,
wollt ihr immer noch mehr,
was soll der ganze Verkehr, ist
doch wahr.

Wir wollen Bäume, wir wollen
Häuser
und nicht Beton und Stahl, die
uns erdrücken,
wir wollen leben, wir wollen froh
sein,
und nicht im Umweltsmog erstikken.

Altes Haus, Haus Frowein,
wir wollten dich nicht verlieren,
altes Haus, Haus Frowein,
du mußt mit deiner Schönheit immer uns're Stadt verzieren.

(Text und Musik: Group SST / Tanja Trümmel)

## «SEID IHR GEIL AUF DER BÜHNE?»

*Eine Gesprächsrunde in Hamburg*

...mit GEORGIA HOPPE (28, Saxophon bei *I wie Gelb* sowie *Tuten und Blasen*)
CARIN HAMMERBACHER (30, Saxophon bei *Maxess* und *Abantu*)
BARBARA MILDE (41, Gitarre/Gesang bei *Mimi Production*)
BETSY MILLER (Gitarre/Gesang bei *Mimi Production*)
ANDREA TRAUB (29, Schlagzeug)
ISABEL HOSTERT (26, Gitarre bei *I wie Gelb* und *September*)
KARIN HARTMANN (26, Schlagzeug bei *I wie Gelb* und *Work in Progress*)
JUTTA WEINHOLD (35, Gesang bei *Zedyago*)

*Andrea Traub, Isabel Hoster, Karin Hartmann (von links nach rechts)*

*Betsy Miller, Jutta Weinhold, Georgia Hoppe, Carin Hammerbacher, Barbara Milde (von links nach rechts)*

*Würdet ihr euch selbst als Profi- oder Hobbymusikerinnen bezeichnen?*

KARIN: «Wir sind irgendwie dazwischen. Für mich ist Musik total wichtig, das Wichtigste. Aber ich kann davon nicht leben.»

ISABEL: «Ich weiß einfach nicht, wie es weitergeht. Ich hab vor einem Jahr mein Studium abgeschlossen und keine großen Berufsaussichten als Psychologin. Aber von der Musik kann ich im Moment noch nicht leben. Wir machen keine kommerzielle Musik, die große Kohle bringt. Ich weiß auch nicht, ob ich dafür die ganzen Schwierigkeiten, die damit zusammenhängen, in Kauf nehmen will.»

JUTTA: «Es ist ein Riesending und wenn du einmal drinhängst, kommst du nie wieder raus, ich schwör's. Ich mache seit zehn Jahren professionell Musik. Ich muß unheimlich baggern, daß ich finanziell über die Runden komme, aber irgendwie gibt mir das auch den Reiz. Ich mach manchmal Studiojobs. Aber ganz wenige, weil – da kommt man eigentlich kaum rein. Das ist so eine Mafia, und ich möchte auch nicht alles singen for money. Ich mach das nur, wenn es mir ganz schlecht geht.»

BARBARA: «Ich kann auch nicht davon leben. Mit der *Bitch Band*, meiner letzten Frauenband, haben wir es versucht. Aber das hat nicht hingehauen. Wir haben sogar eine Platte gemacht, aber keinen Pfennig daran verdient, nur von der GEMA kamen ein paar hundert Mark. Und jetzt machen wir eine Zwei-Personen-Kapelle, im Moment mit einem Drumcomputer, einem Synthezieser. Das spielen wir bei Auftritten mit einem Tape im Hintergrund ein, weil wir beide Gitarre spielen und singen.»

*Warum arbeitet ihr nur zu zweit?*

BARBARA: «Es gibt nicht so viele Musikerinnen in Hamburg für unsere Musik. Wir haben im *Fachblatt* inseriert, und es hat sich nicht eine einzige beworben. Da meldeten sich nur irgendwelche Produzenten: Zwei Frauen, die singen, is ja geil...»

## *KONKURRENZ-GESCHICHTEN*

JUTTA: «Du könntest ja auch mal einen Keyboarder reinnehmen, da gibt es doch so viele, die ein bißchen drücken können...»

BARBARA: «Für mich ist schon wichtig, mit Frauen Musik zu machen. Als ich anfing mit elektrischer Musik, mit der E-Gitarre, habe ich ganz schlechte Erfahrungen mit Typen gemacht. So diese Konkurrenz-Geschichten. Ich will die Hoffnung nicht aufgeben, daß sich noch eine Frau findet. Ich hab nur das Gefühl, wenn man bis zu einem gewissen Punkt noch nicht drin ist, kann man es sowieso vergessen. Ich bin jetzt 41.»

JUTTA: «Nein, ich finde das Alter hat damit nichts zu tun. Tina Turner ist jetzt 48, und die ganzen Hardrocker sind aus der 60er Zeit.»

BARBARA: «Ja gut, aber die sind seit Jahrzehnten im Geschäft. Natürlich hörste nicht plötzlich auf, weil du 40 bist. Aber jetzt neu einzusteigen...»

*Du hast doch auch dein ganzes Leben lang Musik gemacht.*

BARBARA: «Ja, aber nebenbei. Ich hab mich ja nie voll in die Sache hineinbegeben und alles andere dafür hingeschmissen, Studium, Sozialarbeit.»

JUTTA: «Wenn man kreativ genug ist, kann man immer was machen, egal, ob man 20, 40 oder 60 ist. Man muß nur Ideen haben, darf sich nicht zu Hause hinsetzen und auf den Anruf des großen Produzenten warten.»

*Aber was machst du, wenn deine Musik so schräg ist, daß sie sich nicht gut verkaufen läßt? Dann kannst du nicht davon leben.*

JUTTA: «Doch. Das muß einfach gehen.»

ISABEL: «Für mich ist es sehr wichtig, vor Frauen zu spielen, auf

Frauenfesten. Und die haben oft einfach nicht das Geld, um uns eine Wahnsinnsgage zu zahlen. Wir bekommen gewöhnlich die Fahrtkosten, Unterkunft und vielleicht noch hundert Mark pro Person.»
*JUTTA:* «Sicher, gerade wenn man individuelle Musik macht, wenn man sich nicht dem Kommerz anpassen will, gehört eine längere Zeit dazu, sich durchzusetzen. Ich habe auch hier im Pö und im Logo angefangen und in der Fabrik für 50 Mark am Abend den Blues gesungen, drei, vier Stunden lang und das über Jahre. Man braucht schon einige Zeit, bis man einen gewissen Stamm hat an Publikum, so daß man dann langsam mit der Gage höher gehen kann.»

## *FEIGHEIT*

*Warum ist es dir wichtig, vor Frauen zu spielen?*
*ISABEL:* «Zunächst weil ich in einer Frauengruppe spiele. Da bietet sich das ja an.»
*JUTTA:* «Ich dachte, gerade so fünf Frauen auf der Bühne, da wünsch ich mir 5000 Jungs im Publikum. Magst du denn nur Frauen?»
*ISABEL:* «Ja. Meine ganzen Lebenszusammenhänge bestehen aus und mit Frauen. Ich bin Feministin.»
*ANDREA:* «Ich finde das eine schlimme Entwicklung, nur vor Frauen spielen zu wollen. Ich bin davon überzeugt, daß das Feigheit ist. Ich hab es unheimlich oft erlebt, daß Frauen im Publikum nicht neutral sind, wenn Frauenbands gespielt haben. Es wird geklatscht für Sachen, für die es sich überhaupt nicht lohnt zu klatschen. Es wird nur geklatscht, weil Frauen da oben stehen.»
*ISABEL:* «Aber das ist doch schön. Du wirst erst einmal angenommen.»
*ANDREA:* «Nee, das bringt mir überhaupt nichts. Ich will als Musiker anerkannt werden und nicht als Frau.»
*CARIN:* «Na gut, aber man muß auch sehen, daß es immer noch einen Seltenheitswert hat, wenn Frauen Musik machen. Vielleicht ändert sich das bereits. Aber Jungs fangen schon mit 12, 13, 14 an und Frauen oft erst mit Anfang 20. Die trauen sich meist später und packen es dann auch nur in einem Rahmen, der es ihnen persönlich erleichtert. Und das ist nun mal diese Frauenszene. Das ist für mich als Begründung okay. Da sollen die Frauen ruhig klatschen, weil da andere Frauen was machen, was sie sich selbst vielleicht noch nicht trauen.»
*ISABEL:* «Ich bin lieber unter Frauen. Und ich finde das schön, wenn ich erst mal diesen Rahmen habe, wenn ich unsicher bin und einfach so angenommen werde, weil unter Frauen eine andere Solidarität ist.

Gerade als es mit der Frauenbewegung anfing, hat man solch eine Power einfach gebraucht. Und Frauenbands bringen eine Menge Power rüber und animieren auch andere Frauen dazu, es selbst zu versuchen.»

*BARBARA:* «Die wichtigste Veränderung war ja damals, daß Frauen plötzlich den Mut gefunden haben, zu den elektrischen Instrumenten zu greifen, sich mit der ganzen Technik zu beschäftigen, was vorher wirklich nur Männern vorbehalten war. Das war schon recht euphorisch, wenn wir mit *Lysistrara* nur vor Frauen spielten. Aber diese Euphorie hat wieder nachgelassen, die ganze Frauenbewegung hat sich ja auch zerlaufen.»

*Ich habe diese Power auch gespürt, aber was mich nach einiger Zeit genervt hat, war die Qualität des Gebotenen. Irgendwann wollte ich einfach mal wieder bessere Musik hören.*

*BARBARA:* «Wir haben auch nicht gesagt, wir bieten hier eine neue, ganz tolle Musik. Unsere Funktion auf Frauenfesten war ja auch eine andere, eben Musik zum Tanzen, zum Amüsieren zu machen. Es hat einfach mehr Spaß gemacht, nach der Musik zu tanzen, wenn da oben auf der Bühne nicht Macker standen, sondern Frauen.»

## *SHOWBUSINESS*

*JUTTA:* «Wie ist das eigentlich, wenn ihr spielt? Macht ihr da auch so richtig Showbusiness? Seid ihr geil auf der Bühne?»

*BARBARA:* «Wir machen Musik, verstehst du? Musik!»

*CARIN:* «Du empfindest dieses Showmachen als geil. Aber viele Frauen lehnen es ab und wollen genau aus diesem Grund nur mit Frauen Musik machen.»

*JUTTA:* «Mich interessiert, wie ihr auftretet, ob ihr euch zurechtstylt oder die Alltagsklamotten tragt, vielleicht sogar 'ne Latzhose – meine Horrorvision! Ich geh nicht in ein Konzert, wenn da nicht die Sau los ist, wenn da nichts mit dem Körper passiert. Wenn ich ins Konzert gehe, muß ich auch was fürs Auge haben. Sonst kauf ich mir die Platte.»

*KARIN:* «Bei mir ist es umgekehrt. Wenn ich einen sehe, der einen auf Oberrocker macht, habe ich überhaupt keinen Spaß mehr dran. Ich geh auch nicht zu Heavy Metal-Konzerten. Die Haltung: ohne Show kein Konzert, finde ich Schwachsinn.»

*JUTTA:* «Im Hardrock läßt sich das nicht trennen.»

*Ärgert ihr euch manchmal, daß ihr Frauen seid?*

*KARIN:* «Ich habe sehr negative Erfahrungen gemacht. Wenn ich nur sage, daß ich Schlagzeug spiele, ist der Zug schon abgefahren. Ich trau mich heute viel weniger, jemanden anzusprechen: ‹Wollen wir nicht mal Musik zusammen machen?›, obwohl ich immer besser werde. Aber ich habe schon oft gespürt, daß Musiker immer im Hinterkopf hatten: Eine Frau, das kann ja nichts sein.»

*CARIN:* «Also meine Erfahrung ist eher umgekehrt. Wenn man als Frau halbwegs gut spielt, wird man einem Typen gegenüber vorgezogen. Denn eine Frau am Instrument kommt unheimlich gut auf der Bühne an. Das ist im Moment total in.»

*JUTTA:* «Das sieht doch nur so einfach aus. Am Anfang ist es noch leicht. Aber wenn du drinbleiben willst, mußt du dich tierisch behaupten. Man muß dreimal so gut sein wie ein Kerl. Da hab ich mich schon oft geärgert und gedacht: Verdammte Scheiße, wär ich doch bloß ein Kerl.»

*ANDREA:* Ich hatte nie Probleme, von Typen anerkannt zu werden.»

*Warum spielst du zur Zeit in keiner Band?*

*ANDREA:* «Ich arbeite acht Stunden und habe keine Lust, das für die Hochs und Tiefs eines Musikerlebens aufzugeben. Mit lauter Frauen zu spielen, die tierisch geil darauf sind, so schnell wie möglich auf eine Bühne zu gehen, egal wie tief das Niveau noch ist, sowas mag ich nicht. Aber ich habe nicht die Zeit, die ich üben müßte, um so gut zu sein, daß ich es für mich akzeptieren könnte.»

*JUTTA:* «Also, ich muß immer alles erst ausprobieren, dann weiß ich, ob ich gut war oder nicht. Rock 'n' Roll heißt erst reden, dann denken. Das Wichtigste ist das Selbstbewußtsein.»

*BETSY:* «Für mich ist das Wichtigste an der ganzen Musik, Gefühl auf der Bühne zu vermitteln und auszudrücken.»

*Geht ihr lieber zu Konzerten, wenn da Frauen spielen?*

*KARIN:* «Ich gehe zu Konzerten, wenn ich denke, die Musikrichtung spricht mich an. Es ist schön, ganz toll, wenn da Frauen spielen, aber ich gehe nicht deshalb ins Konzert.»

*BETSY:* «Ich bin sehr daran interessiert, andere Frauen auf der Bühne zu sehen. Ich freue mich, wenn es immer mehr tolle Musikerinnen gibt. Weil ich die Schwierigkeiten kenne, die eine Frau dann überwinden muß.»

## HIGH TECH

*BARBARA:* «Die Zeit der Hausmusik ist vorbei. Heute hängt Musikmachen mit soviel Geld und Business zusammen, daß viele Frauen überhaupt keinen Bock haben, sich in diesen ganzen Kommerz reinzubegeben. Das ist doch Wahnsinn, was du heute für Instrumente und Technik ausgeben mußt.»

*GEORGIA:* «Das ist doch auch eine Frage der Identifikationsfiguren. Wo waren denn früher die Rockmusikerinnen, mit denen wir uns identifizieren, denen wir nacheifern konnten? Deshalb waren diese Frauenbands, die auf Festen gespielt haben, so wichtig. Jetzt fangen langsam Mädchen auch schon in den Schulen an, Bass zu spielen.»
*JUTTA:* «Ich glaube, eines der größten Probleme ist wirklich, daß die Mädchen sich nicht so früh für Musik interessieren wie die Jungen.»
*ISABEL:* «Das stimmt nicht. Bei uns gab es damals auch eine Schülerband. Ich hab immer bei den Proben rumgehangen und hätte gerne mitgespielt, aber ich hatte einfach nicht die Durchsetzungskraft. Obwohl ich zu dem Zeitpunkt so gut gespielt habe wie die Jungs, wurde ich von denen nicht ernst genommen. Das begann erst später, als ich Frauen gefunden hatte, mit denen ich Musik machen konnte.»

*Wird es eines Tages, wenn sich die Frauen weiter durchgesetzt haben, eine Frauenrockmusik geben?*

*JUTTA:* «Das glaube ich nicht. Ich meine, Musik ist grundsätzlich nicht geschlechtlich festgelegt.»
*GEORGIA:* «Das ist eine ganz offene Frage. Es gibt in allen anderen Bereichen frauenspezifische Züge – in der Literatur, in der Malerei. Ich bin überzeugt, daß man auch in der Musik spezifisch weibliche Züge entdecken wird.»

# HANS-A-PLAST – GUT VERHEILT

*Bettina Schröder, Schlagzeug, Text & Komposition*

*E*rinnern Sie sich noch?
*Hans-a-plast.*
Punkrock aus Hannover.
Rotzfrech und gemein. Witzig.

ich geh kurz runter
zieh ihn kurz aus
setz mich kurz drauf
geht ihm noch einer rauf ...
hol ich ihn kurz wieder runter
schick ihn kurz wieder runter
ich kam zu kurz
hol ihn kurz rauf
hol ihm kurz einen runter
geh kurz wieder runter
zieh ihn kurz an
komm kurz wieder rauf
Yihaa!

Drei Frauen, zwei Männer. Richtig erfolgreich, auch ohne große Plattenfirma. *Hans-a-plast* gibt es nicht mehr, so wie es den Punk nicht mehr gibt. Aber die fünf Menschen sind ja noch da. Micha und Jens lenken die Geschicke im damals gegründeten Studio, das heute den Namen *staccato* trägt. Annette, Gesang, ist Hausfrau und Mutter geworden. Renate spielt zwar noch Bass, aber nur gelegentlich. Dann gibt es da noch die Schlagzeugerin Bettina Schröder. Bettina, heute 31, hat sich entschieden. Musik. Sie hat eine Tochter, die heißt Lotte. Und einen Ehemann, das ist Micha. Gemeinsam wohnen sie in einer Wohngemeinschaft. Bettina arbeitet in einem Café, schreibt gelegentlich für das Stadtmagazin *Schädelspalter*, tritt mit einer Freundin im Theater auf und treibt Sport, um fit zu bleiben. Aber all dies reicht nicht. Denn – Musik soll es sein.

Ich bin besessen, geb mich vollkommen her
hab mich vergessen und hab mich verkauft
fast meine Seele vom Wahnsinn zerfressen
mich bis auf's Messer meiner Kräfte beraubt
Doch eines Tages weiß es jeder genau:
Ich bin gut! Ich bin schön! Ich bin groß!

## HANS-A-PLAST

Vor *Hans-a-plast* waren sie alle «irgendwie politisch», hatten im Stadtteil eine Bürgerinitiative mit angeschlossener Anti-AKW-Songgruppe gegründet. Und dann plötzlich – keine Lust mehr auf das ‹Gelabere›. Kein Bock auf den ganzen Alternativkram. Der Freundeskreis stand längst auf *Sex Pistols* und *Clash*. Man entschied sich: Das wollen wir auch. Micha, damals noch Bettinas Freund, Renate, ihre beste Freundin, Jens, der bei Micha wohnte und sich später mit Renate liierte. Familienklüngel eben. Es ging ganz schnell. Jeder sang ein Stück. Kleine Festivals. Als Annette zu *Hans-a-plast* kam, ging's sofort richtig los.

Das Schlagzeugspielen fiel Bettina in den Schoß, bildlich gesprochen. Sie sagte: Au ja, geil! und konnte es sogleich. Renate griff sich den Bass. 3. Bund. Düdndüdndüdn! Laut und schnell. Micha hatte schon mit 14 die Drums traktiert und stieg dann um auf Gitarre. Ebenso Jens. Annette sowieso Gesang – und Anpöbeln. Das Organisieren von Gruppen hatten sie bereits in Politzeiten gelernt. Ihre Message war: Nichts. Anarchie. Das Ganze ein echt lustiger Haufen, eine richtige Einheit. Und die macht ja bekanntlich stark.

## MONSTERTANZ

Bettinas Hoch-Zeiten waren jene Auftritte, wo nichts klappte. Prügeleien, Sachbeschädigungen und Bierdosen-Angriffe. Skins gegen Punks und alle gegen *Hans-a-plast*. Vor der Bühne war immer aggressive Stimmung. Einmal hat Bettina einer Frau was in die Schnauze gehauen, nachdem sie hinter ihrer Schießbude die Entwicklung im Publikum verfolgt hatte. Die Frau war gerade dabei, ein paar Typen aufzuhetzen, in einen Pappbecher zu rotzen und diesen Annette ins Gesicht zu schmeißen. Bettina legte ihre Schlagstöcke an die Seite, sprang von der Bühne und knallte ihr eine. Danach war Friede, weil alle baff waren.

Krisen sind für Bettina voll in Ordnung, weil sie dann ganz ruhig und überlegen wird, während alle um sie herum ausflippen. Das hat sie von ihrer Mutter. Die hat bei Alarm im Luftschutzkeller gesessen und seelenruhig gestrickt.

## GESCHÄFT

Dank des Zusammenhalts und der Organisationstalente hatte *Hans-a-plast* bald ein eigenes Label. Auf dem WG-Flur wurden die Plattencover getütet und Texthefte zusammengenietet. Etwas viel, bei 50 000 verkauften Platten allein von «Hans-a-plast I». Das *no fun*-Label sollte ein richtiges Kollektiv werden, in dem die anderen Bands aus der Szene – *Bärchen und die Milchbubis*, *Rotzkotz, A 5, Cretius* und *Der Moderne Mann* – gleichberechtigt mitarbeiten konnten. Das hat nicht geklappt. Alle hatten große Erwartungen, aber so richtig

arbeiten – nee! Als die Fünf erfolgreich waren, diffamierte die Szene sie als Knetegeier, und die großen Plattenfirmen wollten sie kaufen. *Hans-a-plast* winkte lässig ab. Heute sieht Bettina das anders. Sie hätten sicherlich mehr Geld machen können mit einer großen Firma. Aber immerhin hatten sie von der Musik ganz gut leben können. Solange es *Hans-a-plast* gab, verdienten sie Geld und gaben es gleich wieder aus. Nach der dritten Platte «Ausradiert» und einer weniger erfolgreichen Tour war das Geld alle. Niemand weiß mehr so genau, ob *Hans-a-plast* sich vor der finanziellen Pleite oder wegen ihr auflöste. Eins kam zum anderen, und alles ging dem Ende entgegen: der Punk, die Begeisterung, der Zusammenhalt, die Plattenverkäufe. Logische Konsequenz: Trennung. Das Image war zu festgelegt. Es ließ kaum musikalische Entwicklungen zu. Die Fans wollten Bierdosen werfen. «Ähh, alte Fotze, geillll!» und «Fuck it!» schreien. Irgendwann geht einem Musiker das auf die Nerven.

## FRAUENBAND

Bettina beschloß als einzige aus der Band, sich ihrer Leidenschaft weiter voll hinzugeben, und begann, Songs zu schreiben. Sie merkte bald, daß ihr das Trommeln in einer anderen Band nicht ausreichte. Sie wollte eine Frauenband gründen und mit ihr die eigenen Stücke spielen. Das ging in den Rock. Einerseits mußte Bettina ihre musikalischen Vorstellungen und Ansprüche durchsetzen, andererseits verlangte sie die gewohnte kollektivkreative Arbeit. Dazu kam das alte Dilemma: die meisten Frauen waren auf ihren Instrumenten zu schlecht. Die paar besseren hatten keine Zeit. Irgendwann wollte Bettina wissen, wie ihre Stücke klingen, wenn sie wirklich gut gespielt sind.

Und dann erkannte Bettina noch etwas: sie hatte immer Frauen als Instrumentalistinnen und Sängerinnen gesucht, aber eigentlich war sie dabei auf der Suche nach sich selbst als Musikerin. Gemeinsam sind wir stark? Es war wohl eher, daß sie sich alleine nicht traute zu sagen: Hört her, das bin ich. Meine Musik! Meine Texte! Nun arbeitet sie mit einigen Musikern und gelegentlich mit Renate im *staccato*-Studio an ihren eigenen Stücken.

## DAS DING

Es singt in ihr. Bei der Arbeit. Beim Spiel mit ihrem Kind. Vor der Glotze. Psst, sagt sie dann. Ich habe eine Idee. Sie trägt eine Zeile aus Text und Akkorden mit sich herum. Abends, wenn Lotte im Bett liegt, setzt sie sich ans Keyboard und arbeitet ihre Stücke aus, ergänzt sie mit einem Drum-Programm und einem Bass-Lauf, Gitarre und Gesang. Das alles mischt sie auf die 8-Spur-Tonmaschine. Das reicht zum Vorspielen im Studio, das gleichzeitig ihr Probenraum ist. Heute gestattet sie sich, auch schnulzige Songs zu schreiben. Sie singt von kleinen, persönlichen Erfahrungen, nicht mehr so zynisch wie bei *Hans-a-plast*.

Mein ganzes Leben
hätt ich dir gerne gegeben
ich wollte mein Herz verschenken
nur für dich, nur für dich

Sie singt von lauten Mädchen – Abenteuer bestehn, fremde Welten verstehn... so wie ein Junge –, wie sie selbst eines war und wieder geworden ist. Nach Latzhose, Kiffen, Marx und Psychologiebücher lesen. Der Stress, der sie manchmal krank macht, kommt nicht von der nächtlichen Musikschafferei, sondern eher vom Jobben. Oder vielleicht, weil sie alles auf einmal macht. Weil man anders ja nichts «auf den Zettel kriegt», wie sie sagt. Das war früher noch schlimmer. Schwere Boxen schleppen, als sie schwanger war. Arbeiten, trommeln bis zur Sehnenscheidenentzündung und Arm im Gips. Als sei sie dafür verantwortlich, der Welt zu zeigen, was Frauen alles können. Und so arbeitet sie langsam daran, ihre Arbeitsbedingungen zu verbessern. Sie will Profi werden, das heißt, von ihrer Musik leben. Hätte sie viel Geld, würde sie es in ihre musikalische Arbeit stecken, andere produzieren und in Urlaub fahren.

## EHEMANN

Micha kann überhaupt nicht verstehen, warum es so wenige Frauen im Rockbusiness gibt, wo's für die doch so einfach wäre, Karriere zu machen. Möglich, daß er recht hat, wenn er behauptet: «Hätte Elvis Elvira geheißen, würden mehr Frauen Musik machen.» Aber Micha heißt ja auch nicht Michaela. Er produziert Gruppen im *staccato*-Studio auf gleichnamigem Label. Micha unterstützt und akzeptiert Bettinas Arbeit als Musikerin. Das Zusammenleben mit Kind und Musik ist nicht immer einfach, weil beide oft gleichzeitig Termine haben. In dieser Angelegenheit bezeichnet sich Bettina als knallhart. Sie kämpft um ihren Raum. Sie braucht ihre Arbeit und setzt das auch durch. Ehe und Kind als einziger Lebensinhalt sind ihr nicht genug. Da würde sie depressiv. Wenn ein Mann das nicht akzeptieren könnte, würde sie eher auf ihn als auf die Musik verzichten.

## EMANZEN

Frauenbewegung und Emanzentrip – das turnt Bettina nicht an. Gleichzeitig glaubt sie, auch eine Emanze zu sein. Aber anders. Sie tut's, hat das Gerede satt. Auf «Neue Männer braucht das Land» steht sie überhaupt nicht. Sollen die doch sehen, was sie machen, wenn sie an den Frauen interessiert sind. So hält sie es auch mit Micha. Sie verlangt nicht von ihm, daß er sich ändert. Schwachsinnige Argumentation. Frau muß es selber schaffen und Punkte setzen. Viele wollen das anscheinend nicht. Auch in der Rockmusik. Sie sträuben sich. Dabei können sie um andere Dinge ja auch mächtig kämpfen: Familie oder Küchenkeinrichtung. Sie sind im allgemeinen gar nicht so schwach. Schon gerade nicht, wenn sie von etwas wirklich überzeugt sind. Bettina ist sich da ganz sicher. Frauen, die Musik machen wollen, kämpfen auch darum und setzen sich durch. ■

## «EIN NEUES GEFÜHL»

*Ina Deter, Gesang, Gitarre, Text & Komposition*

Das ist doch alles unfaßbar, wie rapide sich unser Leben in den letzten Jahren verschlechtert hat: Du kannst nicht mehr in jedem Meer baden, du kannst keinen Wein mehr trinken, ohne eine Liste zu führen, du kannst keine Milch mehr trinken. Die Vegetarier in meiner Band wissen nicht mehr, was sie nun essen sollen. Es sieht so aus, als sei es kurz vor Schluß. Solche Gedanken sind jetzt in meinem Kopf. Ich sage nicht mehr, wenn ich Wünsche habe: Das kann ich auch später noch machen.»

Ina Deter, vier Wochen nach dem Unfall im sowjetischen Atomkraftwerk Tschernobyl. Sie ist sehr betroffen, verspürt seit langer Zeit wieder existentielle Angst. Sie reagiert mit Empörung und ohnmächtiger Wut, fordert noch heftiger zur Wahl der GRÜNEN auf und beteiligt sich als Künstlerin an deren Wahlkämpfen, schöpft wieder Hoffnung daraus und weiß doch nicht, wie es weitergeht, wie sie zukünftig ihr eigenes, privates Leben leben soll.

Tschernobyl verursachte einen Bruch in Inas Lebensgefühl, eine Spur Resignation mischte sich unter ihr Glück. «Ich habe vier Leben», hatte sie noch kurz zuvor anläßlich einer Fernseh-Show mit Jürgen von der Lippe gescherzt. Zwei habe sie überstanden, nun sei sie im dritten. Sie war in den vergangenen Jahren einen großen Schritt vorangekommen, hatte es endlich geschafft, sich mit ihrer Musik so weit zu etablieren, daß sie nicht mehr um die Verlängerung ihres Plattenvertrages kämpfen mußte. Sie konnte auf Tour gehen, wann immer sie wollte – die Säle waren gefüllt. Sie hatte wieder eine intensive Beziehung gewagt und war auch nach zwei Jahren noch «ganz toll verliebt». Sie hatte die Trennung von Micky Meuser verkraftet, ihrem langjährigen Produzenten, Bandmitglied, Berater und Freund, und mit Edo Zanki und Jo Steinebach neue Formen musikalischen Schaffens kennengelernt. Nach dem beispiellosen Durchbruch 1983 mit dem Slogan-Album «Neue Männer braucht das Land» und der daran anknüpfenden Ochsentour (180 Konzerte) hatte sie sich im nächsten Jahr leicht zurückgenommen (das nachfolgende Liebesalbum «Mit Leidenschaft» verkaufte sich nicht so gut) und sich den lang erträumten Urlaub in der Heimat Frida Kahlos gegönnt.

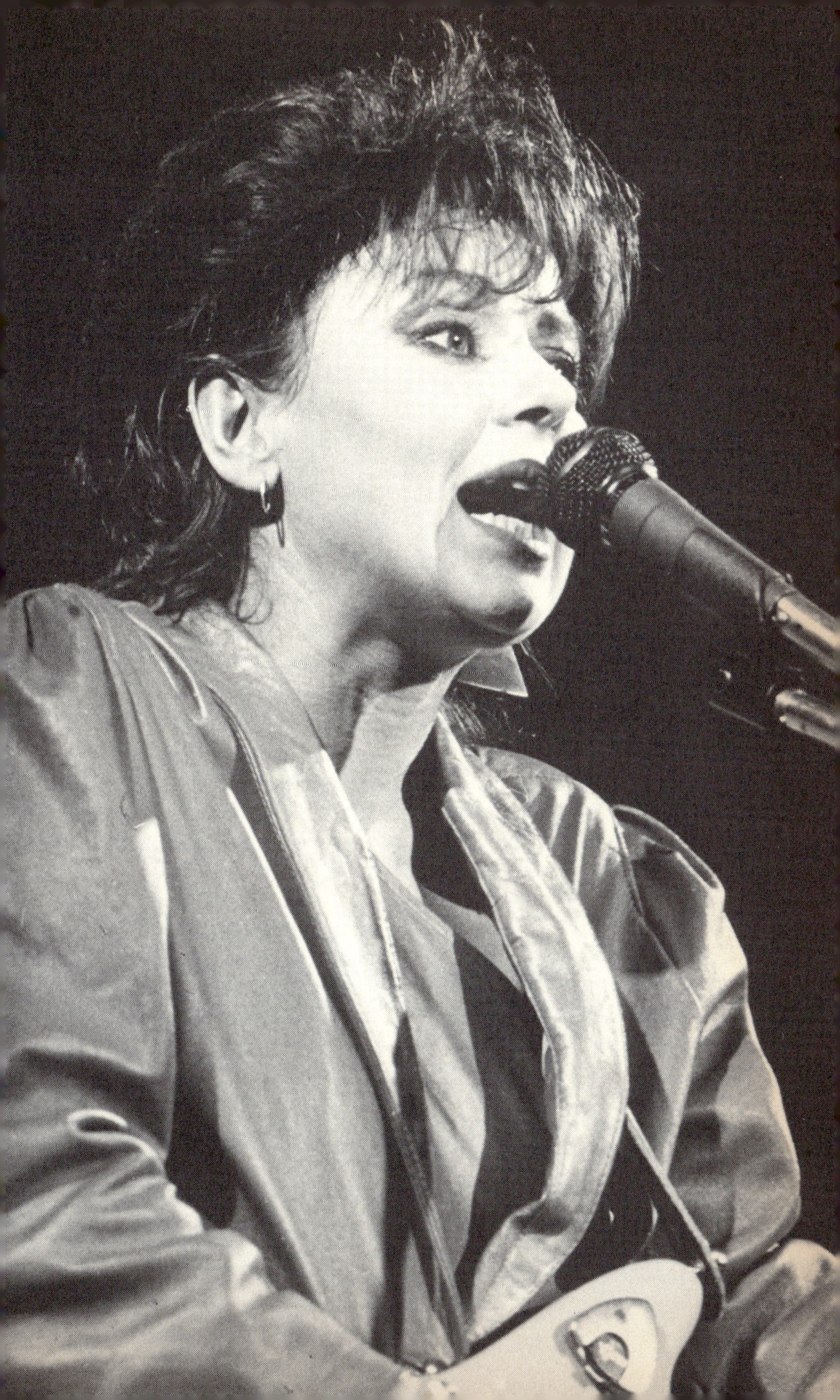

## *LUCKY GIRLS*

Vier Leben – das erste begann mit den *Lucky Girls*, erzählt Ina, «als ich anfing, Musik zu machen». Damit hat sie schon 14 Jahre unterschlagen. Eine ganze Kindheit in Berlin-Lübbars, eine strenge, aber strikt zur Selbständigkeit erziehende Mutter, eine sechs Jahre ältere Schwester. Die Kinderlähmung mit fünf, der erste Kuß mit zwölf und die erste große Liebe, ein Cousin, der immer im Mittelpunkt stand, weil er so hervorragend zur Gitarre «La Paloma» singen konnte. Ina, die Jüngste in der Familie, die Kleinste in der Klasse, wollte auch im Mittelpunkt stehen. Sie überredete ihn, ihr Gitarrenunterricht zu geben.

Die *Lucky Girls*, drei Frauen, die sich über eine Anzeige Inas gefunden hatten, der erste Versuch, Musik «richtig ernst zu nehmen». Proben und Auftritte so oft es nur ging. Fast nebenbei ein Grafikstudium an einer Privatschule, das konnte man in Berlin schon ab 15. Eine glückliche Zeit, die plötzlich abbricht, als die Girls «erwachsen» werden. Die erste kriegt ein Kind und heiratet, die zweite fühlt sich nun zu alt, und Ina stürzt sich ins Arbeitsleben. Erst als Reinzeichnerin bei Schering, bei Karstadt, dann bei einer kleinen Werbeagentur, die irgendwann so viele Kunden in Westdeutschland hat, daß sie in Köln eine Filiale eröffnet. Ina geht mit.

Zurück bleibt ein trauriger Verlobter und eine enttäuschte Mutter, die ihre Tochter schon in sicheren Händen glaubte, bilderbuchgerecht: Arbeiterkind heiratet Industriellensohn. Doch Ina wurde schwanger und «da wußte ich plötzlich, wie mein zukünftiges Leben aussehen würde – als Hausfrau, Mutter und Gattin von... Da hab ich eine richtige Panik gekriegt.» Sie wollte kein Kind, besorgte sich eine Adresse, noch bevor der Vater etwas von seinem Glück ahnte, löste anschließend die Verlobung und flüchtete nach Köln.

## § 218

Das zweite Leben. «Selbständig sein.» Ein tolles Team, eine interessante Arbeit, aber 14 Stunden täglich, auch samstags, sonntags, ein halbes Jahr lang fast nichts anderes. Keine Auftritte mehr, zum einen, weil sie nach der Arbeit nur noch kaputt ins Bett fiel, zum anderen, weil eine Kneipenszene wie in Berlin, wo man abends um elf spontan mit der Klampfe auftauchen und alte Baez- oder Dylan-Titel bringen konnte, in Köln Ende der 60er erst allmählich im Entstehen war. Doch auch in Köln sammelten Frauengruppen Unterschriften für die ersatzlose Streichung des § 218. Eine Kampagne, die ihren ersten Höhepunkt 1971 in einer spektakulären Anzeigenaktion fand. 374 Frauen bekannten im *Stern*: «Wir haben abgetrieben.» Ina Deter war beeindruckt und seitdem dabei.

Nachdem sie drei Jahre lang die Gitarre nicht mehr angerührt hatte, schrieb sie ihr erstes eigenes Stück, um die Menschen in der Kölner Fußgängerzone an den Info-Stand zu locken. «Ich habe abgetrieben.» Joan Baez war plötzlich zu unkonkret geworden für die Beschreibung eigener Erfahrungen, die englische Sprache ein Hindernis. Ina beginnt, intensiv an eigenen Stücken zu arbeiten, möchte immer häufiger auftreten. Ein Produzent sieht sie in einem Club und nimmt sich ihrer an – nimmt sie vor allem kräftig aus, doch das merkt sie erst viel später. «Ich habe mich riesig gefreut und war so stolz darauf, daß einer mit mir eine Platte machen wollte.» Der Typ ermöglicht es ihr immerhin, sich mit ihrem Titel «Wenn du so bist wie dein Lachen» in der nationalen Vorentscheidung des Grand Prix de la Chanson zu placieren. Am nächsten Tag rufen drei Plattenfirmen an.

Erste Alben erscheinen – eigenartige Kombinationen aus Schlagermelodien und frauenbewegten Texten, mit honigsüßem Kehlkopfvibrato gesungen – und werden kommerzielle Flops. Die CBS läßt sie wieder fallen. Nicht so der sogenannte Produzent, der zwar im Studio nicht einmal merkte, wenn die Gitarren verstimmt waren, dafür auch nicht mit anderen Skrupeln behaftet war. «Ich hatte ja keine Ahnung von dem Business, hab mir auch keinen Anwalt genommen, sondern einfach alles, was der mir vorlegte, stolz wie Oskar und ohne es zu verstehen, unterschrieben. Und plötzlich war alles, was ich an kreativer Leistung gebracht habe, Kompositionen und Texte, sein Eigentum.» Erst nach einem dreijährigen Prozeß kam sie Anfang der 80er Jahre von ihm los und konnte neu anfangen.

In der Werbeagentur führt die peu à peu steigende Popularität der Kollegin Deter zu Problemen. Der Vorwurf kommt auf, sie vernachlässige ihre Arbeit. Wohl auch aus Eifersucht. Ina soll sich entscheiden: Musik oder Werbung. Nach einem Krach in der Firma rennt sie eines Tages weg. «Das war eine Horrorfahrt von Köln nach Frankfurt zu meinem damaligen Freund. Ich dachte die ganze Zeit: Jetzt ist es passiert. Du hast das, wofür du zwölf Jahre lang gearbeitet hast, hingeschmissen. Zum erstenmal hatte ich richtige Existenzangst.»

## *VERRAT*

Das dritte Leben beginnt. Profi-Musikerin. Unermüdlich tourt sie durch die Republik – zunächst nur mit Micky Meuser, Manni Hollaender und ihrer akustischen Gitarre. Als sie zur E-Gitarre greift, den Rock und ihre Bauchstimme entdeckt und endgültig nicht mehr wie Joan Baez klingen will, kommt der Durchbruch. Und damit ein anderes Publikum. «Früher bestand mein Stammpublikum aus Frauen», erzählt sie, «die wie ich aus der Frauenbewegung kamen. Da gab es eben auch entsprechende Auftritte bei Frauenfesten, in Frauenhäusern und so. Mit dem Erfolg kamen auch die Männer und überhaupt ein breiteres Publikum. Neben der Latzhose stand plötzlich die graue Flanellhose.» Auch die Frauen waren inzwischen bunter geworden. «Ich weiß noch, wie ich mich '78 ins Konzert von Nina Hagen geschlichen habe. Das sollte keiner mitkriegen. Denn in der Frauenbewegung war ja vieles tabu. Nina Hagen hat das aufgebrochen, indem sie sich einfach nichts draus gemacht hat. Ich kam in die Halle, und die ganze erste Reihe war von der Kölner Frauenbewegung besetzt. Und in der Garderobe traf ich später Alice Schwarzer: «Ina, ist die nicht toll! Die hat alles, wo wir hinwolln...» Ich war verwirrt.

Seitdem galt auch Ina nicht mehr gleich als Verräterin, wenn sie sich schminkte und keine Latzhose trug. Doch mit dem allgemeinen Publikumserfolg spalteten sich erneut Inas Bedeutung und Ansehen in der Frauenbewegung. Viele engagierte Frauen witterten Verrat, als die Plattenfirma Fotos von ihr im Minirock versandte, als sie in der ZDF-Hitparade auftrat und sich von Dieter Thomas Heck dumme Sprüche gefallen ließ. Das Liebesalbum «Mit Leidenschaft», das den «Neuen Männern» folgte, verzichtete auf griffige Slogans, ein Jahr später erschien dieser schlüpfrig-zweideutig interpretierbare Titel «Frauen kommen langsam, aber gewaltig». Viele konnten Inas rasante Entwicklung von der kompromißlosen Szene-«Emanze» zur verliebten Feministin, die auch frauliche Widersprüche und Zwischentöne zuließ, nicht nachvollziehen, nicht dulden. Das immer wiederkehrende Abgrenzungsritual: Gewinnt ein Szene-Idol an Popularität, wird es fallengelassen. Erfolg macht suspekt. Berührungsängste: Was so viele gut finden, gefällt uns nicht mehr, muß korrumpiert sein... Journalisten versuchten, sich auf ihre Kosten zu profilieren, jede Schwäche wird genüßlich registriert, zumeist von männlichen Redakteuren...

Ina Deter ist heute ein im deutschsprachigen Raum populärer Rockstar, nicht nur Vorbild weniger junger Frauen, die in ihren Liedern Bestätigung und Mut finden. Sie steht ständig im grellen Lichtkegel der Öffentlichkeit. Das verändert. Auch wenn man es nicht wahrhaben will. Sie achtet mehr auf ihre Worte, ihre Zwischenbemerkungen im Konzert. Sie schreibt weniger unbefangen als früher, sie macht sich mehr

Stürmische Reaktionen ruft Ina Deter auch in der Alternativ-Szene hervor, wie folgender (gekürzt wiedergegebener) Briefwechsel im Mainz/Wiesbadener *Regionalblatt* zeigt:

## Dabei hat Else einen süßen Po

1. „Anfang dieses Jahres hab' ich eine liebe Frau kennengelernt. Daß die Frau Ina Deter gehört hat, führte mich dazu, daß ich mich für des Landes neue Männer interessierte. Ich hab' mir die Platte also ein paarmal angehört und fand das wirklich alles ganz gut. Ich war ja so froh, daß endlich mal 'ne Emanze nicht mit der Schere kommt. Also bin ich guten Mutes (stimmt wirklich!) mit der lieben Frau in das Kulturzentrum gefußelt. Die Idee kam übrigens von mir, nicht von Andrea.

Trotzdem. Nach der ersten viertel Stunde habe ich mich ganz still und heimlich gefragt, ob ich hier wohl bei Didi Hallervoorden bin: Man (frau) sagt irgend etwas Banales, Hauptsache, irgendein „Schlappschwanz" läßt sich provozieren. Dann gibt frau dem eine dumme Antwort, grinst dazu fragend in den Raum und ein (zu) großer Teil antwortet tatsächlich mit dem erwarteten Lachen ... Das ist für mich keine Ironie mehr. Das ist lediglich eine miese Show! ... Wenn diese Ina-Deter-VerUnstaltungen im weitesten Sinne etwas mit einer Frauenbewegung zu tun haben, dann muß ich dies wirklich als Konterrevolution bezeichnen.

Nur weil jemand 'ne lila Gitarre spielt und in die Marktlücke ‚Frauenmusik' gestoßen ist, ist er (sie) noch lange keine Garantie dafür, daß es um mehr als die eigene Kasse geht ... In der Hoffnung, daß mein Schwanz von den lila-dogmatischen Scheren verschont bleibt." **Bernd**

2. „Da steht sie und macht mir Angst. Steht da mit ihrer pink Gitarre, scharfen Lederhosen mit dem süßen Po drin, einer guten Stimme und braven Begleitmusikern. Und mit Angriffen auf DIE Männer. Ich weiß, bei dem, was sie sagt, ist viel dummes Zeug dabei, aber ich habe Angst, dies laut zu bekennen. Ich bin still. Und währenddessen fühle ich in mir drin: Ouaahh, wie gemein ist diese Frau! ... Aber da kommt auf einmal eine andere Künstlerin auf die Bühne – sie heißt Klampfenelse. ... Sie singt Chansons, melodiös und schön. Und endlich fühle ich mich wohl. Ich sehe, da ist ein Mensch, der hat's nicht leicht im Leben und singt davon vor

Leuten, hat immer noch die Hoffnung, es könnte anders werden.

Und da singt einer mit, der bei Ina nur Statist sein durfte. Und der freut sich so, die alten Sachen zu singen, daß etwas ganz Unerwartetes passiert: Wir alle lachen ein befreites Lachen – zusammen mit denen da oben auf der Bühne und wissen, daß noch so viel zu tun bleibt an uns und, daß wir uns trotzdem auch heute schon gern haben können. Ich warte nicht auf die neue Frau!" **Toni**

3. „Da gehen zwei Softies ins Konzert zu Klampfenelse. Der Bernd hat gehört, daß die Else neue Männer sucht – und da denkt er natürlich sofort an sich. Der Toni dagegen steht mehr auf Elses süßen Po in den scharfen Lederhosen. Und damit ist es auch schon passiert: Else war beim Friseur und heißt jetzt Ina Deter. Und Ina sucht nicht nur neue Männer, sie macht auch noch die alten an. Macht sich doch glatt lustig über die ‚lieben Sensiblen'. Verständlich, daß sich der Bernd da ärgert ... Hat er doch schließlich eigenhändig seine Freundin in das Konzert geschleppt – und jetzt wird er dafür dumm angemacht.

Der Toni ist da noch viel schlimmer dran. Der kann nämlich so richtig mitfühlen mit dem Karl-Heinz und kriegt's mit der Angst. Und: ‚Ouaahh, wie gemein ist diese Frau.' Dabei hat Else doch soo einen süßen Po! Und wenn sie ihre alten Lieder singt, die dem Toni nicht weh tun, dann wird's ihm richtig warm ums Herz und er fühlt sich endlich wohl. ...

Der Toni ist nicht ganz so sauer und gibt Ina noch nicht verloren. Sie müßte bloß wieder zum Friseur und wieder die Klampfenelse werden, sozusagen ein ‚Mensch, der's nicht leicht hat im Leben', dann könnte man schon klarkommen miteinander. (Schließlich ist da ja auch noch dieser süße Po.) ...

Ihr Männer! Ihr habt nix, aber auch rein gar nix kapiert. Und die Ina hat verdammt recht: Neue Männer braucht das Land! Ich sprüh's an jede Wand." Auch ein Mann! **Hans**

Gedanken, wie ihr Publikum reagieren könnte. So bleibt ein Song wie jener an die Präsidenten dieser Erde, den sie nach dem GAU von Tschernobyl schrieb, um möglichst viele Menschen gegen den «WAAhnsinn» aufzuwiegeln, auf einer Ebene peinlich naiver Empörung stehen. In Sorge um ihre Fans – «sie könnten mich nicht verstehen» – vertonte Ina letztendlich nur, was 70 % der Bevölkerung eh schon dachten. Doch für einige Sender war selbst dieses Stück schon zu konkret. In Zeiten, in denen die Katastrophen übermächtig werden, Bürgersöhnchen linke Rockmusiker schick finden, die Linken dagegen nur von «damals» träumen und ihre Sinnesorgane zeitgeistgemäß nach innen wenden, sind Titel wie «Ohne mich» wohl revolutionärer als etwa *Ton Steine Scherben* es je sein wollten. «Ich merke, daß zur Zeit in mir ein anderes Lebensgefühl entsteht. Ich mache mir zum Beispiel Gedanken darüber, auf nichts mehr zu verzichten, keine Entsagungen mehr hinzunehmen, jeden Moment intensiv zu leben. Es ist so ein Gefühl: Wer weiß, wie lange das alles noch dauert?»

## «DEN MÖSEN-BONUS ÜBERWINDEN»

*Annette Kluge, Schlagzeug*

*I*ch spiele tierisch gerne. Aber ich kann ja nicht jeden Tag zu Hause in Berlin auftreten. Also muß ich ständig herumreisen, die Städte wechseln.» Eines Tages überhaupt keine Musik mehr zu machen, ist für sie zwar kein Alptraum – «die Musik ist nicht mein Lebenswerk» –, doch im Augenblick hat es Annette Kluge voll erwischt. Am liebsten würde sie nur noch trommeln und trommeln: «Ich kann kaum den nächsten Auftritt abwarten.» Da reicht eine einzige Band nicht mehr, um ihre Energie aufzufangen.

Von Herwig Mitteregger lebt sie ganz gut, aber wann geht der schon mal auf Tour! Und Studiojobs reizen sie nicht so sehr, da geht immer alles so steril ab. Die Stücke sind akribisch vorgeschrieben, hypergenaues Takten ist angesagt und nicht spielerische Kreativität. Viel zu spärlich waren ihr auch die Auftritte mit *Reinecke Fuchs*, dem Rocktheater. Also gründete sie noch das *Berliner Bass Ballett*, eine kuriose Band, bestehend aus fünf Profi-Bassisten und dem Anspruch, möglichst bald ein Album zu produzieren und mittelgroße Säle zu füllen. Da muß man sich rar machen, darf nicht zu oft auftreten, weil das verdirbt die Preise. «Ich brauchte also dringend noch so 'ne lockere Band, die einfach aus Spaß zweimal monatlich in die kleinen Clubs gehen wollte, die nicht so sehr auf Kommerzialität achtete, wo ich mich einfach mal richtig ausspielen kann.» Die Band gab es nicht in Berlin, aber drei Freunde, die ähnlich dachten. So entstand Kids, Annettes vierte Gruppe.

## BISSCHEN PEINLICH

Zweimal jährlich fährt sie außerdem noch nach Hamburg, um sich jeweils drei Wochen lang im Rock-Modellversuch der dortigen Universität weiterzubilden. «Mir reicht es nicht, Frau zu sein und deshalb einigermaßen anerkannt – aah, eine Frau am Schlagzeug, toll... Dann schäme ich mich, wenn ich deswegen auffalle.» Ihr war's sogar «ein bißchen peinlich», als zunächst George Kranz und später Herwig Mitteregger – beide selbst Meistertrommler – sie engagieren wollten. Sie fürchtete, nicht voll als Musikerin akzeptiert zu werden, «weil das so Supergrößen sind. Ich glaube, die beiden hätten schwerlich einen anderen Schlagzeuger neben sich geduldet. Ich bin ein bißchen exotisch, weil ich 'ne Frau bin, da ist es mit der Konkurrenz nicht so schwierig. Außerdem sind die eindeutig besser als ich.»

«Aber ich finde mich auch nicht schlecht», ergänzt sie sofort selbstbewußt. Als Lückenfüller fühlt sie sich keineswegs. «Ich werte die Bands schon auf, gerade durch meinen Stil. Ich spiele weicher, geschmeidiger als die meisten männlichen Schlagzeuger.» Sie arbeitet hart an sich, um noch besser zu werden. «Ausdauer und Kondition sind wichtig, damit die Energie richtig umgesetzt wird und nicht sinnlos verballert.» Vier Stunden üben täglich, zwei alleine zu Hause, zwei mit der Band in einem Keller in Kreuzberg. Sie ist ehrgeizig, wenn sie etwas anfängt, dann voll und ganz. «Schon als Kind. Ich war immer auf Leistung aus – fand ich selbst schon doof. So verbissen. Ich war ein Pferdenarr, und da mußte ich natürlich gleich richtig in den Leistungssport, Springreiten. Ich hab erst aufgehört, als ich Deutsche Juniorenmeisterin war.» Und falls Ehrgeiz allein ausgereicht hätte, wäre sie heute wahrscheinlich noch Schauspielerin. Mit 15 rutschte sie per Zufall hinein, weil sie immer den Hund einer Schauspiellehrerin ausführte, und bekam sogar eine Rolle neben Jürgen Prochnow in der Tatort-Folge «Jagdrevier».

Natürlich mußte eine professionelle Ausbildung folgen, diverse kleinere Engagements, schließlich acht Jahre beim Kinder- und Jugendtheater *Grips* – und erste zaghafte Trommelversuche auf selbstgebastelten Drums. «Aber ich kann mich nicht so richtig verkaufen. Ich bin zu vorlaut, muß immer sagen, was ich denke. Ich hab nach dem *Grips* versucht, Filmrollen zu kriegen, aber das klappte nicht.»

Mit ihrer ersten Band *Straßenköter* zog sie zwei Sommer lang die Côte d'Azur rauf und runter. Stromaggregat, Verstärker, Mikro und Schlagzeug im Gepäck. Als sie dann – noch immer beim *Grips* unter Vertrag – dreimal hintereinander gähnende Langeweile vor einem Auftritt verspürte, sagte sie sich: «Theater soll frisch sein» – und kündigte. Doch das gilt auch für die Musik. «Gelangweilte Künstler finde ich ätzend.»

Wenn sie eines Tages merken sollte, daß die Musik zur Routine wird, keine Weiterentwicklung mehr stattfindet, «versuche ich doch wieder was anderes».

## DILETTANTISCHE FRAUEN

Mit Männern zusammenzuarbeiten bedeutet mehr Stress, meint sie. «Die sind manchmal so grob und rücksichtslos, müssen sich immer irgendwie beweisen.» Dennoch spielt sie lieber mit Typen, «weil ich da mehr Ansporn habe. Ich hab viel versucht mit Frauenbands, aber nie mehr als zwei Proben durchgehalten. Die waren mir immer zu dilettantisch. Ich war meistens auch nicht besser, aber mein Anspruch war höher. Mir war das alles zu popelig. Bin sehr enttäuscht. Diese Sprüche – ach die armen Frauen – lächerlich. Ich merke es doch an mir. Du hast als Frau heute zunächst einen Bonus, den du prima ausnutzen kannst. Ich freu mich ja auch über jede Musikerin auf der Bühne, wenn sie gut ist. Aber ich glaube, die meisten Frauen ruhen sich auf dem ersten Erfolg aus, der manchmal noch nicht so berechtigt ist, und arbeiten nicht weiter an sich. Ich jedenfalls möchte diesen Mösenbonus überwinden.»

## «EINES TAGES WIRD'S NIE GEBEN»

*Annette Hopfenmüller*
*Bass & Produktion*

«Mach mal zwei auf Solo.» – «Wir gehen jetzt die Teile durch, Mick. Hör's dir mal auf Kopfhörer an.» Kunigunde Else Annette Hopfenmüller, am 2.10.1959 in Coburg geboren, drückt auf einige der zahlreichen Knöpfe des 48-Spur-Pultes. Mick, mit dem sie sich per Mikro unterhält, sitzt im schallisolierten Raum auf Sichtkontakt vor seinen Congas. Neben Annette bastelt die Tontechnikerin Carmen Böll am Sound. Mick spielt zum Warmwerden, hört sich das bisherige Playback zum erstenmal richtig an. Annettes Stück «Heat in the Madhouse» kennt er nur in der allerersten Fassung mit Klavier. Das noch nicht gemischte Playback-Band ist bis auf Gesang und Percussion jeweils einzeln von Profimusikern bespielt. Annette selbst hat getextet, komponiert, arrangiert, spielt Bass, singt und bearbeitet jetzt ihre Stücke als Produzentin in einem Münchner Studio. Wenn alle Instrumente und die Stimmen aufgenommen sind, wird sie mit Carmen die Endabmischung vornehmen, das Masterband, das für eine Plattenpressung benötigt wird.

Souverän und sicher gibt sie Anweisungen. «Setz bitte beim ersten Refrain ein... Danke. – Bitte noch einmal das Ganze.» Sie spart nicht mit Lob: «Meisterlich gespielt. Gutes Timing.» Die beiden Frauen am Mischpult sind voll konzentriert. Es fällt kein überflüssiges Wort. Erst nach vier Stunden intensiver Arbeit, nachdem Micks Percussion für vier Stücke sitzt, fällt die Anspannung von Annette ab. «O.k., das war's. Gestorben.»

Zum Zeitpunkt unseres Treffens arbeitet sie mehr als ein Jahr an ihrer Solo-LP – ohne Plattenvertrag.

## DURSTSTRECKE

Eine energische, zierliche Person. 167 cm groß, 47 kg leicht.
«Etwas wenig. Aber das liegt auch am Stress im Moment. Seit Frühjahr '85 bin ich damit beschäftigt, die Songs zu schreiben. Im Juli '85 bin ich zum erstenmal ins Studio gegangen. Insgesamt haben wir an der Platte vielleicht vier Monate im Studio gearbeitet. Der Rest war Pause, in der ich unfähig war und mir nichts einfiel. Durststrecken.»
*Kostet das nicht eine Menge Geld, in solch einem modernen Studio mit Profi-Musikern und Technik zu arbeiten?*
«Ich habe eine phantastische Ausgangsposition, die kaum ein Newcomer hat. Das Studio ist ganz günstig, weil ich mit dem Verlag des Hauses ein Abkommen habe, daß ich meine Titel in diesen Verlag gebe. Das ist für die ein Risiko, weil sie erst an mir verdienen, wenn die Platte veröffentlicht werden sollte. Meine Tontechnikerin war von Anfang an dabei. Sie hat immer gesagt: ‹Wir machen das, wir schaffen es.› Sie arbeitet unentgeltlich und wird an der Produktion beteiligt. Was die Musiker betrifft – das ist eigentlich unfaßbar. Fast alle zwölf haben gesagt: Wir spielen für dich, weil wir die Sachen gut finden. Das war für mich eine große Bestätigung.»
*Wie fing das Ganze denn an?*
«Jeder Musiker hat den Traum von einer eigenen Produktion. Etwas, das ihm selber gehört. Ich hatte immer für andere gespielt. Irgendwann wollte ich mein eigener Herr sein. Nach und nach habe ich einige Stücke geschrieben, Bassline, Melodie, etwas Gitarre und ein Text. Alles auf einem Vierspurgerät. Dann mußte ich Studio, Verlag und Musiker überzeugen.»
*Wie arbeitest du mit den Musikern?*
«Manchmal stelle ich mich einfach vor sie hin und singe ihnen vor, wie ich's haben will. Beim Spielen selbst entstehen viele Ideen. Die Musiker sind sehr gut. Sie haben es prima verstanden, meine Vorstellungen umzusetzen. Ich konnte ihnen ja nicht alle Instrumente vorspielen. Es ist nicht so leicht, Schaffer des ganzen Projektes zu sein. Einen Text zu schreiben, der etwas aussagt. Selber zu spielen als Musiker. Das Ganze zu arrangieren; denn damit steht und fällt ein Stück. Als Produzent entwickelt man Ideen, die dann mit dem Arrangement zusammengehen müssen. Man muß Effekte, Klangbilder, Rhythmik berücksichtigen. Ich muß mich am Mischpult auskennen, auch wenn Carmen grundsätzlich die Arbeit macht. Programmieren muß man können, beispielsweise einen Drum-Computer. Am Schluß gehe ich her und singe wieder.»
*Ist die Verantwortung nicht ein bißchen groß?*

«Sehr groß. Man darf sich nur nicht so ganz klar darüber werden. Ich darf keine Unsicherheit zeigen, auch wenn ich grad so empfinde. Lieber einmal mehr ‹nein› sagen als ‹Ich weiß nicht›. Da muß ich auch mal durchgreifen können: ‹So, jetzt wird nicht geratscht, jetzt wird gearbeitet.› Ich bin zwar nicht der große autoritäre Boß, und es fällt mir schwer, anderen auf den Füßen herumzutreten, aber wenn ich weiß, was ich will, kann ich das auch auf freundliche Art vermitteln. Ich versuche dabei, mich auf meine Kenntnisse und Eingebungen zu verlassen. Ich kriege auch keine Minderwertigkeitskomplexe, weil der Keyboarder besser ist als ich. Ich muß ja nicht alles können.»

## MIEZEN-ARBEIT

*Außer Carmen gibt es keine Frau in deinem Team.*
«Es ist für mich schwierig, mit Frauen eng zusammenzuarbeiten. Zwischen Frauen gibt es viel mehr Konkurrenz als zwischen Männern. Männer sind lässiger, kumpeliger als Frauen. Carmen hebt sich da ab. Sie kann auch arbeiten wie ein Mann. Das entspricht meiner Gangart. Wir ratschen zwar manchmal, aber dann arbeiten wir auch wieder hart. 15 Stunden am Tag. Es gibt wirklich gute Instrumentalistinnen, aber meistens sind Frauen dazu auserkoren, die Miezen-Arbeit zu machen. Da drängt man sie rein. Aber sie verfallen auch leicht in die Versuchung, sich nicht zu wehren. Ich möchte auch nie wieder in einer Frauenband spielen. Viele – und jetzt werden mich alle Emanzen erschlagen –, die ich kenne, haben eine sehr limitierte Spielweise, so 'ne Art Frauenband-Groove. Damit will ich nicht behaupten, daß wir hier die crème de la crème der weiblichen Musikanten sind. Das Macho-Rocker-Weib hat mal einer zu mir gesagt. Ist ja ein Witz. Nur weil ich 'ne Lederhose anhab. Sicher besitze ich schon eine gewisse Männlichkeit, was vielleicht Härte und Durchsetzungsvermögen angeht. Ich verleugne aber auch nicht meine weibliche Ader. Ich habe oft von Musikern gehört, daß sie es angenehm fanden bei uns, herzlich. Ich koche zum Beispiel und sonne mich darin, hier die Erdmutter für alle zu spielen. Es gibt ja wohl kaum einen Produzenten, der sich ins Studio stellt und Schnitzel macht. Diese Mütterlichkeit macht mir Spaß. Ich achte trotz Stress auf mein Äußeres, obwohl es mir manchmal auf Grund der Arbeit nur schwer gelingt, so blühend auszusehen, wie ich's mir erträume.»
*Drückt sich das Weibliche auch in deiner Musik aus?*
«Wenn man jede Spur einzeln abhört, kann man vielleicht sagen: ‹Oh,

diese Line ist aber weiblich.› Das ist doch Quatsch. Ich geh da von meinen Empfindungen als fühlender Musiker aus. Typisch weibliche Musik gibt es für mich nicht.»

## RECHT AUF SPASS

*Hattest du eher Vorteile oder Nachteile als Frau in dem Business?*
«Als mich keiner kannte, war es ein Nachteil, weil jeder dachte: ‹Das kleine Mädel bricht bei einer Tour zusammen.› Es wußte ja keiner, daß ich jahrelang Schweinetouren gemacht hatte. Dann heißt es auch immer: ‹Frau! O Gott, in die verlieben sich alle, und die kriegt ihre Tage.› Denen war es zu riskant, mit mir zu arbeiten. Es hat mir natürlich auch genützt. Aber Herwig Mitteregger hat sicherlich nicht nur deswegen mit mir gespielt, weil ich eine Frau bin. Es hat ihn fasziniert, daß eine Frau in der Lage ist, Bass zu spielen. Außerdem macht eine Frau auf der Bühne oft mehr her als so 'n schlabberiger Typ in Earthshoes und Latzhose, der nicht weiß, wie man seinen Arsch bewegt. Ich habe jetzt eine Fernseh-Tournee gemacht mit Gino Vanelli – der war mal in Amerika ein Superstar. Die haben mich sofort eingeflogen, als sie hörten, da gäb's eine Bassistin. Da hat's mir sicherlich geholfen. Aber damit kann ich gar nicht angeben, es war eh nur Playback.»

*Und die Liebe? Sex & Rock 'n' Roll?*
«Männer verlieben sich auf Tournee gerne. Frauen sind ja auch immer in der Nähe. Das Problem hat sich für mich erledigt, weil ich einen festen Freund habe. Und ich bin treu. Aber es gibt eben Phasen, wo du gewissen Bedürfnissen erliegst. Du hast also meinetwegen eine Bekanntschaft mit einem Schlagzeuger, und schon hast du den Ruf der Musikerbraut weg. Das finde ich eine Unverschämtheit. Frauen haben genauso ein Recht auf Spaß. Die Männer gehen ihren Vergnügungen nach, wann immer sie Lust haben. Bei einer Frau wirkt es anrüchig.»

*War es ein Mann, der dich zur Musik gebracht hat?*
«Nein! Allerdings habe ich durch einige Männer Impulse bekommen. Das meiste habe ich mir aber selbst beigebracht, allein im Kämmerlein. Von Frauen habe ich eigentlich nichts gelernt. Ich beobachte allerdings erfolgreiche Frauen. Shirley Bassey. Ich bewundere ihre Art, sich zu präsentieren. Ich bewundere auch das eindeutige Image einer Madonna oder einer Grace Jones. Es gibt Leute, die sind konsequent in der Art ihres Auftretens und des Sichverkaufens, davor ziehe ich den Hut.»

## FARBE BEKENNEN

*Spielt das Alter für deine Karriere eine Rolle?*
«Ich glaube, daß es mit 27 höchste Zeit für mich ist. Als Newcomer geht das mit 35 nicht mehr so einfach. Da bist du schon Rock-Oma, bevor du die ersten Lorbeeren geerntet hast. Ich muß das jetzt auch unbedingt machen, weil ich sonst durch meinen Frust Energie verliere. Seit ich eine klare Entscheidung getroffen habe, fühle ich mich auch viel selbstsicherer, ruhiger. Man sollte sich nicht immer hinauströsten: ‹Eines Tages mach ich es ganz bestimmt!› Eines Tages wird's nie geben. Irgendwann mußt du Farbe bekennen, sonst kannst du gleich in Pension gehen.»

*Bei so viel harter Arbeit an diesem Projekt: was passiert, wenn das Vinyl vor dir liegt?*
«Da muß es erst mal liegen. Wir haben uns ja den Luxus erlaubt, erst alles fertig zu produzieren, ohne Plattenvertrag. Ich hoffe, daß eine Plattenfirma sagt: ‹O.K., wir nehmen es.› Wenn sie was ändern wollen, wird das für mich zur Gewissensfrage; denn eigentlich möchte ich nichts verändern. Im Idealfall steht die Firma hundertprozentig dahinter und nimmt das Masterband für eine Garantiesumme ab. Dann muß die Werbung angeleiert werden. Ohne die versackt das tollste Material für Zweimarkfünfzig im Wühltisch. Ich muß noch lernen, mich in meiner Art so eindeutig und klar wie möglich darzustellen. Es bleibt einem nicht erspart, seine Haut zu Markte zu tragen.»

*...wenn man zu Ruhm und Geld kommen will.*
«Da ist natürlich der Traum vom großen Glitzer, den haben wir alle. Lügner, die sagen, sie suchten in der Musik nur ihre Befriedigung. Jeder will Erfolg. Ich auch.»

## «DIE GEILSTE FORM, SICH ABZUREAGIEREN»

*Heavy Metal mit Doro Pesch (Warlock), Sabina Claßen (Holy Moses) und Jutta Weinhold (Zedyago)*

Heavy Metal ist dumpf, aggressiv, frauenfeindlich. Primitiver Brutalo-Rock, Musik von und für Machos. Darin sind sich alle einig, die nicht selbst in dieser Szene leben. Es ist ja auch was dran: Metal ist aggressiv, Metal ist eine Männerdomäne. 4/5 des Publikums stellen leder- und nietenbehangene Jungs, die wenigsten älter als 20, der Frauenanteil auf der Bühne ist in keinem Musikbereich so verschwindend gering wie hier.

«Typen trauen sich eher, ihre Aggressionen auszuleben. Frauen haben auch nicht den gleichen Freiraum. Wenn eine Frau die ganze Nacht durchzecht, sagt sofort jeder: Guck dir die an. Bei einem Typen achtet niemand drauf», meint Doro Pesch. Die 22jährige gelernte Schriftsetzerin ist mit ihrer Band *Warlock* der neue Superstar des Heavy Metal, eine von nur fünf deutschen Bands, die es geschafft haben, einen «major deal» zu bekommen, einen Plattenvertrag bei einem großen Konzern. Die Industrie interessiert sich nur am Rande für diesen Markt. Da Heavy Metal für ein Publikum über 30 kaum genießbar ist, wird diese Musik nur selten im Radio oder Fernsehen eingesetzt, Stadtmagazine und die ‹seriöse› Presse ignorieren Bands aus dieser Ecke weitgehend. Ein hoher Risikofaktor für große Konzerne, die auf Grund ihrer aufgeblähten Apparate keine kleinen Auflagen und Billigproduktionen kalkulieren können.

In *Warlock* etwa dürfte die *Phonogram* inzwischen über eine Million Mark investiert haben, um sie nach oben zu pushen. Die Band hatte nichts außer einem winzigen Übungskeller, einer selbst produzierten LP und neue Stücke, als der Hamburger Plattenkonzern sie unter Vertrag nahm. Die Firma mietete der Band einen größeren Keller an, ließ ihn renovieren und stellte Marshall-Verstärker und Instrumente hinein. Die maßgeschneiderten Bühnenklamotten verschlangen weitere 20 000 Mark. Damit die Bandmitglieder ihre Jobs (soweit vorhanden) aufgeben und sich voll auf die Musik konzentrieren können, erhält

*Von rechts nach links: Jutta Weinhold (Zedyago), Doro Pesch (Warlock), Sabina Claßen (Holy Moses). Daneben Auca Graterol und Marina Hulbek von Rosy Vista.*

jeder der fünf 1000 Mark monatlich. «Ein karger Lohn», meint Doro, «nix von wegen reiche Rockstars, wie viele denken. In meinem früheren Beruf hätte ich jetzt das Doppelte. Aber die Firma hat eben sehr viel in uns investiert.» 80 000 Mark kostete es allein, daß die Metal-Helden *Judas Priest* Doro und ihre Band im Herbst '86 auf ihre Europa-Tournee mitnahmen. Die Produktion von *Warlocks* letztem Album «True as steel» – eingespielt in München, abgemischt in Hollywood – verschlang einschließlich der umfangreichen Werbe- und Promotionmaßnahmen drumherum gut und gerne eine halbe Million. Wenn da nicht mindestens 200 000 LPs über die Ladentheke gehen, wird es ein finanzieller Flop.

## BLONDINE MIT STIMME

*Warlock* schaffte es, weil die Band mit Doro Pesch etwas Besonderes anzubieten hatte: eine gutaussehende Blondine mit zudem überdurchschnittlichen Stimmqualitäten, die durch entsprechenden Unterricht (Gesang, Atemtechniken) noch professionalisiert werden konnte.

«Wir haben es eben ausgenutzt, daß ich eine Frau bin», gesteht sie zu. «Unser Ziel war es, oben zu sein, und wir wußten genau, dazu mußten wir was Neues bieten. Eine Frau ist was Neues, weil es im Metal so wahnsinnig wenige gibt. Da hab ich den Jungs gesagt, ich übernehme die Promotion und wenn mein Gesicht nicht mehr interessant ist, wenn ich schon auf jeder Titelseite war, dann könnt ihr.» Doro weiß, daß es für *BRAVO* oder die Metal-Presse nicht reicht, gute Musik zu produzieren. «Ohne sexy Fotos gibt es keine Berichte.» Sie hat sich daran gewöhnt, beherrscht inzwischen perfekt die begehrten Posen, auch wenn sie es manchmal «echt widerlich» findet. «Es ist nicht okay, ich will als Musikerin ernstgenommen werden. Aber ich habe gesagt: Ich will nach oben und werde alles dafür tun. Manche Leute meinen, ich prostituiere mich selber...»

Manchmal geht es ihr doch zu weit. Zum Beispiel, wenn ein Schreiber seinen Artikel mit dem Wunsch beendet, sie möge doch demnächst im Slip die Bühne betreten. Das wäre ihr doch zu peinlich, relativiert sie ihr «alles dafür tun». Pin-up-Fotos wie von ihrer britischen Kollegin Samantha Fox gibt es nicht. «Das hab ich nicht nötig. Dazu bin ich musikalisch zu gut», erteilte sie dem Münchner Männermagazin, das 5000 Mark bot, eine Abfuhr.

Andere haben es schwerer, sich zu verkaufen. In einer riesigen Ansammlung von Fantasy-Helden fällt irgendwann auch das bizarrste Outfit nicht mehr auf; die Musik vieler Bands ist oft nur den eigenen Idolen nachempfunden, es gibt kaum ausgereifte, professionelle Sänger in Deutschland; die Texter haben bisweilen Mühe, über ihr lediglich durch Metal-Standards wie «hell and heaven», «destruction», «nightmare» usw. angereichertes Schulenglisch hinauszuwachsen.

## EINMAL BERÜHMT WERDEN

Die Metal-Szene ist dennoch in den letzten drei Jahren enorm angewachsen, allein vier Metal-Magazine mit (verkauften) Auflagen zwischen 30 000 und 80 000 versorgen die Headbanger mit News und Postern. Hinzu kommen Dutzende von Fanzines und Fanclubs, Hardrock-Cafés und spezialisierte Plattenläden in beinahe allen Großstädten. Allein in Düsseldorf sitzen über 40 Metal-Bands in ihren Kellern, in Hannover – der Heimatstadt der *Scorpions* – träumen die Jungs ab zwölf klassenweise davon, einmal so berühmt und so gut zu werden wie Familie Schenker, in Berlin haben Hardrocker dem Punk längst den ersten Rang abgelaufen und selbst im schicken München brodelt es. Und alle wollen ihre Musik natürlich in Vinyl pressen lassen.

Das ist die Stunde der Independant-Labels. Dutzende dieser oft nur von zwei, drei Leuten betriebenen Mini-Plattenfirmen existieren inzwischen im Metal-Bereich. Eine Billigproduktion kostet ca. 10 000 Mark, die sind recht schnell aufgebracht (vor allem, wenn man die Band zur Kasse bittet). Mit den riesigen Promotion-Etats der großen Konzerne kann man natürlich nicht mithalten. Doch die meisten Labels haben ihre festen Abnehmer unter den Plattenläden, das macht die Auflage und das Risiko kalkulierbar.

Dazu existiert unter den Headbangern eine riesige Gruppe von Sammlern, die begierig alles aufsaugen, was ihnen angeboten wird. Also werden sie mit Produktionen überschwemmt – hauptsächlich von den Independants. Bei manchen Labels drängt sich angesichts des Schrotts, den sie auf den Markt schmeißen, die Frage auf, ob sich die Verantwortlichen das Material überhaupt noch selbst anhören, bevor sie es veröffentlichen. Es wird pauschal alles herausgepusht, was den Beat im Vierviertaltakt hämmern läßt. Money ist zur Priorität geworden. «Ich mußte erleben, daß der Anspruch, das Business persönlicher zu gestalten und den Bands wirklich zu helfen, nur ein Deckmantel war und hinter dieser absolut guten Idee nur der Kohlegeier steckte», beschreibt Doro Pesch ihre Erfahrungen mit einem Independant-Label. «Eine Platte machen und dann sterben. Das war bei mir auch so. Da unterschreibt man schnell einen Vertrag mit tausend Klauseln, aus dem man zehn Jahre nicht wieder rauskommt. Es gibt so viele unkorrekte Leute, man muß echt aufpassen.»

Sabina Claßen, Sängerin der Aachener Speed Metal Truppe *Holy Moses*, sieht das anders: «Im Prinzip treffen doch zwei Leute aufeinander, die beide groß werden wollen. Die wollen dich abziehen, aber du als Musiker die doch auch. Du machst bei der kleinen Firma deine erste Platte, und wenn du erfolgreich bist, haust du ab zur großen, damit die dich noch größer machen kann.» Sabina hofft natürlich auch, langfristig bei einer Major Company zu landen. Doch zur Zeit ist sie mit dem kleinen Bochumer Label *Aaarrg* zufrieden. «Ich merke natürlich, unsere Firma hat nicht das große Geld für Werbemaßnahmen und so. Aber ich finde es schön, daß wir noch als Band mitarbeiten können. Wir bedrucken unsere T-Shirts selbst zu Hause, die Aufnäher entstehen bei uns im Keller, ich mach selbst Interviewtermine und Auftritte klar.» Sabina fürchtet, nicht mithalten zu können, wenn ein großer Konzern jetzt schon zugreift. «Du bist nicht von heute auf morgen der Superstar, den die Leute von dir erwarten, wenn du bei einer Major unter Vertrag stehst.» Sie will zwei, drei LPs bei ihrer Independant-Firma herausbringen «und irgendwann mal...»

## «ZU EXTREM»

Sabina hat Erfahrungen in diesem Geschäft. Mit 13 moderierte sie bereits für Radio Luxemburg gemeinsam mit Desirée Nosbusch und Anke Engelke eine Kindersportsendung, später mit Fritz Walter auch die Sportparade. Sie betrieb selbst Leistungssport, Volleyball, machte sogar einen Trainerschein im Fußball. Für ihre Sendung durfte sie auch die Platten aussuchen. So kam sie zur Musik. Außerdem war ihr damaliger (und heutiger) Lover, Andy, Gitarrist in einer Hardrockband.

Durch ihn bin ich in die härtere Musik reingerückt.» Doch in ihrer Sendung durfte sie *AC/DC* oder *Black Sabbath*, einfach alles, was sie privat so toll fand, nicht auflegen – «zu extrem». Sie kündigte und stieg als Gitarristin und Sängerin in Andys Band ein.

Heute arbeitet Sabina als Arzthelferin in einer naturheilkundlich orientierten Praxis. Ihr Chef ist in der Friedensbewegung aktiv. Sabinas jüngerer Bruder ebenfalls. Sie findet gut, daß sich so viele gegen Raketen und Atomkraftwerke engagieren, aber selbst mitzumachen, kann sie sich nicht vorstellen. «Die sind mir zu müslimäßig», meint sie, «und zu intolerant meiner Musik gegenüber.» Für Sabinas Bruder, der selbst in einer Band spielt («so *BAP*-mäßig mit Polit-Texten»), produzieren *Holy Moses* nur ‹Lärm›. Das hört Sabina oft, von den Bekannten ihrer studierenden Bandmitglieder ebenso wie von den politisch bewegten Patienten in ihrer Praxis. Die meisten haben wohl vergessen, wie sie selbst früher auf *Deep Purple*, *Led Zeppelin* oder *UFO* abgefahren sind. Oder später auf *Clash, Sex Pistols, The Damned*. Das ärgert sie.

Fans von *Depeche Mode* oder *Modern Talking* dürfen ihre Musik ruhig hassen, denn «Metal ist ja die Antwort der Straße auf die Elektronik-Popper». Prolo-Rock, ungeeignet für Eliteschüler und Pädagogikstudenten.

«Metal ist der Rock der Zahnlosen», meint auch Jutta Weinhold, die nach den Jahren mit Udo Lindenberg und diversen Versuchen, im Pop-Bereich Fuß zu fassen, Anfang der 80er zum Metal konvertierte. «Musik für die, die in unserer Gesellschaft stets übersehen werden.»

«Viele Desillusionierte, die meisten sind arbeitslos, haben kein Ziel mehr», beschreibt Doro Pesch ihr Publikum. Kein Zufall, daß die Hochburg des Hardrock der 80er Jahre das Ruhrgebiet ist. «Wo kannst du dich hier schon von deinem Frust freimachen? Du gehst ins Konzert und ziehst dir harte Mucke rein. Metal entsteht nicht im Grünen, sondern im Großstadtdreck.» In den Zentren der Industrie, wo sich zwischen Autobahnkreuzen und bunt getarnten Betonwüsten Arbeitslosigkeit und Langeweile zusammenballen, Frust und Wut nach Entladung schreien. «Metal ist die geilste Form, Aggressionen abzubauen», meint Jutta Weinhold. «Du gehst ins Konzert, tobst eine Stunde lang total und bist sowas von satisfied, du brauchst dann keine Schlägerei mehr anzufangen oder irgendwelchen Scheiß zu machen.»

## HEADBANGER

Daß Headbanger besonders brutal seien, hält Jutta für Blödsinn. «Aggressiv sicherlich – wird doch wohl jeder, wenn er mit 14 erfährt, daß er schon völlig überflüssig ist, nicht gebraucht wird.» Auch Doro Pesch hat in ihren Konzerten nur selten eine Schlägerei erlebt. «Die toben sich anders aus, singen mit, klatschen, headbangen, die haben es gar nicht nötig, sich zu schlagen.» Im Gegenteil – Headbanger seien «unheimlich warmherzig, offen, sagen alles, was sie denken».

Doro wohnt in der Schicki-Micki-Verwaltungszentrale Düsseldorf, sie kommt allerdings aus anderen Kreisen. Der Vater war Lkw-Fahrer und hat sie bis zur Einschulung immer mitgenommen. «Einen Kindergarten habe ich nie besucht; als ich in die Schule kam, konnten die meisten schon das Abc und ihren Namen schreiben. Ich kannte alle Tankstellen und Fabriken im Umkreis.» Wie die Jungs in der Schule tätowierte sie sich *AC/DC* und *KISS* auf die Arme und träumte davon, später eine Band zu gründen und ganz berühmt zu werden. Doro war ein Einzelkind, sie hatte «wahnsinnige Kontaktschwierigkeiten» und wurde dann auch noch schwer krank. Tuberkulose. Ein Jahr lag sie in der Klinik, ständig unter Tabletten. «Ich konnte nicht einmal Fernsehgucken oder ein Buch lesen. Und wenn du so lange im Krankenhaus liegst, vergessen dich auch deine Freunde langsam…»

Als sie endlich gesund wurde, wußte sie, daß sie etwas völlig Neues anfangen wollte. Auf der Suche nach neuen Freunden verliebte sie sich in einen Hardrocker und stürzte sich voll in diese Szene hinein. Seitdem ist sie fast ausschließlich mit Headbangern zusammen. «Mit meinen Freundinnen von früher kann ich nichts mehr anfangen; die reden über ihre neue Einbauküche oder über Schminktöpfe, das bringt mir nichts. Headbanger sind viel interessanter, unkonventioneller. Da ist auch ein wahnsinniges Zusammengehörigkeitsgefühl. Schicki-Mickis gehen in die Disco und reden kein Wort miteinander. Jeder will nur gesehen werden. Aber wenn sich zwei Headbanger auf der Straße begegnen, wirst du es nie erleben, daß sie einfach wortlos aneinander vorbeigehen. Die grüßen sich immer.»

### *PRIVAT EIN TRÜMMERHAUFEN*

Feste Freundschaften – ein heikles Thema für Doro. Sie ist viel unterwegs, hat andere Dinge im Kopf als die meisten Leute in ihrem Alter. Eine feste Beziehung kann sie sich nur mit einem Musiker vorstellen. «Musik ist eben mein Leben», sagt sie. Die ist ihr wichtiger als «diese ganzen Beziehungsgeschichten». Ihr Privatleben gleicht einem Trümmerhaufen, gesteht sie, doch das nimmt sie in Kauf. Denn ihr Ziel ist es, lebenslang Musik zu machen – und zwar ganz oben. Bis zu sieben Stunden Proben täglich, dazu Interviewtermine, Fotosessions, Gesangs- und Englischunterricht, Atemtherapie. Doro schreibt die Texte, entwirft mit einem Freund zusammen die Plattencover, Poster, T-Shirts usw. Um die Hemmungen abzubauen («es ist ja nicht so einfach, vor 60 000 Menschen zu spielen»), nimmt sie jetzt auch Schauspielunterricht. Um vor den Auftritten total abzuschalten, macht sie Meditation und Yoga. «Ich hab immer tierisch mit Lampenfieber zu kämpfen, krieg kurz vorher Durchfall und muß brechen und all sowas.» Doch wenn sie einmal auf der Bühne steht und der erste Ton sitzt, ist alles vorbei. «Dann weiß ich, wofür ich das alles mache.»

# MODERNES GESPRÄCH

## CAROline Müller, Gesang

*D*isco Queen – Europäischer Superstar – *BRAVO*-Stories. C. C. Catch... CARO... Caroline Müller. Charts-Erfolge in Deutschland, Skandinavien, Spanien, Österreich, Schweiz, Benelux und Frankreich. Und doch hatte ich bisher so gut wie nichts von ihr gehört. Dachte ich. Aber nach dem Besuch ihrer Show in einer Berliner Schicki-Micki-Disco wußte ich, daß sich bereits zwei, drei ihrer Songs in mein Unbewußtes eingeschlichen hatten, eingehämmert per Radio.

«Cause you are young» – im gängigen Disco-Sound. Ihre erste Langspielplatte unter den ersten zehn der Verkaufs-Charts, gemeinsam mit Peter Gabriel, Herbert Grönemeyer und natürlich *Modern Talking*.

Der Plattenteller dreht so vor sich hin und – wenn man hört – hört man Dieter Bohlen, *Modern Talking* – Macher sowie Texter, Komponist und Musiker für C. C. Catch. Er gab ihr auch den Künstlernamen. Ein abgeschliffenes, ausgeklügeltes Erfolgsprogramm nach Schema F. Viel Synthi, viel Gitarre, viel Gesang im Tanzrhythmus.

## VATER

Caro, gebürtige Holländerin, Sternzeichen Löwe und seit acht Jahren wohnhaft in Bünde/Westfalen, ist das hübsche, nette Mädchen von nebenan. Aber auch die erotische Kindfrau mit Löwenmähne und dem gewissen Hauch in der Stimme. Mit 22 hat sie endlich Karriere gemacht. «Endlich» deshalb, weil sie schon seit vielen Jahren Sängerin werden wollte, an die hundert Talentwettbewerbe mitgemacht und «über die Hälfte gewonnen» hat, wie es ein Promotiontext herausstellt. Eine Karriere, wie sie sich viele Mädchen erträumen. Eine Menge harter Arbeit stecke dahinter, sagt sie, «aber davon wollen viele Mädchen ja nichts wissen». Seit Caro ihre Lehre als Näherin abgebrochen hat, kann sie sich nichts anderes mehr vorstellen, als im Showgeschäft zu arbeiten.

Ihr erster Auftritt in einer Diskothek war eher furchtbar. «Aber ich habe nicht aufgegeben und immer weiter geübt. Mein Vater hat für mich eine Gesangsanlage gekauft und im Partykeller aufgebaut. Mit Mikro, Hall und allem Drum und Dran. Die meisten haben so eine Möglichkeit ja nicht. Zweieinhalb Jahre habe ich das gemacht, von einem Talentwettbewerb zum anderen.

Wer einmal solch einen Wettbewerb miterlebt hat, weiß, daß es sich dabei oft um peinliche Volksbelustigung und simple Geschäftemacherei auf Kosten der meist jungen Interpreten handelt. Weiß, daß die jungen Sternchen von Pseudo-Produzenten und Möchtegern-Managern bedrängt werden, die sie nicht selten nach Strich und Faden ausnutzen. So ist es anfangs auch Caro und ihrem Vater Jürgen Müller ergangen, der sie immer unterstützt und begleitet hat und bald seine Arbeitsstelle als Maurerpolier aufgab, um nur noch für die Karriere seiner Tochter zu arbeiten. Beide hatten damals noch keine Ahnung vom Business und sind mehrere Male mit wilden Versprechungen reingelegt worden.

## *BETRÜGER*

«Der erste Fall war, daß ich einen Mann kennenlernte, der meinte, ich sei ein großes Talent und er wolle mich produzieren. Meine Eltern dachten auch, er wäre ein großer Produzent. Er hat sich ein Hotel bei uns in der Nähe genommen und jeden Tag mit mir geübt. Ich durfte nicht ausgehen, keine Freunde haben. Ich war regelrecht eingesperrt über drei, vier Monate. Angeblich, weil ich mich auf die Musik konzentrieren sollte. Meine Eltern meinten, es wäre wohl das Beste, wenn ich machen würde, was er sagt. Bis ich dann einen Auftritt hatte und sein Fahrer uns bei einer Pause an der Autobahnraststätte erzählte, daß der Typ ein Betrüger sei und unser Geld wolle. Mein Vater stellte ihn zur Rede, worauf er sofort ins Auto stieg und abhaute. Er hat dann einen Prozeß von mehreren Leuten gekriegt, weil er alle um Geld betrogen hatte. Heute sitzt er wohl im Gefängnis.»

Meistens wollen solche Herren mehr als nur Geld. «Das war mit ihm ja auch so. Er sagte, ich sollte keinen Freund haben. Das kam mir komisch vor. Ich hab aber in solchen Sachen einen starken Charakter. Es gibt ja einige dieser ‹Märchenproduzenten›. Dagegen habe ich mich immer gewehrt und alles klargestellt. Viele Mädchen glauben wirklich, daß das so sein müsse.»

## *DIETER*

Am meisten ärgert sich Caro über die vielen Männer in der Branche, die sich für etwas ausgeben, was sie gar nicht sind. «Das ist sehr schade. Wenn man jung ist und anfängt, möchte man auch ernst genommen werden. Ich finde das nicht richtig, wenn man die Mädchen und Jungen verarscht und ständig Versprechungen macht, die keiner hält.» Wenn sie nicht immer das bestimmte Gefühl gehabt hätte, daß sie es eines Tages schafft, hätte sie – wie viele – längst aufgegeben.

Drum war sie nach einer Reihe von bösen Erfahrungen auch eher mißtrauisch, als Dieter Bohlen ihr in Hamburg vorschlug, sie zu produzieren. Zuvor hatte sie ein Osnabrücker Manager in die Mädchenband *Optimal* geholt, nachdem Familie Müller auf eigene Kosten versucht hatte, mit Caro eine Platte zu machen. Flop, «weil wir damals keine Ahnung hatten». Zu dem Zeitpunkt steckten schon erhebliche Gelder in der Gesangskarriere der Tochter. *Optimal*, das waren vier Mädels, die in Diskotheken zu Playback sangen. Für Caro war das keine Entscheidung für eine Zusammenarbeit mit Frauen («Es war immer stressig, weil wir so verschiedene Typen waren.»), sondern das Produkt der Vorstellungen ihres Managers.

«Vier Mädchen kommen gut an auf der Bühne. Wir haben aber auch eine ganze Menge gemacht, beispielsweise mehrere Monate in einer Turnhalle geübt. Tanzen, Steppen.» Das mußten sie allerdings selber bezahlen. Die zweite Platte war schon die letzte. Auf Disco-Tour mit *Optimal* sah Dieter Bohlen («Er war magnetisch») sie. Er sollte das Mädchen-Quartett produzieren, fand's aber schrecklich. Nur Caro fand er super. Dann hat er den ersten Song für sie geschrieben. So geht's bis heute. Er macht die Musik, die Texte, das Grundplayback. Caro fährt nach Hamburg und singt dazu.

Bisher hat sie es zu fünf Singles und zwei LPs gebracht. Allein in der Bundesrepublik verkauften sich die Singles über 600 000- und ihre LPs 250 000mal. Die Auftritte in Diskotheken oder TV-Sendungen bestreitet C. C. Catch mittlerweile routiniert. Die Bühnenerfahrung aus den Wettbewerben und mit *Optimal* kommt ihr dabei zugute. Mit ihren Ansagen kämpft sie etwas, weil reden ihr nicht so liegt und ihr die deutsche Sprache manchmal noch schwerfällt. Sie hält sich selbst für scheu, was man ihr auf der Bühne allerdings nicht anmerkt.

Die zeitraubende Arbeit aber sind nicht Studioaufnahmen oder Auftritte, sondern die Promotionarbeit, das Herumreisen und Sich-Verkaufen. «Ich stehe etwa um neun Uhr auf. Die ersten Interviews zum Beispiel jetzt in Oslo sind um 10 Uhr im Hotel. Es werden Fotos gemacht. Dann fahren wir zum Rundfunk, wieder zwei, drei Interviews. Dann Autogrammstunde im Schallplattengeschäft. Abends Mittsommernachtsparty. Am nächsten Morgen wieder Autogrammstunde. Flug nach Dänemark. Kurzes Interview am Flughafen in Kopenhagen, weiter nach Berlin.»

## FRANK

Ein anstrengendes Leben, das sie ohne Begleitschutz von Vater und Freund nicht unbedingt führen möchte. Und so haben sich Frank Otto und Caroline Müller für ein gemeinsames Leben auf Tour entschieden. Caro lernte Frank bei der Funkausstellung 1985 kennen. «Es ist, glaube ich, nicht möglich, eine Beziehung zu haben, wo man sich einmal im Jahr sieht. Wir haben uns dafür entschieden, daß er aufhört zu arbeiten und mitfährt, immer bei mir ist und mich unterstützt.» Frank bezieht für die technische Arbeit in der ‹Firma Caro› ein Gehalt. Er selbst sieht das so: «Sonst heißt es immer, hinter einem erfolgreichen Mann steht eine große Frau. Vielleicht kann man das hier mal umdrehen.» Und Caro findet es wichtig, «daß ich jemanden da habe, von dem ich weiß, daß er sich um alles kümmert».

Caro alias C. C. Catch hat's wirklich gut. Alle Männer sind um sie versammelt und arbeiten ihr zu. Frau könnte direkt neidisch werden auf diesen «sympathischen, europäischen Superstar», wie der Discjockey an jenem Berliner Abend verkündete. Für 20 DM Eintritt jubelte das Publikum der Disco Queen auf der kleinen Bühne mit kahler Styropor-Verkleidung zu. Eine junge Frau in schwarzem Leder, die es im Show-Business zu etwas gebracht hat. ■

...mit STEFI MARCUS (29, Bass bei *La Loora*)
KAT RUCKERT (23, Bass bei *Slaughterhouse 5*)
BETTINA BUSSE (25, Keyboard bei *Die Gabis*)
KARIN SCHELLENBERG (21, Schlagzeug)
MAIKE CHRISTIANSEN (27, Schlagzeug bei *Die Stricher*)
ANKE KUCKUCK
HUCKY PORZNER (33, Schlagzeug, früher bei *Lesbeton* und *Außerhalb*)
KATJA WINGELS (22, Gesang/Text bei *The Rainbirds*)
CLAUDIA HARZER (34, Saxophon bei *Kheelargo*).
DOREN HOWITT (23, Gesang bei *Slaughterhouse 5*)
(Foto von links nach rechts)

# «FRAUEN-ROCK GIBT'S NICHT»

*Eine Gesprächsrunde in Berlin*

MAIKE: Eigentlich ist es Quatsch, daß wir jetzt hier sitzen. Es geht doch nicht um Worte, es geht um Musik. Legt doch dem Buch 'ne Cassette bei.
DOREN: Interviews sind großartig.
MAIKE: Ich find es furchtbar. Du kannst doch nicht über Musik sprechen, wenn du sie machst. Wir werden in Interviews immer dieselbe Scheiße gefragt. Das geht mir auf 'n Keks.
DOREN: Mußt du sagen: Halt's Maul, stell eine andere Frage.
MAIKE: Mach ich auch, aber dann macht der das Ding aus. Das will er dann nicht wissen. Neulich hab ich ein *Neubauten*-Interview gelesen, da haben die nicht über ihre Musik geredet, sondern nur über ganz andere Sachen. Das fand ich gut.

*Über was würdest du gerne reden?*
MAIKE (lacht): Weiß ich jetzt nicht.

*Warum macht ihr Musik?*
MAIKE: Erst mal ist es ein Reiz – auf Tournee gehen, viel erleben, und auf der Bühne das Gefühl ... – das ist unbeschreiblich.

*Aber es beginnt doch zunächst ganz anders, allein im Probenraum oder zu Hause vorm Notenständer...*
STEFI: Das ist ein wesentlicher Punkt, daß so Sachen wie Noten und Lernen auf eine ganz andere Art erlebt werden als in der Schule oder beim Musikunterricht früher. Es hat viel mehr mit Gefühl zu tun. Ich habe als Kind jahrelang Geige geübt, und die Leute haben mir immer gesagt, daß ich irgendwann die Stücke, die ich hunderttausendmal gespielt habe, auswendig können muß. Aber es ging nicht. Ich hatte das Blatt vor mir, dann konnte ich spielen. Das Blatt war weg, und alles wurde schwarz. Jetzt spiele ich Töne auf dem Bass einmal, und die vergesse ich nicht mehr. Das geht auf anderen Wegen ins Gefühl und ins Unterbewußtsein. Das ist auch der Reiz.
KARIN: Bei mir auch. Ich habe sechs Jahre Klavierunterricht gehabt. Ich kann nichts mehr. Es war nur todlangweilig. Beim Schlagzeug war das ganz anders. Da hab ich mich rangesetzt, rumprobiert, da kam alles durch Zugucken, Freunde fragen, ausprobieren und mit anderen spielen.

## «ARBEIT IST JA NICHTS SCHLECHTES»

*Aber Gefühl allein isses doch nicht, sondern auch harte Arbeit.*
DOREN: Erst mal ist nur Interesse da. Und dann stellst du im Übungsraum fest, daß es so noch nicht geht. Dann entwickelt sich ein Ehrgeiz, daß ich mal so singen möchte, wie ich glaube, daß es sich anhören müßte.

STEFI: Arbeit ist ja auch nichts Schlechtes. Arbeit, die einem auf die Nerven geht und wo man nix von hat, die ist natürlich schlecht, aber Arbeit, die Spaß macht, ist was Tolles – besser als jede Langeweile und Nichts-in-der-Birne. Und Musik ist doch auch ein Bereich, wo man sich selbst seine Ziele setzen kann.

CLAUDIA: Jetzt muß ich mal einhaken. Emotionalität ist zwar sehr wichtig, aber Noten und Scalen üben, Technik – das brauchste auch. Du mußt dein Feeling doch umsetzen können. Man will was machen, kann es aber gar nicht, weil die Technik fehlt. Ich übe jeden Tag knallhart fünf, sechs Stunden Saxophon. Wenn man gut werden will, muß man eben Noten, Scalen, Akkorde, Rhythmen üben. Ich hasse es auch, Noten zu lernen, aber ich merke, ich muß es können, wenn ich's professionell machen will.

BETTINA: Einerseits ja, aber ich verspreche mir von Leuten, die die ganzen Traditionen und professionellen Kategorien nicht mitbekommen haben, daß die auf ganz neue Musik kommen. Ich beneide manchmal die Leute, die sagen: Das ist mir alles scheißegal. Ich bau mir meine eigenen Scalen.

CLAUDIA: Ich glaube, daß ich was Neues nur dann machen kann, wenn ich alles Alte kenne. Dann biste in der Lage, gezielt was Neues zu produzieren. Die anderen Sachen sind Zufallsprodukte.

MAIKE: Wenn ich Schlagzeug nach Noten spiele, das würde mich total beeinflussen. Da sitz ich wie ein steifes Brett. Obwohl ich Noten gelernt habe. Furchtbar. Wenn ich im Konzert einen Moment nachdenke, was ich da tue, dann ist es aus. Ich will gar nicht denken, ich will ein Gefühl zu den anderen kriegen, daß wir zusammenkommen.

CLAUDIA: Das sehe ich eben nicht so einfach. Wenn ich die ganzen Gruppen hier in Berlin so höre, da gibt's nicht so besonders viele, die dufte sind. Da sind immer ganz schöne Rhythmusschwankungen...

STEFI: Es geht ja nicht nur um Perfektion.

CLAUDIA: Ich bin ein absoluter Perfektionist.

STEFI: Das bin ich in gewisser Weise auch, aber eben nicht, was das hypergenaue Takten angeht.

*Gelegentlich ist es schon eine Zumutung, eineinhalb Stunden einer Gruppe zuzuhören, bei der man das Gefühl hat, die können es nicht.*

KARIN: Es kann aber auch 'ne Zumutung sein, eineinhalb Stunden einer Band zuzuhören, die perfekt ist, aber wo nix abläuft. Keine Spannung, nix.

DOREN: Ich hätte nix dagegen, wenn ich es mir leisten könnte, Gesangsunterricht zu nehmen – um Sachen zu lernen, die mir weiterhelfen.

CLAUDIA: Ich hab mit 31 angefangen. Aber ich hab auch schon erfahren, daß die Leute ein bißchen schräg aus der Wäsche guckten und sich nicht vorstellen konnten, daß ich es noch mal schaffe.

*DOREN:* Musik machen, solange der Busen noch knackig ist. Das ist es doch, was die im Kopf haben!

*HUCKY:* Aber das ist doch überall so. Wenn du älter wirst, biste über, kannste gehen.

*STEFI:* Im Prinzip ist es ein tierisches Macho-Business. Die Frauen sind out, wenn sie das erste Kind kriegen.

*DOREN:* Ich hab aber auch das Gefühl, daß viele Frauen, die eigentlich Interesse hätten, selbst Musik zu machen, sich doch darauf beschränken, mit 'nem Typen zusammenzusein, der Musik macht.

*HUCKY:* Das ist auch fehlendes Selbstbewußtsein. Allein, wenn sie an die Bühne denken, kriegen sie das Zittern.

*MAIKE:* Ich auch.

*STEFI:* Wieso, wovor denn? Es gibt viel mehr Schauspielerinnen als Schauspieler. Deswegen kann ich mit dem Argument «Angst vor der Bühne» nix anfangen.

*CLAUDIA:* Mein Wunsch, Sax zu spielen, ist schon 16 Jahre alt. Da war ich 19. Und ich kann mich gut erinnern, warum ich nicht angefangen habe. Da war einmal das Gefühl, «da mußte pauken» – und dann fehlendes Selbstvertrauen. Das ist ja damit verbunden, mit anderen zu spielen, sich der Öffentlichkeit zu präsentieren, mit der Möglichkeit, kritisiert zu werden, und diesem Klischee, daß das ein Männerbereich ist. Ich habe mich jahrelang damit auseinandergesetzt, und dann kam ich an den Punkt: So, jetzt mach ich es irgendwie. Da hatte ich den Mut. Wenn ich heute auf die Bühne gehe, bin ich immer noch ein Zitteraal.

*MAIKE:* Das bin ich auch. Wenn's Licht ausgeht... immer dasselbe. Aber ich find's toll.

*CLAUDIA:* Aber ich möchte auch irgendwann mal relaxed sein.

*MAIKE:* Einen Cognac trinken bringt's. Nicht saufen. Nur einen.

*KAT:* Nee, das hilft seit Jahren nicht. Bei mir hilft gar nichts. Ich mache mindestens fünf dicke Patzer – seit drei Bands, immer wieder.

*Was kann passieren?*

*KAT:* Die Leute können rausgehen.

*MAIKE:* Das find ich gut. Das provoziert mich auch, wenn Leute rausgehen.

*KAT:* Immer noch besser, als wenn keine Reaktion kommt.

*MAIKE:* Das ist furchtbar und für Berlin typisch. Es gibt viele Bands, die Angst haben vor Berlin, weil das hier so ist.

*KAT:* Entsetzlich. Wir sollten in Zukunft auch provozieren.

*DOREN:* Ins Publikum spucken.

MAIKE: Das Schlimmste ist, wenn die Leute vor dir auf Stühlen sitzen und sich nicht bewegen.
*Ich habe den Eindruck, es gibt in Berlin viele Musikerinnen, die auch gut sind, aber die meisten scheuen den entscheidenden Schritt zur Professionalität.*
KAT: Seitdem ich zehn bin, träume ich davon, in einer Mädchenband zu spielen. Ich habe mit 16 zum erstenmal einen Bass in die Hand genommen, ich bin jetzt 23 und habe letztes Jahr endlich Frauen gefunden, die 'ne Band machen wollten. Und das war Zufall. In Westdeutschland habe ich Freundinnen, die sagen: O ja, Band, finde ich toll, möchte ich gerne...
KATJA: ... aber dann muß ich mir die Fingernägel so kurz schneiden...
KAT: ... man muß Geld investieren. Das kann man dann nicht für Klamotten ausgeben...
KARIN: ... und man hat weniger Zeit für den Freund.
*Warum wolltest du denn eine Mädchenband haben? Ist das einfacher?*
KAT: Ich würde sagen schwieriger.
KARIN: Find ich auch. Man prallt härter aufeinander. In den Bands, mit denen ich zu tun hatte, waren nur Typen. Wenn ich da was durchsetzen wollte, war das ganz leicht oder sowieso nicht zu machen. Nur die Möglichkeiten gab's. Dagegen mit Frauen – da sind die Kräfte gleich verteilt. Da wird diskutiert, gestritten und gefetzt.
KAT: Da kommt mehr Gefühl rein.
BETTINA: Wir tragen auch private Sachen viel mehr rein als in einer gemischten Band. Da konnte ich immer besser Abstand wahren. Wenn einer Scheiße gemacht hat, konnte ich sagen: Naja, okay. Aber in der Frauenband fällt es mir viel schwerer, das zu akzeptieren. Vielleicht, weil ich damit mehr verbinde.
*Gibt es auch Probleme mit Leistungsansprüchen, Kompetenz- und Konkurrenzgerangel?*
Auf alle Fälle... auch bei uns... klar...
KARIN: Als Frau habe ich höhere Ansprüche an Frauen. Als Frau in einer gemischten Band hat man es leichter.
BETTINA: Zum Beispiel die Auseinandersetzung mit Technik. Ich frage mich, warum sich bestimmte Frauen nie darum kümmern, wie das mit der Technik funktioniert. Zur Rockmusik gehört nun mal inzwischen eine irrsinnige Technik. Da kannste dich nicht mehr hinstellen und sagen: mach mal.
DOREN: Typen haben es besser drauf, einen Macher zu haben. Frauen untereinander sind, glaube ich, nicht bereit, das zu akzeptieren. Und das finde ich positiv.

*STEFI:* Wenn man versucht, etwas gleichberechtigt oder demokratisch zu lösen, ist es immer anstrengender, egal ob Mann oder Frau.
*DOREN:* Ist mir jetzt peinlich, aber mit 17 war ich mal im Übungsraum und da ist mir angeboten worden zu singen. Und da hab ich's nicht gemacht, weil ich dachte, die machen alle schon so lange Musik. Und das würde mir in einer gemischten Band vielleicht immer so gehen, weil die Typen immer schon länger Musik machen.
*KAT:* Selbst wenn nicht, tun sie so als ob.
*MAIKE:* Nee, bei uns ist das nicht so. Ich bin vor zwei Jahren angefangen, und die Jungs spielen seit sechs Jahren zusammen. Die haben mich echt in Ruhe gelassen, auch nie den Macker raushängen lassen. Jetzt ist es soweit, daß sie auch Anforderungen an mich stellen. Ist aber okay, tun sie ja untereinander auch. Gleiche Leistung. Wenn ich nicht übe, kriege ich einen auf 'n Deckel, jeder andere aber auch.

## «EINMAL NICHT MEHR IN KNEIPEN JOBBEN»

*Könnt ihr von der Musik leben?*
Kopfschütteln.
*DOREN:* In Berlin gibt's verdammt viele Bands, und wenn du nicht bereit bist, dich an einen bestimmten Stil anzupassen, der chartsmäßig ist, ist das schwer, heute noch von Musik zu leben. Das ist aber kein Frauenproblem. Wenn ich weggeh, treffe ich nur Leute, die Musik machen. Die müssen auch alle was anderes machen, um Geld zu verdienen.
*Jobbt ihr alle oder übt ihr einen ‹richtigen› Beruf aus?*
*DOREN:* Über Beruf mache ich mir nicht so viele Gedanken. Ich studiere, muß jobben, um Geld zu bekommen. Ich weiß nicht, ob das ginge, neben der Musik so 'n festen Beruf.
*MAIKE:* Nee, das geht eigentlich gar nicht.
*KARIN:* Die Musik ist das Wichtigste in meinem Leben. Da kann ich nicht auch noch acht Stunden täglich arbeiten. Deswegen geh ich jobben. Sonst könnte ich mir die Musik sonstwo hinstecken.
*Allgemeiner Berufswunsch: Rockstar?*
*MAIKE:* Für mich ist es wichtig, daß ich von der Musik leben kann und unabhängig bin. Ich will nicht reich sein oder so wie Nena, weil das auch ätzend ist, wenn alle Leute dich belabern und du gar keine Möglichkeit mehr hast, frei zu sein. Du bist auch irgendwie eingeschlossen. Ich möchte einmal nicht mehr in Kneipen jobben, sondern ins Studio können, wann ich will, 'ne Platte machen, wann ich will.

Und dabei eben so unabhängig wie möglich bleiben. Wir haben 'ne Platte gemacht und versuchen jetzt, ein Independant-Label zu finden, oder wir machen es selbst. Dann suchen wir uns eben jemanden, der 7000 Mark hat. Das funktioniert irgendwie. Wir haben keine Lust, uns auf die großen Firmen einzulassen, uns in deren Hände zu begeben. Wenn du mal so weit bist, daß du selbst die Bedingungen bestimmen kannst, dann ist es vielleicht möglich. Aber nicht, wenn du so klein bist wie wir und sagst: bitte, bitte.

*BETTINA:* Man könnte auch ein eigenes Label gründen. Aber damit hängt wieder eine große Organisation zusammen – Werbung, Vertrieb, Management. Du kannst nicht alles alleine machen. Finanziell und kräftemäßig. Also suchst du dir Leute, dann wird der Rahmen wieder größer. Wie weit läßt du dich also auf gewisse Marktstrukturen ein?

*MAIKE:* Das Musikgeschäft ist sowieso total beschissen. Darum heißen wir auch *Stricher*. Das ist doch reine Prostitution.

*Gibt es außer dem geschäftlichen Stress noch einen weiteren, dadurch, daß ihr Frauen seid? Ist das überhaupt ein Thema für euch?*

*MAIKE:* Für mich schon. Weil ich oft einen Sonderstatus habe – als Schlagzeugerin in einer Männerband. Da kommen oft Leute zu mir und sagen: Au toll, eine Frau. Dann sag ich: Laßt mich in Ruhe. Ich will beurteilt werden wie jeder andere auch. Ich will nicht bevorteilt werden, weil ich 'ne Frau bin. Aber andersrum: Wenn ein Typ so spielen würde wie ich am Anfang, da hätte jeder gesagt: Ach Gott, was spielt der denn für 'ne Scheiße.

*Warum hat dich deine Band aufgenommen?*

*MAIKE:* Ich war eh mit denen zusammen. Erst hab ich das Management gemacht, und dann haben die einen Schlagzeuger gesucht und ich hab gesagt: Okay, ich probier's aus. Die wollten jemanden haben, den sie kennen.

*BETTINA:* Wir werden oft weniger ernst genommen. Du mußt manchmal 'ne Kompetenz vortäuschen, die du noch gar nicht hast.

*Also typisch männlich...*

*BETTINA:* Aber damit kommst du weiter. Wenn da so 'n dummer Mixer ist und ich merke, das Schlagzeug hört sich ziemlich bescheuert an, kann aber nicht genau sagen, wie er es einstellen soll, muß ich dem vermitteln, ich hab die volle Ahnung, sonst macht er nichts.

*CLAUDIA:* Das ist das Prinzip, das die Typen drauf haben. Ziemlich große Schnauze und oft gar keine Ahnung, ob das am Instrument oder am Mixer liegt. Die tun echt so ganz locker vom Hocker – und wenn du nicht dasselbe Ding drauf hast, hören sie dich gar nicht.

STEFI: Die gehen aber untereinander auch so um.
*Also doch lieber nur mit Frauen zusammenarbeiten, -spielen?*
HUCKY: Ich möchte auf jeden Fall mit Frauen spielen, weil ich mich zu Frauen verbundener fühle. Ich habe auch schon mit Typen was zusammen gemacht, aber ich wurde immer sehr wenig kritisiert von Männern und das stört mich. Immer so: Ach ja, als Frau bist du toll. Schlimm. Bei den Frauen hab ich viel gelernt, weil die mich permanent kritisiert haben.
KARIN: Wenn Frauen Musik machen, kommt gleich die Frage: Habt ihr denn einen feministischen Anspruch? Oder diese Behauptung, daß wir einen hätten, bloß weil wir nur Frauen sind.
HUCKY: Also, daß es nicht um die Musik geht, sondern darum, einen Roman musikalisch vorzutragen.
MAIKE: Fünf Typen in 'ner Band fragt auch keiner: Warum spielt ihr denn nur mit Männern zusammen? Seid ihr schwul oder was? Typen haben es vielleicht einfacher miteinander, aber die reden auch unheimlich selten über Dinge, die ihnen nahe gehen. Deswegen ist das unter Frauen vielleicht alles ein bißchen intensiver. Anders.

## «FRAUENROCK GIBT'S NICHT»

*Gibt's so etwas wie weibliche Rockmusik?*
HUCKY: Frauenrock gibt's nicht.
BETTINA: Glaub ich auch nicht.
HUCKY: Wenn ich 'ne Platte höre, kann ich nicht sagen, ob am Schlagzeug ein Typ oder eine Frau sitzt.
MAIKE: Annette Kluge zum Beispiel würd ich genau erkennen, weil die so perkussiv spielt, so leicht. Wenn ich an die Zeit denke, wo ich von den Typen gelernt hab – ich mußte einfach tierisch reinhauen und laut spielen.
KATJA: Nachdem die Band meine Stücke bearbeitet hatte, meinte eine Freundin, sie fänd's nicht mehr so gut, weil es vermännlicht wäre. Das hat was mit Rhythmus zu tun. Männer haben einfach einen anderen Rhythmus als Frauen. Das kann ich jetzt nicht genau erklären und beweisen...
STEFI: Ich bin jetzt fast 30. Aber als ich 14, 15 war, war das noch 'n Unding für ein Mädchen, in den Übungsraum zu gehen. Ich wollte mit 15 schon mal Bass spielen, aber das war noch zu schwer. Dann hab ich's ganz lange gelassen. Ich seh aber heute Mädchen mit 14, 15, die haben diese Probleme nicht mehr. Deshalb bin ich nicht mehr bereit, darüber zu reden, ob das nun 'ne Männermusik ist oder nicht. Das Thema wird sich von selbst erledigen.

## THRASH BEAT POP PUNK GARAGE ROCK

*Slaughter house 5*

*E*hrlich gesagt: Es ist Zufall, daß *Slaughter house 5* nur aus Frauen besteht. Die vier jungen Damen überlebten einen Flugzeugabsturz und beschlossen, ihre musische Mission gemeinsam zu erfüllen. Oder war es, daß sie eine Gospelband gründen wollten, sich aber als ungeeignet empfanden? Die Wirklichkeit ist weniger spektakulär. Karin, Schlagzeug, traf am U-Bahnhof Krumme Lanke auf Kat, Bass, und Susanne, Gitarre. Sie blieben zusammen und fanden auf einem Ausflugsdampfer Doren, die mit betörender Stimme versuchte, den Kapitän zum Ankern zu bewegen. Doren antwortete auf die Frage, ob sie in der Band mitsingen wolle, prompt mit Ja, weil sie etwas betrunken war. So oder ähnlich begab es sich im September. Im November standen sie bereits auf der Bühne, auch wenn man nicht behaupten kann, daß sie damals schon reif dafür gewesen wären. Ehrlich gesagt.

*Killing the Pink Ballet Girl* nannten sie sich damals noch – das stand für alles, was die vier hassen. Sie selbst werden vornehmlich geliebt. Trotzdem suchen sie händeringend nach drei männlichen Gogo ‹girls› (zwei große lange, ein kleiner dicker) mit Baströckchen. Und Ludwig, dessen Basedrum Karin gerne hätte. Und Roadies, die ihnen die Instrumente schleppen. Denn ihren Liebhaber würde Kat beispielsweise nicht bitten, den Bass zu tragen. «Ich trag ihm ja seine Sachen auch nicht.»

Für gewöhnlich haben sie keine Probleme, ihren mädchenhaften Charme erfolgreich einzusetzen. Sei es nun auf der Bühne oder dahinter. Wobei es unmöglich sein kann, daß Doren nur so tut, als sei sie etwas schüchtern und genierlich am Mikro. Daß Susanne, wenn sie wollte, an der Gitarre ausrasten könnte. Daß Kat noch besser Bass spielen würde, wenn ihr das Gerät nicht auf den Knien hinge.

Sie sind so um die 22, 23 und fühlen sich bereits als «übriggebliebene Punkrocker der ersten Stunde.» Damals – Punk – konnten sie nichts. Jetzt ist ihr Anspruch gewachsen und damit der Arbeitsaufwand. Es klingt noch immer punkig, was da in zwei, höchstens drei Minuten pro Stück rüberkommt, aber es ist eben auch Thrash, Beat, Pop, Rock und

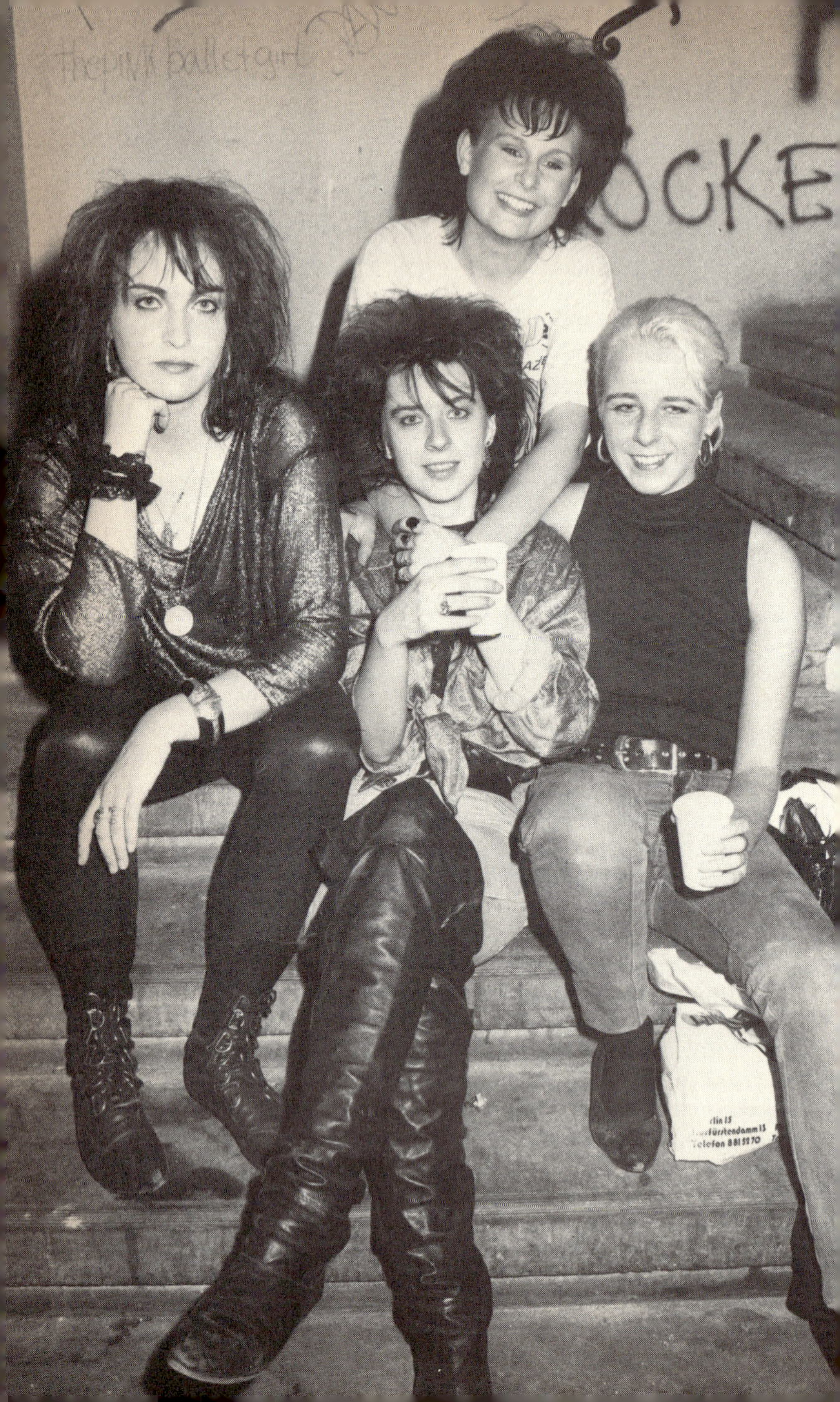
ROCKE
rlin 15
fürstendamm 15
Telefon 881 52 70

Garage. Susanne ist mit ihrem unglaublich verzerrten Gitarrenspiel noch nicht ganz zufrieden. Sie probt regelmäßig, muß noch aufholen gegenüber Kat, die schon seit 7 Jahren (mit Pause) Bass spielt. Karin, Autodidaktin am Schlagzeug, nimmt jetzt Unterricht, weil es «so gewisse Sachen gibt, die man übersieht, wenn man sich das selbst beibringt». Doren, deren gepreßte, schrille Stimme mehr Volumen vertragen könnte, übt zu Hause per Cassettenrekorder und schreibt, neben Karin, die Texte.

Eine Textzeile hat sich in mein Hirn gegraben, wer weiß warum. «Where is my ego, where is my identity.» Und dann so etwas wie: «Monster brauchen Liebe!» Was sich auf Englisch viel bedeutender anhört.

Die Kritik meint es widersprüchlich mit ihnen. Es bedarf eines gewissen Bekenner-Mutes und spontaner Begeisterungsfähigkeit, um sich parteiisch auf die Seite des Quartetts zu schlagen. Während die eine (*taz*) eine so schlechte Kritik verfaßte, «daß sie schon wieder gut war», loben die anderen die Band in höchsten Tönen: «Berliner Shooting-Stars mit zehn Verehrern an jedem Finger. Kaum eine Band hat in kurzer Zeit eine derartig engagierte Gefolgschaft hinter sich sammeln können.»

Susanne: «Wir kriegen viele Sachen hinterhergeschmissen, weil wir Mädchen sind. Wir haben keine Schwierigkeiten, Auftrittsorte zu finden.»

Kat: «Auch Presse. Die würden sich für Freunde männlichen Geschlechts nicht so anstrengen.»

Doren: «Die sagen auch nicht: ‹Oh, da sind Frauen›. Sondern: ‹Oh, *unsere* Mädels›.»

Karin: «Beschützerinstinktmäßig. Die haben uns in ihr Herz geschlossen und möchten uns jetzt groß rausbringen.»

Den zitierten Schreiber kenne ich. Er gehört auch zum Fan-Kreis und bat die Band, anläßlich seines Geburtstags nachts in seiner Wohnung zum Tanze aufzuspielen. Etwaige Polizeibesuche betreffs ruhestörenden Lärms waren zum Glück nicht zu hören, weil die Band so laut war. Dort sah ich sie zum erstenmal und vier Paare dieser unglaublich spitzen Krähenschuhe an ihren Füßen. Wie ich später im Übungsraum und live überprüfen konnte, laufen die vier immer so rum. Die echten Blondinen färbten sich schwarz bis rötlich. Doren legte noch etwas Wasserstoffsuperoxyd nach. Seitdem ich weiß, daß alle jobben, im Kaufhaus Quelle, im Café, als Telefonistin oder Putzfrau, stelle ich sie mir beim Verpacken, mit Schürze, im Büro oder im Altenheim vor. Das paßt doch gar nicht. *Slaughterhouse 5* gehört auf die Bühne. ▬

# DREI FÜR ALLEMAL

*Das Papst*

Treffpunkt U-Bahnhof Schlesisches Tor. Da wo Berlin in Kreuzberg zu Ende ist. Berndt kommt zuerst. Klo mit Deckel am Ohr, schwarze Balken über den flinken Augen. Ihre Körperfülle betont sie mit großflächigen Klamotten. Sie kommt gerade von einem Job. Telefonistin bei einer Werbefilm-Firma. Berndt mag keine Frauen, weil die nicht im Stehen pissen.

Es kreischt. Julia kommt die Treppe hinabgestürzt – heute mal wieder im Anzug. Und in riesigen Elbkähnen. Sie hat nun mal so große Füße, und damit steppt sie den Urwald-Rhythmus aus Süddeutschland. Sie kann doch nicht wirklich 22 einhalb sein? Julia will schnell in den Tunnel. Sie mag nur Frauen.

Aha. Da ist auch Karoline. Deutlich kleiner als die beiden anderen. Irgendwie unauffälliger. So auf den ersten Blick ganz normal. Oder? Hier ist nichts sicher. Alles Tarnung. Karoline steppt und singt. Eine junge Lisa Pirelli. Auch 22 einhalb. Karoline mag Frauen und Männer, das heißt, eigentlich mag sie fast niemanden.

«Denk dir ein dreisilbiges Wort aus», sagen sie. Mikrofon. Im Fußgängertunnel am Ende der Oppelner Straße riecht es nach Pisse. 30 Meter Tunnel, verziert mit Graffitis. Es geht los. Rhythmisches Stampfen, Töne aus dem Mund, die Hände klatschen. Miii-kro-foon...foon...foon. Das Echo kommt den dunklen Gang zurück. Passanten bleiben stehen, singen mit, antworten vom anderen Ende. Es klingt nach Kirche, Gruft und Spaß. Das Papst tut gut.

Bevor das Interview beginnt, essen wir noch Broiler und trinken heißen Kakao.

*Macht ihr diese Art von Musik, weil ihr kein Instrument beherrscht?*
KAROLINE: Wir beherrschen niemanden. Wir bedienen unsere Instrumente nicht einmal.
BERNDT: Ich bin bedient, sozusagen. Zwölf Jahre hatte ich klassischen Querflötenunterricht, und deswegen bin ich bedient von Instrumenten.
KAROLINE: Was? Du spielst doch Saxophon!
BERNDT: Ja, eben, weil ich keine Querflöte mehr sehen kann.
*Spielst du ein Instrument?*

KAROLINE: Keyboard und Bass und bald Schlagzeug, und ich singe. Kommt immer auf die Stimmung an, welches Instrument einem am besten gefällt.

*Und die Texte?*

BERNDT: Lassen wir uns schreiben. Vom Leben!

*Wo habt ihr euch kennengelernt?*

BERNDT: Vor zwei Jahren in der Küche.

KAROLINE: Berndt und ich haben schon vorher Schabernack zusammen gemacht. Wir sind bei 'ner Betriebsversammlung aufgetreten.

BERNDT: Das war die Weihnachtsfeier der Lebensmittelabteilung Karstadt, Müllerstraße, am 15. 12. 84.

*Woher kam die Idee mit dem Tunnel?*

JULIA: Och, spontan, wie alles. Wir wollten dir einen Eindruck von dem vermitteln, was wir selber noch nicht wußten.

KAROLINE: So was wollten wir mal in 'ner Kirche machen. Aber da

war gerade 'ne katholische Taufe und die Atmosphäre so beklemmend, daß wir's gelassen haben.
*Man sagt über eure Musik, sie sei experimentell.*
BERNDT: Das möchte ich auf jeden Fall bestreiten.
KAROLINE: Eher exkrementell.
JULIA: Ja, alles, was rauskommt, ist wirklich gut. Kein Rock, kein Jazz, kein Jazz-Rock. Wir machen shizzy busy quizzy.
*Wenn eure Musik so spontan ist, was übt ihr dann?*
JULIA: Wir üben nicht.
KAROLINE: Das sind Performances für uns selber.
BERNDT: Wir spontanieren.
KAROLINE: Allenfalls vor den Auftritten spielen wir alte Sachen, sonst immer Neues. Wir nehmen das meistens auf und suchen uns die Dinge raus, die wir dann spontan improvisieren. Und die machen wir dann eventuell auf der Bühne. Es gibt vieles, was wir immer wieder spielen, weil's eben genial ist.
BERNDT: 90 Prozent.
*Könnt ihr davon leben?*
BERNDT: Au!
JULIA: *Damit* leben können wir ganz gut.
BERNDT: Es stört uns nicht bei der Arbeit.
*Studiert ihr?*
KAROLINE: Nee. Ich bin im Altenpflegeheim beschäftigt.
BERNDT: Ich arbeite bei der Gebhard-Filmproduktion: Guten Tag!
JULIA: Ich bin völlig arbeitslos.
*Habt ihr Berufe gelernt?*
BERNDT: Ich fürchte, nein. Abitur.
KAROLINE: Aha! Abitur.
BERNDT: 3,4.
KAROLINE: Ich bin in Steptanz ausgebildet.
*Wollt ihr vom Musikmachen irgendwann leben?*
JULIA: Ja! Und das werden wir auch schaffen – mit deiner Hilfe.
*Wer kommt zu euren Konzerten?*
KAROLINE: Sehr gute Leute.
BERNDT: Die fahren dauernd auf uns ab.
JULIA: Sogar hinter uns her. Freiwillig. Zum Beispiel nach Bremen.
*Wie seid ihr auf den Namen gekommen?*
JULIA: Den Papst gab es schon. Die Papst ging nicht, weil uns dann gleich alle als Frauen identifiziert hätten.
*Ihr möchtet nicht, daß man merkt, ihr seid Frauen?*
JULIA: Das merkt man nicht. Im Regenbogen-Kino hatten wir uns entschlossen, Kostüme zu tragen. Später hat man aus dem Publikum

gehört, daß sie es geil fanden, daß sich der Typ auch ein Kostüm angezogen hat.
*Wie findest du das?*
JULIA: Ich bin es gewohnt. Seit ich einen Ohrring habe, passiert es nicht mehr so häufig.
*Ist das 'ne Überwindung, auf die Bühne zu steigen?*
BERNDT: Eher, wieder runterzukommen.
KAROLINE: Es gibt immer Krach, weil Berndt permanent Zugaben geben will.
*Hat man euch schon mal beschimpft auf der Bühne?*
CHOR: Ohh, jaa!
JULIA: Intrigante Proll-Schlampen. Mich wollten sie schon mal umlegen.
BERNDT: Weil sie gewagt hat, auf'm Lesbenfest bei uns Schlagzeug zu spielen.
*Ist das so 'ne Art Therapie für euch?*
JULIA: Das hat dieser Typ im Probenraum auch behauptet. Einer von der alten Jungens-Band...
BERNDT: Ach, diese Pickelband. Diese Aknetiker.
KAROLINE: Therapie fürs Publikum.
*Wie stellt ihr euch das vor, von Musik zu leben.*
KAROLINE: Ganz gut. Wir wollen ja auch noch Filme machen und mit einem *Das Papst*–Comic anfangen.
BERNDT: Wir mögen Musik eigentlich gar nicht.
JULIA: Vor allem mögen wir keine Musiker. Materialfetischisten...
KAROLINE: Zehntausende von Mark in technische Anlagen.
BERNDT: Sozusagen Equipment.
KAROLINE: Wir sind mehr für Erquickment.
*Was wünscht ihr euch?*
JULIA: Wir würden uns gerne mal selbst betrachten.
KAROLINE: Einmal zu unserem Konzert gehen.
BERNDT: Vor ganz großen Spiegeln auftreten.
JULIA: Und das Publikum sitzt dahinter.
BERNDT: Hinter uns. Ich glaube, ich würde uns Scheiße finden.
JULIA: Ich würde total drauf abfahren.
KAROLINE: Ich wäre baff, würde mich freuen und was anderes machen wollen.
*Ist Berlin mitentscheidend für eure Musik?*
KAROLINE: Versteh ich nicht.
BERNDT: Sie meint natürlich die komischen Sozialeinflüsse.
KAROLINE: Sozialausschüsse. Hier kann man billig leben, das ist zumindest ein Ausschlag.

*JULIA:* Weshalb wir in Berlin sind: Wir brauchen Geld.
*BERNDT:* Wir haben nichts zu essen.
*KAROLINE:* Wir haben gar nichts. Nicht mal schlechte Verstärker.
*BERNDT:* Müssen wir uns immer ausleihen.
*JULIA:* Ich muß jetzt mal für kleine Mädchen.

# GÄNSEHAUT

*Katja Wingels, Gesang, Gitarre, Text & Komposition*

Es gibt kühle Situationen, da überkommt einen eine Gänsehaut. Seltener passiert es, daß die Haare sich kräuseln, weil einem ein heißer, erregender Schauer den Rücken entlangläuft. Für gewöhnlich herrschen in Übungsräumen durchschnittliche Temperaturen. Es wird gearbeitet, meist unter schlechten Bedingungen. Auf engstem Raum, oft feucht, niedrig, dunkel. Rockmusik gehört in den Keller, weil sich sonst die Mitmenschen gestört fühlen. Die Erregung hält sich da unten in Grenzen. Meist ist es einfach nur nervig zuzuhören, wie sich die Musiker an ihren Stücken abrackern.

Bei Justine Time, wie sich Katja gelegentlich nennt, war das anders. Es war ein Vergnügen, sie und ihre Mitstreiter im Kreuzberger Keller direkt am Landwehrkanal zu besuchen. Katja gab schon in diesen kahlen Gewölben fast alles, was in ihr drinsteckt. «Anders geht's doch nicht», sagte sie und holte zwischen ihren Stükken tief Luft. Ihre Band *The Rainbirds* war noch ‹frisch›, war noch nicht aus dem Übungskeller herausgekommen. Das sollte sich eine Woche später ändern.

Katja ist mit ihren 23 Lenzen (Jahrgang 63) die jüngste zwischen Beckmann, bass, Wolfgang, drums und Micha, guitars. *The Rainbirds* aber ist ihr Projekt. Endlich, zum erstenmal nach vielen Jahren in anderen Bands (zuletzt *Black Carnations*), werden ihre Kompositionen gespielt, kann sie ihre englischen Texte singen. Genau so, wie sie es sich vorstellt. Simpler Aufbau, Stimme ganz vorne und viel Druck von hinten. Gitarre am Hals, Mikro vorm Mund. Gänsehaut. Ich kann ihre Mutter gut verstehen. Die heulte immer vor Ergriffenheit, wenn Katja mit 13, 14 zur Gitarre sang. Da hat das Mädchen gemerkt daß etwas passiert, wenn sie singt.

Zu Hause überlegte ich mir, daß ich möglicherweise mit meinen Hautreaktionen daneben lag, daß dieser kleine Energiebolzen mit dem kantig geschnittenen Blondhaar und dem jungenhaften Auftreten vor Publikum vielleicht doch nicht so gut ist wie im Schutz der Kellermauern. Daß ihr vielleicht die Stimme wegbleibt im Zigarettenqualm der Villa Kreuzberg, nachts um zwölf, wo sie ihr Debüt geben wollte. Daß der Funke nicht überspringt und der Applaus ausbleibt, wenn alle leicht angedröhnt vor der Bühne hängen und schon drei Gruppen hinter sich haben. Aber Katja wird empfangen wie ein Star. Ihre Musiker geben ihr allen musikalischen Raum, den sie braucht. Viele Bands, die hinter ihr liegen (in Portugal und Deutschland) haben sie eher eingeengt in ihren Möglichkeiten. Aber ein guter Musiker erkennt eben auch, wenn ein riesiges Talent neben ihm steht. Da bleibt ihm keine Wahl. Entweder er läuft weg, er versucht es einzuengen oder er unterstützt es. *The Rainbirds* haben sich für Katja entschieden und sind selbst begeistert von ihr.

Zuviel des Lobes für den Anfang, den ersten Auftritt. Katja war zwar glücklich, aber auch vorsichtig. Die Erwartungen sind hoch und mehr als sich verausgaben ist nicht drin. Das hält kein

Mensch lange aus. Sie holt die Töne aus allen Körperteilen. Die Adern drohen zu platzen. Und noch mal. Fast zu viel für ein Lied.

Nach den *Black Carnations* und während der Mammutproben der *Rainbirds* kratzte es schon unangenehm auf ihren Stimmbändern. Mit Hilfe von Gesangsunterricht und einer Logopädin versucht sie nun, ihre Stimme in den Griff zu kriegen. Richtig atmen. Sonst ist die Stimme bei der Belastung nicht zu halten.

Katja arbeitet hart an sich und ihrer Musik. Daß *es* Musik sein würde, wußte sie schon in der 10. Klasse. Die hat sie in Portugal absolviert, wo sie aufgewachsen ist. Dort hat sie schon mit portugiesischen Jazzern gespielt, aber nie Musiker gefunden, die ihre eigenen Stücke wirklich wollten. Auch nicht in Bonn, nachdem sie allein – ohne Eltern und Schwester – zu ihrer Patentante umgesiedelt war. *Club 46* (1982) hieß dort ihre Band, die noch mit den letzten Wogen der Neuen Deutschen Welle von der *Deutschen Grammophon* auf den Markt gespült wurde. An der Musikhochschule in Hamburg, Modellversuch Rockmusik, lernte sie den Berliner Simon Pauli kennen. Zwecks Zusammenarbeit zog sie nach Berlin, war aber so schlecht drauf, daß der junge Mann das Weite suchte. Zu allem Unglück stoppte Papa aus Portugal die Unterhaltszahlungen. Seither muß Katja jobben gehen, zum Beispiel in der Markthalle am Käsestand.

Es folgte eine Verzweiflungs-Band, die ihre Texte nicht wollte sowie Background-Gesang in einer Soul-Funk-Formation, was ihr «total Spaß gemacht» hat. Anfang '84 stieß sie zu den *Black Carnations*. Die machten zwar nicht ihre Musik, aber es gab wenigstens keinen größeren Stress. Eine Single, eine LP auf *Tweng! Records*. Bis der Bassmann nach einem Jahr abhaute, der Gitarrist bei den *Planets* voll einstieg und Gitarrist und Sänger Sandy Hobbs sich mit dem Drummer verkrachte. Wieder ein Jahr später präsentierte Katja ihren neuen Musikern per Democassette fast fertige Stücke. Sie übten wie die Berserker. Manchmal zehn Stunden am Tag.

Bis es endlich soweit war, sich auszuzahlen begann: Als sie im Dezember '86 den Berliner Senats-Rockwettbewerb gewannen, standen im Publikum Talent-Schouts der CBS und Louis Spillmann, Geschäftsführer der Phonogram. Vier Wochen später hatten *The Rainbirds* einen Plattenvertrag in Aussicht und die Finanzierung einer Tournee in der Tasche. Optimale Vorraussetzungen für den Sprung ins Profilager. Endlich von der Musik leben!

# II. BACKSTAGE

Während es draußen noch stürmt und schneit, machen drei verwegene Gesellen aus Berlin Deutschland unsicher: *Die Ärzte* sind auf Tour. Mütter, sperrt eure Töchter ein!»

Sechs Wochen lang touren die drei Musikclowns durch die Lande. Wilhelmshaven... Delmenhorst... Bochum... Kaiserslautern... Borken... Hannover... Berlin. Überall die gleiche Reaktion. Dutzende von Mädchen blockieren bereits die Zufahrt zur Konzerthalle, teilweise schon seit Stunden. Sobald sie *Die Ärzte* erblicken, stürzen sie sich schreiend auf sie. Einmal kurz anfassen. Wie heißt ihr wirklich? Welches Sternzeichen bist du? Autogramme auf Arme, T-Shirts, Poster, Plattencover. «Schreibst du bitte ‹für Nicole› dazu?» Gabi Kowarik, die Tourbegleiterin, hat alle Mühe, ihre Helden unbeschädigt in die Halle zu bugsieren.

## ACHTUNG – DIE ÄRZTE SIND LOS!

*Gabi Kowarik, Tourneemanagement*

Drinnen haben die Techniker inzwischen die Anlage aufgebaut. Der Soundcheck kann beginnen. *Die Ärzte* sind leicht zu spät, sie hatten im Hotel noch schnell ein Interview mit der Lokalzeitung eingeschoben. Während sie nun auf der Bühne loslegen, bespricht Gabi alles Notwendige mit dem lokalen Veranstalter. Sie kennt ihn bisher nur von zwei, drei Telefongesprächen, als sie die Tour gebucht, Gagen und Vertragsbedingungen ausgehandelt hatte.

Ein recht angenehmer Typ heute, keiner von denen, die gleich dieses bestimmte Grinsen aufsetzen, wenn Gabi sich vorstellt. Eine Frau als Tourbegleiterin ist immer noch ein exotisches Erlebnis. «Es ist eben ein hartes Geschäft», meint Gabi. «Da gibt es Veranstalter, die versuchen einen zu linken, und Tourneen, auf denen nichts funktioniert. Frauen traut man vielleicht nicht so zu, das zu managen.»

Bei der *Ärzte*-Tournee ist es diesmal anders, die Hallen sind meist proppevoll und die allgemeine Stimmung im Team – immerhin zehn Leute, die sechs Wochen aufeinanderhocken müssen – dementsprechend gut. Nur ein, zwei Mal passiert es, daß eine Halle kaum geeignet ist, trotz der detaillierten Anweisungen im Vertrag über die benötigten Bühnenmaße, Stromkreisläufe, Garderoben und das Catering. «Manche Veranstalter unterschreiben leichtsinnig irgendwelche Forderungen, die sie überhaupt nicht erfüllen können», meint Gabi. Doch bei dieser Tour sind hervorragende Techniker dabei, die nach dem Motto arbeiten: «Wir sind hier, um ein Konzert zu ermöglichen, und nicht, um den Gig platzen zu lassen.»

«Du willst mich küssen», dröhnt es noch leicht verzerrt aus den Boxen. Gabi beginnt, den Vorverkauf zu kontrollieren. Denn für heute abend hat sie mit dem Veranstalter eine Kombination aus Fixgagen und prozentualer Beteiligung vereinbart.

## KUCHEN UND SCHOKOLADE

Pause. Die Techniker haben den richtigen Sound gefunden, und Gabi folgt ihnen in Richtung Garderobe. In einer Nische hat der Veranstalter Käse- und Wurstbrote, Kaffee, Tee, eine Schüssel Nudelsalat aufbauen lassen. Leider zu wenig für zehn Personen. «Der hat die Techniker vergessen.» Gestern, in einem winzigen Club, das Publikum stand fast auf der Bühne, gab es sogar Kuchen und Schokolade, ein riesiges kaltes Büffet, und nach dem Auftritt Sekt. Einen Tag zuvor fehlte sogar der Kaffee. Gabi merkt sich alles. Bei der nächsten Tour weiß sie, worauf sie bei welchem Veranstalter achten muß, und dementsprechend detailliert wird sie dann ihre Bedingungen in die Verträge aufnehmen.

Es ist ihre erste große Tournee, die sie komplett organisiert hat. Mitgefahren ist sie bereits bei *Supermax* und George Kranz. Angefangen hat alles mit der *Hallucination Company*. Mit Teilen dieser Band wohnte sie damals in Wien zusammen. Die haben sie überhaupt erst in diese Szene hineingebracht. Eigentlich war sie ja Damenschneiderin, obwohl sie schon immer viel lieber was Kreatives machen wollte, Regieassi-

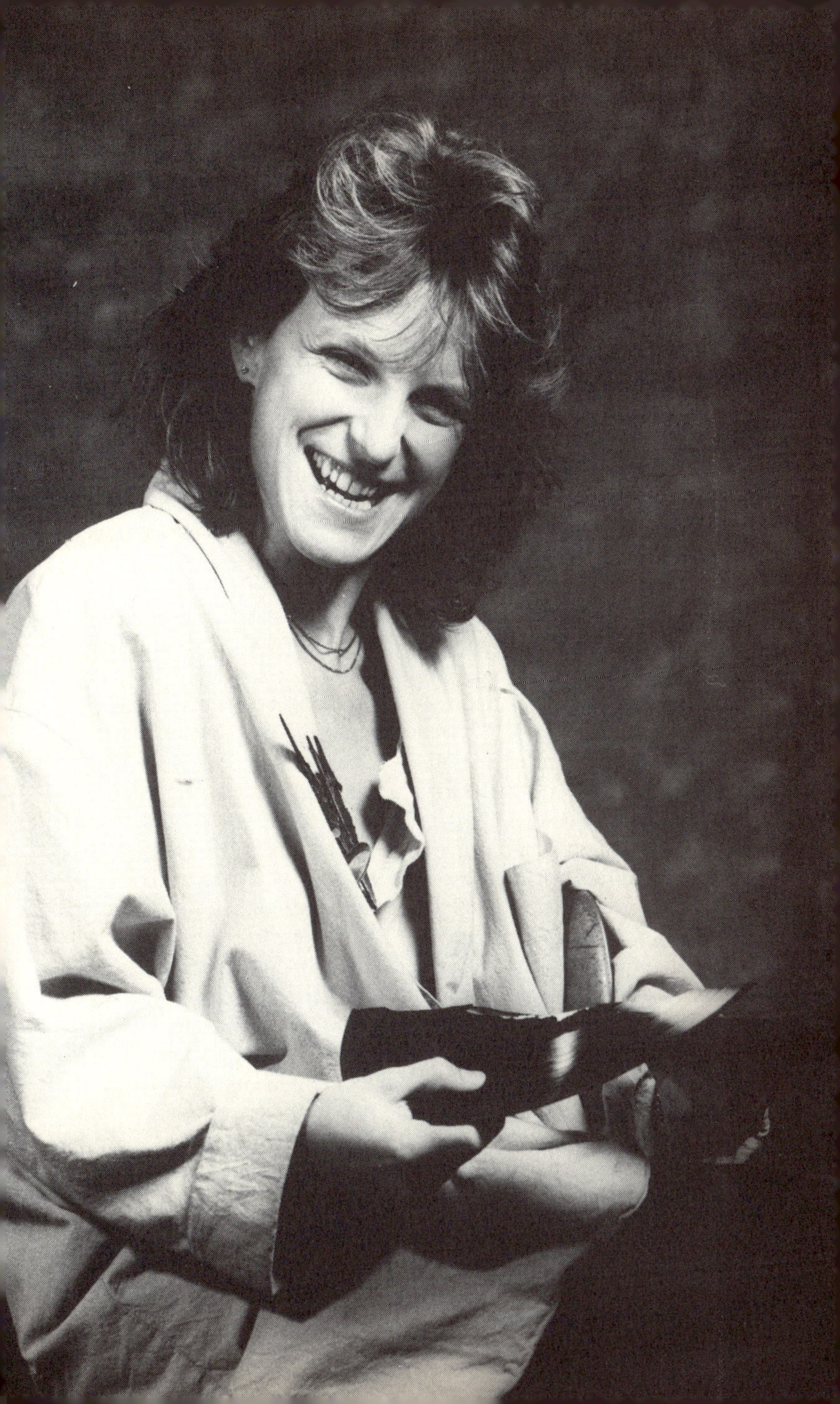

tentin zum Beispiel. Oder Bühnenbildnerin. Doch über ihre Mitbewohner in Wien lernte sie vor allem Leute aus der Musikbranche kennen. Zum Beispiel Kurt Hauenstein, der sie für eine *Supermax*-Tournee als Betreuerin engagierte. Oder Tauchen und Prokopetz, die gerade als *DÖF* einen Riesenhit gelandet hatten und Gabi unbedingt als Mitarbeiterin für das *DÖF*-Büro Wien haben wollten. *DÖF's* eigentlicher Manager war Conny Konzack. Der war von Gabis Arbeit und Auftreten recht angetan, und so landete sie nach permanenten Überredungsversuchen über mehrere Zwischenstationen irgendwann in dessen Berliner Büro. Als Sekretärin, Promoterin, Tourbegleitung, Mädchen für alles.

«Eigentlich wollte ich nur ein, zwei Jahre nach Berlin ziehen. Mein Wunsch war, alles über die Musikbranche zu lernen, um mir dann in Wien eine eigene Existenz aufzubauen. Um denen zu zeigen, daß es auch anders geht; denn dort gibt es so viele Schwenkows, denen es egal ist, ob sie Künstler oder Schnürsenkel verkaufen, Hauptsache, es bringt Profit.»

Ihre Wohnung in Wien hat Gabi noch, aber insgeheim weiß sie, daß sie Berlin vorerst nicht verlassen wird. Auch wenn sie nach der *Ärzte*-Tournee ihren sicheren, aber total überlasteten Arbeitsplatz bei Conny Konzack gekündigt hat, um wieder freiberuflich, vor allem als Tourbegleiterin, zu arbeiten. Zum Beispiel für Rio Reiser. Und natürlich auch wieder für die inzwischen auf ein Duo geschrumpften *Ärzte*, wenn was ansteht.

## HEIMLICHE BOTSCHAFTEN

Während Gabi, die Crew und die Band noch gemütlich in den Räumen hinter der Bühne hocken, hat sich die Halle zu zwei Dritteln gefüllt. Der Kampf um die besten Plätze ist entflammt. Sobald die Jungs auf der Bühne erscheinen, werden sich die Kids mit voller Kraft gegen die bauchhohen Gitter drücken. Jeder Zentimeter, um den sie die Distanz zwischen sich und ihren Idolen verringern können, zählt. In den ersten zwanzig Reihen fast ausschließlich Mädchen, 13- bis 17jährige, oft möglichst getreu ihrem jeweiligen Traumboy Bela, Sahnie oder Farin gestylt. Nach wenigen Minuten ist die Bühne mit kleinen, gefalteten Zettelchen (heimliche Botschaften), Gummibärchen, Stofftieren und Schmuck übersät. Auch ein BH landet auf der Bühne, direkt zu Sahnies Füßen. Unauffällig versucht er auszumachen, von welchem Mädchen der wohl kam. In der ersten Reihe sackt ein Mädchen halb ohnmächtig zusammen, der Druck auf das Gitter hat ihr die

Luft abgeschnürt. Ein Rotkreuzler bringt sie hinter die Bühne, doch zehn Minuten später steht sie schon wieder vorne in der ersten Reihe.

«So schlimm hatte ich mir das mit der weiblichen Anhängerschar nicht vorgestellt», erzählt Gabi später. «Das sind wirklich Dutzende von Mädchen, die in jeder Stadt vor dem Konzert oder danach am Eingang warten. Einige trampen sogar hinterher. Da waren zwei Münchnerinnen, die kamen zu acht oder neun Konzerten, sogar bis nach Hannover oder Berlin. Ich hab sie gefragt, was sie eigentlich erwarten, daß sie bei dieser totalen Kälte ohne Geld und Übernachtungsmöglichkeiten durch halb Deutschland trampen. ‹Nix›, meinten die, ‹wir wollen die Jungs nur sehen.›» Meistens stimmt das sogar, meint Gabi. «Die wollen wirklich nur reden, gucken, das Gefühl haben, eine kurze Zeit mit ihren Idolen gemeinsam erlebt zu haben.» Richtige Groupies, die vor allem mit einem der Jungs ins Bett wollen, gibt es auch («so harmlos wie wir damals sind die 15-, 16jährigen heute nicht mehr»), aber selten. *Die Ärzte* genießen es, ständig angehimmelt zu werden, baden genüßlich darin, aber «außer ein bißchen reden und so» passiert meist nichts. Die drei entsprechen exakt ihrem Image, hat Gabi festgestellt, «frech, drogenfrei, seit fünf Jahren 18. Einfach toll. ▬

---

*D*ortmunder Westfalenhalle. Schon von ferne knallt mich ein Riesenschild an: Peter Maffay! Hinter der Halle, in der p. m. dreimal vor ausverkauften Reihen spielen wird, das Hotel, in dem Band und technischer Stab übernachten. An die 70 Personen. Musiker, Roadies, Ton- und Lichttechniker, Versorgungstrupp, Tourneemanagement, T-Shirt-Verkäufer, auch Fritz Rau, Deutschlands Großveranstalter Nr. 1.

## *DER TON MACHT DIE MUSIK*

*Carmen Böll, Tontechnik*

Die Empfangshalle des Hotels ist sichtlich vom Rock 'n' Roll Bazillus befallen. Papi mit Lederjacke nebst schulpflichtiger Tochter und Pocket-Kamera stehen vor dem Fahrstuhl. Die warten sicher auf die Stars. Carmen ist nicht aufzutreiben. «Das ist so'ne Dünne», erklärt mir einer mit Stoppelbart.

Der Fahrstuhl öffnet sich. Der übernächtigt wirkende Blonde mit den langen Haaren, der Schmetterlingsbrille und dem Jogginganzug erweist sich auf den zweiten Blick als der Schlagzeuger Bertram Engel. Der Rezeptionist fängt die Fans schon in der Schwingtüre ab. Der Keyboarder Jean-Jacques Kravetz begrüßt in der Vorhalle seine soeben eingetroffene Familie. «Er will immer nur Bass spielen», lächelt seine Frau stolz und blickt auf ihren Ältesten. Der hübsche Junge saugt alles auf wie ein trockener Schwamm. Wenn der man nicht auch Musiker werden will.

Kollegen der Medienzünfte pirschen sich an. Man spürt es bis aufs Klo: Maffay ist hier. Ein gigantischer Arbeitgeber, ein Mammutbetrieb auf Rädern. Fünf 38-

Tonnen-Sattelschlepper, ein Bandbus, zwei Crew-Schlafbusse. 34 Konzerte in 18 Städten. Jeder Tag verschlingt 70 000 Mark Produktionskosten. Carmen ist auch dabei. Wo sie nur bleibt?

## SONNE IN DER NACHT

«Oh, Sie sehen ja bezaubernd aus. Fast ist keine Steigerung mehr möglich. Haha!» sagt der angereiste Herr zur Hausdame ganz in Blau. «Hier ist ja heute der Bär los, Gnädigste.» Sie lächelt: «Motorradschau und Hundemesse. Und heute Abend Maffay. Wollen wir dann nicht vielleicht rübergehen?» «Warum nicht. Haha, gehen wir doch mal rüber.» Carmen liegt noch im Bett, war aber am Telefon. Sie braucht noch etwas Zeit, um sich fit zu machen. Die Nächte sind meist lang auf Tour. Die Crew ist nach den Konzerten auf 180, speedig, aufgedreht. Wohin mit den Energien, den Sehnsüchten, die zwischen Publikum und Bühne aufwallen. In den Hotelbars werden sie ertränkt, aufgepusht, ausgetobt oder auf morgen verschoben.

Ich gehe hinüber ins Restaurant. Auch hier alles voller Rokker und flotter Mädels. Die Dame des Hauses unterhält sich jetzt am Nebentisch mit Fritz Rau über Vor- und Nachteile der Westfalenhalle und krumme Touren krimineller Veranstalter. Es folgt ein Herr von der Stadthalle Osnabrück. «Darf ich mich vorstellen, Herr Rau? Wir kennen uns noch nicht…!» Nirgendwo hat man seine Ruhe.

Na endlich. Carmen. Knallenge Jeans, weite Jacke, zarte Person, noch leichte Bettwärme verbreitend. Wir kennen uns nur vom Telefon. Carmen Böll, 23, Toningenieurin und zuständig für den Soundmix, für den Konzertklang der 32 000-Watt-Anlage. Einzige Frau in der technischen Crew. Zu uns setzt sich Scarlet Rivera, «das erste Mädchen, das Peter für seine Band engagierte», heißt es in der Pressemappe. Das Mädchen ist schon eine Frau und hat als Geigerin mit solchen Berühmtheiten wie Bob Dylan, John Mayall oder Duke Ellington zusammengearbeitet. Sie schaut fahrig und unruhig über den Tisch. Dies ist Carmens erste Tournee. Und dann gleich die größten Gigs, die ein deutscher Rocker je auf die Bühne brachte.

## WOW, DAS ISSES

«Ich habe bei Peter im Münchner Studio gearbeitet, und er fand offensichtlich ganz gut, was ich mache, und meinte, ich solle mit auf die Tour gehen. Ich hatte tierisch Schiß. Wenn was passiert, ist der ganze Gig geschmissen.» Vorweg ein Probe-Gig bei ZDF-Rock-Pop und 'ne NDR-live-Kiste. Alles halb so schlimm. «Es fing an bei Freunden. Ich sollte mal das ‹Engineering› machen. Da hab ich gelacht und gefragt: Was is'n das? Es war ganz einfach. Drei Mikrofone, eine Bandmaschine. Da dachte ich: Wow, das isses. Ich bin nach München gegangen und habe alle Studios, die ich im Telefonbuch fand, durchtelefoniert. Ich hatte Glück. Ich wurde einem Studiobesitzer vorgestellt: Hier ist Carmen, die möchte Toningenieur werden. Da ist der Typ fast aus den Latschen gekippt. Hat mir erzählt, ich bräuchte gar nicht erst anzufangen, denn ich hätte nie eine Chance. Als Frau, meinte er, müsse ich sowieso 30 Prozent besser sein als jeder Mann. Wo er nicht ganz unrecht hatte. Der Typ hat mich so lange genervt, bis ich gesagt habe: O.K., setze ich mir eben 'ne Maske auf. Da war er schachmatt. Der hatte auch so was gefaselt von erotischer Spannung im Studio und daß das der Arbeit schaden würde. Das ist absoluter Käse. Ich hab noch nie 'ne erotische Spannung im Regieraum gehabt.»

## *CARMEN ROTTEN*

Sie war 20 und hatte sich zwischen Psychologie und Raumfahrtingenieur nicht entscheiden können. Allenfalls für Punk. «Fand ich lustig damals. Vorher war immer nur so diese Hippie-Ära. Langweilig. Weißbier trinken und über Atomkraftwerke diskutieren.» Also sang sie in schwarzen Strumpfhosen, Minirock und Lederjacke in einer Punkband. Aber erst im Studio nannte sie sich Carmen Rotten. «Da war ich auch rotten, ehrlich. Komischerweise ... ich hab dir doch das mit der Maske erzählt ... als ich im Studio anfing, habe ich von heute auf morgen aufgehört mich zu schminken. Ich bin nur noch in den totalen Gammel-Schlabber-Jeans rumgerannt, immer bewußt einen auf häßlich gemacht. Ich wollte auf keinen Fall als Frau betrachtet werden, weil Frauen in dem Business leider meistens peinlich sind. Ich wollte einen auf Power machen: Ich bin keine richtige Frau. Ich denke wie ein Mann. Ich schminke mich auch nicht.» Ihre Freundin hat sie dann darauf aufmerksam gemacht, daß das «irgendwie 'ne Verleugnung meiner Weiblichkeit» war. «Ich hatte wirklich gedacht, das ist die einzige Möglichkeit, in dem Business was zu werden. Das war vollkommen falsch, und ich hab nach zwei Jahren wieder angefangen, darauf zu achten, daß ich gut aussehe. Damit fühle ich mich jetzt besser und sicherer, und im Studio hat es keinen Unterschied gemacht. Mich reizt jetzt auch die Kombination von Frau – Aha, sieht nicht schlecht aus! – und der Arbeit am Mischpult.»

Letzteres ruft. Es ist Zeit für den täglichen Soundcheck. Aufgebaut worden ist die gesamte Anlage bereits am Vortag. Die Crew trifft sich im Catering-

Raum, einer Art Kantine im Keller der Halle neben den Garderoben der Künstler. Einer nach dem anderen holt sich von Wiebke, der Catering-Frau, einen Kaffee. Der Gesichtsälteste, der nun die kaputteste Schau abzieht, hat die meisten Lacher. «Ouh, war das spät, sieben oder so.» Carmen bemüht sich, mit ein paar freundlichen Bemerkungen ihr etwas mieses Gefühl wettzumachen. Sie hat Stress mit den Roadies, die nicht akzeptieren wollen, daß sie nicht aufbaut und kabelt. «Ich habe nix zu tun mit Auf- und Abbau. Meine Aufgabe ist es, zum Soundcheck da zu sein, alles einzustellen und das Konzert zu fahren.» Aber es wurmt sie doch, dieses Gefühl, nicht akzeptiert zu sein bei den Roadies, auch wenn sie andererseits die Einstellung vertritt: «Allein schon die Tatsache, daß ich mehr oder weniger als einzige Frau hier rumfetze, scheint für manche männlichen Kollegen ein Problem zu sein.»

In der Kantine läßt sich keiner die Konflikte anmerken. Es herrscht der übliche burschikose Stil in dieser kleinen, in sich geschlossenen Welt. Sprüche wie: «Na, wie viele Regler hast du denn heute? Einen oder zwei?» prallen an Carmen ab, ebenso wie sie auf gelegentliche Anschisse des Meisters ruhig und gelassen reagiert. «Das muß man einfach wegstecken können.»

## GEHÖR UND GEFÜHL

Bevor es zum Soundcheck in die leere Halle geht, schwärmen plötzlich fünf weiß-rote Hostessen von Marlboro in den Aufenthaltsraum. «Da baggern die Jungs abends dran rum», höre ich. Meint, die Männer aus der Crew versuchen, die Frauen, die während der Tournee Zigaretten verteilen, ins Bett zu kriegen. Carmen steht jetzt mit ihrem Kollegen Norbert am riesigen Mischpult. Was er denn von einer Frau an seiner Seite halte, will ich wissen: «Oh, von einer Frau an meiner Seite halte ich immer viel.» Die Musiker steigen auf die Bühne. Maffay probt, singt Stücke an, kommt zum Mischpult, prüft, gibt Anweisungen. Er ist der Meister. No doubt. Carmens Aufgabe besteht darin, bei den Musikstücken die verschiedenen Balancen zwischen den Instrumenten herzustellen, je nach Wichtigkeit des Instruments. Soli müssen hochgezogen werden. Klangunterschiede, die die Musiker mit ihren Instrumenten fabrizieren, muß sie «equalizen – auf Deutsch: entzerren. Schreckliches Wort.»

Carmen ist zwar nicht an der Komposition eines Stückes beteiligt, aber daran, wie ein Titel in der Endabmischung klingt. «Man kann da viel machen mit Effekten oder Verhältnissen einzelner Instrumente. Gehör und Gefühl.»

Die reine Technik hält sic für relativ leicht erlernbar. Sie hat dazu zwei Jahre praktischer Ausbildung benötigt.

«Am Pult beim Konzert ist jede Sekunde hundertprozentige Konzentration. Ob mir die Musik nun persönlich zusagt oder nicht, ich versuche, das Beste draus zu machen. Du brauchst eine gewisse Gleichgültigkeit – nicht gegenüber der Arbeit, aber dem Musikstil gegenüber.»

Carmen bedient die Regler konzentriert und souverän, weiß gar nicht mal, wie viele es sind. Der Soundcheck dauert etwa 45 Minuten. Niemand darf stören. Nur eine ältere Dame sitzt hinter uns, und Maffay geht in Lederhose und Ringer-T-Shirt auf die Frau im Kostüm zu, reicht ihr die Hand und macht... einen Diener. Formvollendet und höflich.

Die Atmosphäre ist noch so kühl wie die leere Halle. Zwei Stunden später brodelt der Saal. 12 000 Fans, völlig gemischtes Publikum. Wunderkerzen in den Händen. Mitsingen. Ich muß lachen beim Anblick einer Frau mit Übergewicht und Plisséerock, wie sie versucht, auf einen Klappstuhl zu steigen. Carmen findet die Fans nicht blöd. «Wenn die Leute jubeln, dann jubeln sie mehr oder weniger auch über dich. Du hilfst ja, das Ganze mit rüberzubringen.» Ohne Fans keine Stimmung. Sie arbeitet zwar lieber im Studio, weil sie da mehr basteln kann – «Live ist immer ein Kompromiß» –, aber die Atmosphäre ist einfach berauschender. «Da sind so viele Emotionen drin, und die schwappen auf dich über. So 'ne Tournee ist das Geilste. Plötzlich bist du mit einem Star zusammen, mit einer Band, die jubelnden, brodelnden Massen. Das ist Leben im exzessivsten Sinne.» Wo denn bloß? Bus, Halle, Hotel, Bar, Bus, Halle, Hotel, Bar.

## *TYPISCH FRAU*

Die öffentliche Show ist vorbei. Das 2½-Stunden-Konzert hat die Massen begeistert. Peter hat sie auf dem kleinsten gemeinsamen Nenner vereinigt. Carmen verschwindet für eine Verschnaufpause im Hotelzimmer. Die Nacht wird lang. Ich treibe mich derweil Backstage herum – in dem Bereich, der die Fans dem Ziel ihrer Träume näher bringt. Viele Groupies. Das sind die Frauen, denen Carmen mit sehr gemischten Gefühlen begegnet. «Blond, blauäugig, blöd. Die stehen an der Bühnenabsperrung. Wenn irgendein Musiker denkt: Aha, das wär doch was!, kriegen sie vielleicht einen Backstage-Paß. Und dann hoffen sie darauf, daß sie wieder mit einem berühmten Musiker ins Bett gehen können. Immer das gleiche Spielchen, wenn die Typen dann abends die Mädels anbaggern. Das amüsiert mich. Andererseits ärgert's mich unheimlich, wenn irgendwelche Frau-Frauen da erscheinen, Ähtätä, wie findest du mein neues Kleid. Das nervt mich, weil damit ein Großteil von dem, was ich mühselig aufgebaut hab, einfach wieder vernichtet wird. Die Typen denken dann gleich wieder ‹Ah, typisch Frau›.»

Rock 'n' Roll ist eben «ein Ausdruck von Sex», wie Carmen sagt. Und darum und welche Rolle die einzelnen Akteure spielen, dreht es sich – vor, auf und hinter der Bühne.

### DER BASTARD

Peter Maffay auf die Frage, warum er Carmen in seine Crew geholt hat:

*«Carmen ist ein Bastard, leistungsfähiger als viele Leute. Sie hat unglaublich viel Kraft. Mit Frauen ist das sowieso was Besonderes. Die haben mehr innere Balance. Ich nehme Carmen gerne in den Arm. Mein kleiner Freund. Ich habe sie mitgenommen, weil sie als guter Soundmixer raus muß unter Leute.»*

---

*I*n der Lagerhalle hängen und stehen um die 2000 Scheinwerfer zu je 1000 Watt. Traversen, an denen die Leuchten installiert werden. Mischpulte und Cases. Nebenan eine kleine Werkstatt. Im Empfangsbereich Büroräume, in denen mich Heike mit Rock und schicker Bluse empfängt. «Das ist nur so im Büro, wegen der Kunden», räumt sie ein. Wenn sie mit all den Materialien die ganz großen Rockkonzerte, Unterhaltungsshows, Industrie-, Sport- oder Parteiveranstaltun-

## 1000 LAMPEN UND FARBEN

*Heike Trebuth, Lichtdesign*

gen bestückt, sieht sie aus wie jeder andere Roadie in Arbeitskluft. Heike Trebuth, 29, als Autodidaktin vor acht Jahren bei einer kleinen Berliner Firma eingestiegen, heute beim größten deutschen Unternehmen dieser Branche als Licht-Technikerin in Dortmund beschäftigt.

Sie kam von Berlin in den Kohlenpott, um ihr selbsterworbenes Können im großen Stil anzuwenden, sich intensiver mit der Planung eines Lichtdesigns zu beschäftigen und über alle erforderlichen Gerätschaften zu verfügen, mit denen sie ihre Ideen verwirklicht.

Je nach Art der Veranstaltung überlegt sie sich eine Lichtkomposition, stellt Beleuchtungspläne für 500 bis 1000 verschiedene Lampen auf, die später Bühne und Künstler beleuchten. Sie legt fest, welche Scheinwerfer welche Farbe haben und wann sie aufleuchten werden, welche Lampen für die spätere Steuerung vom Mischpult auf welchen Kanälen zusammenlaufen. Das ganze Gebilde muß in Verkabelungsplänen festgelegt und aufgebaut werden. Dabei helfen dann bis zu 20 Leute, die nach Heikes Anweisungen arbeiten. Während der Veranstaltung steht sie an einem riesigen Mischpult mit bis zu 500, 600 verschiedenen Reglern und «fährt das Licht». Das einzige, was sie heute nicht mehr macht, ist die Arbeit der Rigger, der Leute, die z. B. in der Westfalenhalle 23 Meter hoch klettern, um unter der Decke Hängepunkte anzubringen. «Zu gefährlich», meint sie, während sie mir die Dias von den letzten großen Shows beim ZDF zeigt.

## EINTÖPFE

Vor vier Jahren habe ich sie schon einmal interviewt. Damals gab sie gerade im Internationalen Congress Centrum Berlin vom Mischpult über Sprechanlage präzise Anweisungen an ihre Kollegen, die auf der Bühne die Lampen für ein Konzert der Gruppe *Tangerine Dream* einstellten. Seit Jahren lebte sie aus dem Koffer, tourte von Ort zu Ort. Zuvor hatte sie es als Krankenschwester und mit dem Studium der Landschaftsplanung versucht. Das eine war ihr zu langweilig, das andere zu theoretisch.

Ein Freund brachte sie ins Geschäft und fragte, ob sie nicht Eintöpfe kochen wolle für die Leute, die bei den Konzerten arbeiten. Irgendwann fehlte auch mal ein Aufbauhelfer, sie sprang ein und half fortan beim Auf- und Abbau großer Konzerte wie *Dire Straits* oder *Genesis*. Eine Firma, die sich bisher nur mit dem Verleih und Aufbau von Tonanlagen beschäftigte, wollte sich zu jener Zeit eine Lichtanlage zulegen. Heike bekundete ihr Interesse und begann mit zwölf Lampen zu experimentieren. «Anfangs mit nicht so großem Erfolg. Aber das hat sich schnell geändert. Und nachdem ich gezeigt hatte, was ich kann, bin ich auch voll akzeptiert worden.»

Unter anderem auch deshalb, weil sie anfangs «grundsätzlich alles alleine gemacht» hat. So einen Total-Einsatz honorieren auch die männlichen Mitarbeiter. Aufbauen, verkabeln, Licht fahren, abbauen, schleppen. Tag für Tag. Bei *Spliff, Nena, Extrabreit, Hubert Kah* und auf Festivals. Nach acht Jahren ‹Knochenbukkelei› ist sie ganz froh, jetzt nicht mehr so viel herumreisen zu müssen, weil sich inzwischen auch schon Rückenschmerzen eingestellt haben. Ihre letzte Tournee war mit Peter Hofmann. Aber bei allem Stress «machen Tourneen unheimlich viel Spaß, weil man mit einer großen Gruppe gemeinsam an einem Ding arbeitet – als Teil des Ganzen. Es ist vielleicht schwierig zu verstehen – morgens baust du den ganzen Batzen Material hin und abends baust du alles wieder ab –, daß man da irgendeine Befriedigung draus ziehen kann. Aber jedes Konzert, das Anklang findet, ist auch für einen selbst ein Riesenerfolg.»

## *NICHTS FÜR KLEINE*

Sie selbst findet, daß der Job nicht allzu sehr schlaucht. Trotzdem sei die Arbeit für kleine, zierliche Menschen zu hart. Darum warnt sie auch die meisten Frauen, die zu ihr kommen und sagen: Au, toll. Will ich auch! «Die meisten denken, daß es unheimlich irre ist, immer mit Stars unterwegs zu sein – auf du und du. Dem ist nicht so. Das ist auch irgendwie so'n Groupie-Bewußtsein, was da durchkommt. Das hab ich bei vielen Frauen erlebt, die auf Tour arbeiten. Sie kriegen dieses Show-Fieber. Und dann geht's so: ‹Ahh! Jetzt habe ich Bruce Springsteen einen Kaffee gebracht!› Ich habe noch keine getroffen, der es egal war, wem sie den Kaffee bringt. In Wirklichkeit wollen die mehr so einen Bettkontakt mit den Musikern. Das kann nur schiefgehen.» Mit Groupies konnte Heike nie was anfangen. Aber sie weiß nicht genau, ob sie nicht dadurch, daß sie so lange in dieser ‹Männerwelt› gearbeitet hat, selber chauvinistische Gedanken kriegt, «weil man vieles mit den Augen der Männer sieht». Sie war noch nie in einen Star verknallt und will auch selber nicht auf der Bühne stehen. Sie hält sich für scheu, und außerdem sei es unter ihren Strahlern unwahrscheinlich heiß. «Ich mache gerne andere sichtbar, kreiere gerne Lichtstimmungen, ein Bild mit bestimmten Fächern und Farben, eine Kombination, mit der ich Gefühle ausdrücke. Traurigkeit zum Beispiel bedeutet für mich immer blasse Farben, düstere Stimmungen haben schmutzige Farben.»

## *ROTE NASE IN PINK*

Manchmal haben die Künstler selber auch ganz spezielle Vorstellungen. Wie Nina Hagen: Hintergrund gelb und sie selbst pink. Eitel sind alle, aber erst ein einziges Mal hatte sie «so'ne richtige alte Rock'n'Roll-Kapelle, wo die Musiker schon Ringe unter den Augen hatten.» Die baten sie: «Mach uns bitte so, daß wir nicht so alt aussehen.» Denn Licht kann auch gemein sein. «Ich kann jeden Schwarzen zur Weißglut bringen, wenn ich ihn grün beleuchte. Grün und Braun ist 'ne ganz schlechte Kombination. Oder wenn jemand 'ne rote Nase hat und man beleuchtet ihn pink, dann strahlt die Nase wunderbar.»

Eine Ausbildung gibt es in Deutschland für diesen Bereich nicht. Dafür ist er noch zu jung. Auch um Weiterbildung an teilcomputerisierten Pulten und computergesteuerten Scheinwerfern muß sie sich selber kümmern. Zugute kommt ihr, daß sie wesentlich schneller arbeiten kann und flexibler ist als beispielsweise die Lichttechnik des ZDF. «peters pop shop» baut sie mit ihren Leuten in zwei bis drei Tagen auf. Die Fernsehstudios benötigten in Eigenregie nach ihrer Schätzung dafür zwei Wochen. Sie müßten alles einzeln zusammenbauen, während bei Heike die bestückten Traversen gleich fertig angeliefert werden.

## DER AUFWAND STEIGT

In der Größenordnung, in der Heike plant, gibt es nur noch wenige Musikproduktionen. «Die sind auf dem absteigenden Ast», meint sie. «Die Eintrittspreise sind zu hoch, das Publikum überfüttert. Der Aufwand wird immer größer.» Für 40 Mark Eintritt muß eben alles stimmen. Lichteffekte, so daß man auf die Musik gar nicht mehr achtet? «Es gibt Bands, da ist es besser, wenn man das Licht so macht, daß die Leute auf die Musik nicht so achten. Es gibt nur wenige, die in der Lage sind, ihr Publikum auch ohne das ganze Brimborium zu begeistern.» Davon lebt Heikes Arbeit.

Als Angestellte verdient sie zur Zeit 4000 Mark brutto. Als Freiberufler bekäme sie pro Tourtag etwa 350 Mark. Der sichere Job ist ihr angenehmer. «Früher, als ich noch frei gearbeitet habe, hatte ich manchmal drei, vier Monate kein Geld, weil man nirgendwo gebraucht wurde.»

Nur wenige halten durch bis dahin, wo Heike heute steht. Denn es geht nicht nur um die rein fachliche Kompetenz. «Das ganze Geschäft ist unheimlich hart. Nur Geld und Intrige. Ein falsches Wort, eine falsche Aktion kann alles zunichte machen. Das ist auch noch immer so eine Welt, wo von Frauen verlangt wird, sich anzupassen, möglichst keine eigene Meinung zu haben. Wenn du als Frau mal nicht ausgeglichen bist, dich aufregst oder schlechte Laune hast, heißt es gleich: Die ist aber zickig.»

Hinzu kommt, daß sie es sich

überhaupt nicht vorstellen kann, mit einem Mann liiert zu sein, der nicht aus der Branche kommt. Es gibt eben nur wenige Männer, die akzeptieren würden, daß frau nächtelang nicht zu Hause ist. «Das ist umgekehrt einfacher, weil Frauen eher bereit sind, das Tourleben ihres Freundes hinzunehmen. Männer sind da knallhart. Sie stellen die Frau einfach vor die Alternative: Entweder du akzeptierst oder ich gehe.»

Inzwischen möchte Heike auch Kinder haben. Aber sie weiß noch nicht, wie sie alles unter einen Hut bringen kann, denn «alles hinschmeißen, nur um 'ne Familie zu haben, könnte ich nicht!»

## ROULADEN MIT GEFÜHL

*Thera van den Booren, Catering*

Der schönste Platz ist immer in der Küche, wenn's in der Röhre brutzelt und herzhafte Gerüche über den reichlich gedeckten Tisch ziehen. Dazu ein gutes Tröpfchen. Man will ja nicht leben wie ein Hund. Wer weiß, wie lange noch. Schmatz. Rülps. Wer denkt denn dabei an Rock 'n' Roll.

Aber auch Rock 'n' Roller müssen essen und trinken. Wollen verpflegt werden mit kräftigenden, wohlschmeckenden Speisen. Nun sind es nicht immer gleich 5000, mit denen Brot und Fisch geteilt werden müssen, aber bei großen Tourneen schon mal 150: Roadies, Musiker, Organisatoren, Techniker, Manager, Platten- und T-Shirt-Verkäufer oder Journalisten. Sie alle brauchen mindestens einmal täglich etwas Warmes, literweise Kaffee, der Alkohol wird rationiert. Stullen, kalte Platten und dann nach getaner Aufbau-Arbeit Kohlrouladen mit dicker Sauce, Gulasch mit Nudeln, Bouletten mit Bohnen. Ausländische Gäste und Vegetarier bevorzugen andere Speisen. Die werden je nach Bedeutung des Künstlers vor Tourneebeginn abgesprochen.

«Catering» heißt das Ganze und meint: die begleitende Verpflegung der Crew während einer ganzen Tournee, oder die einmalige lokale Versorgung einer Mannschaft am Konzertort. Das gibt es übrigens nicht nur in der Rockmusik, sondern auch bei Filmproduktionen oder ähnlichem. Ebenso wie im Promotion-Bereich sorgen hier in der Mehrzahl Frauen für das Wohlbefinden ringsumher.

Die Qualität des Essens bemißt sich natürlich nicht nur nach der Qualität des Künstlers und seiner Crew oder gar nach deren Hunger, sondern nach Bekanntheitsgrad und Umsatzzahlen. Bei den ganz Großen im Showgeschäft (für die wird dann auch noch nachts Remy Martin oder geräucherter Lachs besorgt) profitiert auch die Crew, für die das Catering in erster Linie gedacht ist.

## SCHÖNE FRAU AM HERD

Thera van den Booren macht das Catering für Herbert Grönemeyers Crew während der gesamten «Sprünge»-Tournee, und die geht über 2 Monate. Sie ist die einzige Frau unter 26 Männern.

Thera fällt in dem zur Küche umgestalteten Raum über der zum Konzertsaal entweihten Turnhalle in Waldbröl sofort auf zwischen all den farblosen Typen. Sie ist schön: dichte schwarze Haare, große dunkle Augen, ein lachender Mund und eine tolle Figur. Mir geht es wie fast allen und ich frage mich: Was macht die denn hier am Herd?

Sie bereitet das Abendessen vor. Rouladen, Kartoffeln, Salat, Quarkspeise. Zwischendurch fällt der Strom aus. Der Herd, der in eine Transportkiste auf Rollen eingebaut ist und auf dem «Die verrückte Küche» steht, muß mit Verlängerungskabeln am Kochen gehalten werden. Tisch decken. Gelüste nach Bier, Kaffee und Käse befriedigen. Heinz, ihr Partner, hilft ihr dabei. Er besorgt auch die Jobs, weil er Deutscher ist und bessere Beziehungen hat. Thera, 30, ist Holländerin, versteht sich aufs Kochen (wobei sie gelegentlich ein Kochbuch zu Hilfe nimmt) und darauf, die Dinge mit weiblichem Charme zu regeln.

Der erste Tourtag. Premiere für Herbert Grönemeyer und Thera. Sie hat seine Musik noch nie gehört und wird auch heute Abend nicht dazu kommen. Das war bei Georg Danzer, mit dem sie jahrelang auf Tour war, auch anfangs so. Später konnte sie die Songs mitsingen, obwohl sie eher auf schwarze Musik steht.

Am ersten Tag sind alle aufgeregt, aber auch in froher Erwartungsstimmung. Endlich geht's los. Anstrengend wird es erst nach Wochen, wenn unbearbeitete Spannungen die Atmosphäre zwischen Vorspeise und Dessert gefrieren lassen. Aber es kann ja auch nett werden. Bei dieser Crew glaubt Thera daran. Sie ist nun doch etwas geschafft, nachdem die hungrigen Mäuler gestopft sind und bevor sie den Aufwasch in der Damentoilette der Halle bewältigen muß. «Manchmal gibt's nicht mal warmes Wasser», stöhnt sie.

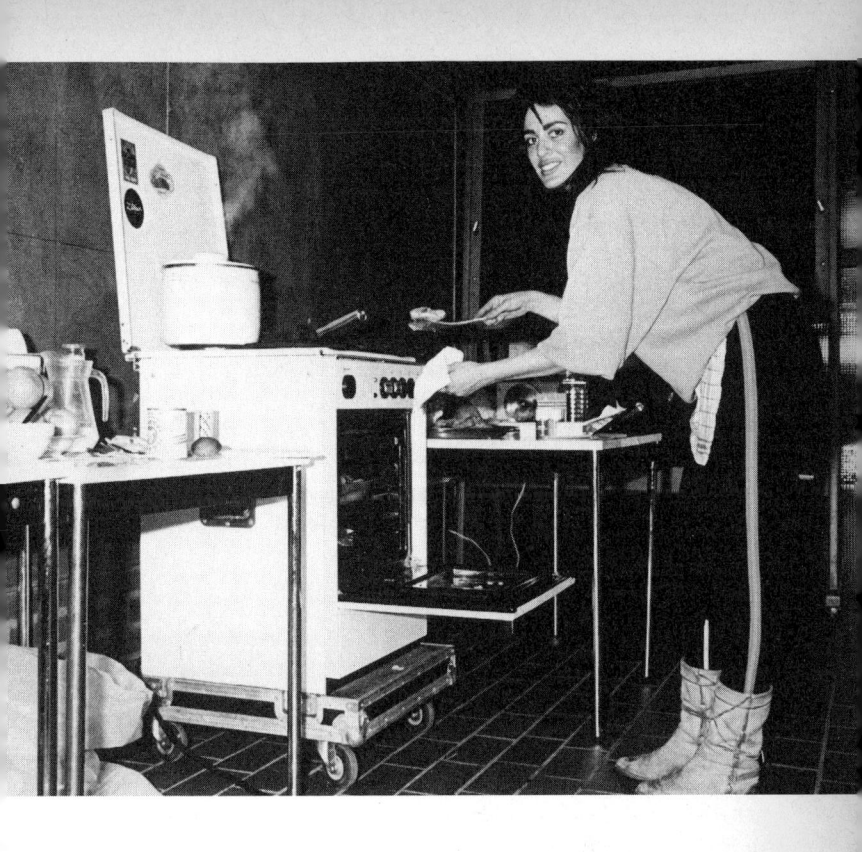

## TÄGLICH 1200 DM

Die Küchenausrüstung (etwa für 1200 Mark) vom Geschirr über die Töpfe bis zur Thermoskanne gehört ihr. Auf einer Kiste steht: «Playmate mit Kochinteresse», was ihr eine Crew draufgemalt hat. Der Herd hat 700 Mark gekostet. Ersteinkauf an Proviant 700 Mark. Heinz und ihr steht ein Budget von täglich 1200 Mark zur Verfügung. Davon müssen sie alles bezahlen, auch das Gehalt, das bei 200 Mark pro Tag und Nase liegt. Da heißt es haushalten. Je günstiger sie einkaufen, desto mehr bleibt für die eigene Tasche übrig. Aber die Jungs, die tagsüber oft harte Arbeit verrichten, wollen Qualität und Quantität. Da werden die ersten Tourtage erst einmal großzügig angegangen, um klarzukriegen, wo die

Bedürfnisse liegen. Thera muß sich auch erst wieder in den Tourneebetrieb einfinden. Sie hat drei Jahre ausgesetzt, weil sie die Nase voll hatte vom vielen Reisen, «so unpersönlich» wurde alles und damit stressig. Unpersönlich wurde auch das Verhältnis zu ihrem Sohnemann, der beim Vater lebte, während sie auf Tour war. «Jedesmal, wenn ich nach Hause kam, fragte mein Kleiner, heute ist er neun: ‹Wer bist du denn? Kannst wieder gehn.› Der war mir fast unbekannt nach drei Jahren.»

Aber der Reihe nach. Seit 15 Jahren ist Thera mal mehr, mal weniger auch Mannequin. «Zehn Jahre als Beruf. Dann habe ich mein Kind gekriegt, habe aufgehört und dann doch wieder zwei Jahre Kamera gemacht.» Davon hatte sie dann genug: «Diese Welt ist leer und kalt.» Mehr Wärme und Abenteuer suchte sie in Südamerika. Und als sie zurückkam, weil sie keine Kohle mehr hatte, lief ihr ein Roadie über den Weg. Die Firma, für die er arbeitete, wollte ihr Angebot um einen Catering-Service erweitern. «Da hab ich gesagt: ‹O. K., das mache ich.› Dabei wußte ich überhaupt nicht, was auf mich zukam.»

Beim ersten Job kam zunächst ein Roadie auf sie zu, der sagte: «Ey, ich weiß nicht, was die anderen wollen, aber ich will nur Kartoffeln und Sauce.» Die erste Woche war sehr stressig, weil Thera noch nie für so viele Leute gekocht hatte. «Ich hab erst mal gebluff, so getan, als wenn ich das alles schon gemacht hätte. Du mußt irgendwie tausend Hände haben. Die fragen ja auch nach allem: vom *Playboy* bis zum Vitaminchen, von Ginseng-Tonic bis zu Rasierklingen. Man ist Krankenschwester und ... und wie nennt man das, wenn die Probleme im Kopf sitzen?» Ich schlage «Gesprächstherapeutin» vor, worauf sie in schallendes Gelächter ausbricht. Zumindest ist sie nicht einfach Köchin, hat sie ja auch nie gelernt.

## *300 HAMBURGER*

Das Ex-Fotomodell tourte fortan drei Jahre mit Georg Danzer, Roland Kaiser, Rory Gallagher. Dann lokales Catering für die *Stones* und David Bowie. Wobei der Kontakt zu den hier genannten Stars allenfalls zweitrangig ist. Die essen meistens im Hotel und haben obskure Eßgewohnheiten. Ich hatte von einer anderen Catering-Frau gehört, daß Mick Jagger nur braune Smarties essen mag. «Kann ich mir nicht vorstellen», meint Thera, «der ist Magenpatient.» Vor jedem Konzert bekommt sie einen Plan, auf dem steht, was sie alles besorgen und kochen muß. «Und Jagger wollte laut Plan nur Reis und Bouillon. Immer frisch um 5 Uhr. Dann hat er sich's aber nicht geholt, und ich hab es neu gemacht. Du kochst eigentlich für nichts.» Die Crew allerdings langt für gewöhnlich kräftig zu. Das gipfelte beim *Stones*-Gig in einer wilden Schlacht, die mit dazu beigetragen hat, daß Thera ihren Job erst mal an den Nagel gehängt hat.

«Man muß vorher beim lokalen Catering ein Menü für die ganze Woche zusammenstellen, und es wird dann gesagt, ob es in Ordnung ist. Also, es war in Ordnung, und ich habe eingekauft für die ganze Woche: 2000 Eier, 1000 Liter Milch usw. Wir haben alles in einen großen Kühlwagen hinterm Auto eingeladen. Zwei Tage später kam so'n Manager von den *Stones* und sagte: ‹Wir wollen was anderes haben.› Mitten in der Nacht! ‹Was wünschen Sie denn?› – ‹Frische Hamburger, handgemacht und gegrillt und warme Brötchen.› Ich hab gesagt: ‹Sorry, das kann ich nicht mehr ändern. Ich hab meinen Einkauf gemacht.› Dann kriegste so 'ne Antwort: ‹Wer macht hier das Catering?› – ‹Na, ich!› – ‹Take care of it!› Da kannst du rausfliegen, so hart sind die. Ja, und dann hab ich mitten in der Nacht McDonald's angerufen und 300 Hamburger bestellt. Au, die haben blöd geguckt. Die Crew ist dann um sechs Uhr morgens reingekommen. Ich hatte noch überlegt, ob ich sie auspacken soll. Aber dann hab ich die Hamburger mit ihren Plastikschachteln bergeweise auf den Tisch gestapelt. Für 150 Leute! Zu meinen vier Helfern habe ich gesagt: ‹Ihr serviert und ich bleibe in der Küche›, weil ich wußte, da kommt Scheiße. Dann kam der erste Security-Mensch rein, ein Riesen-Typ, dann die anderen. Und sie sahen die Hamburger auf dem Tisch stehen. Oh, god, McDonald's. Just like home! Und dann fingen sie an zu werfen. Tische hoch. Die ganzen Hamburger überall hin verteilt – alles war voller Ketchup und dreckig. Ich bin rausgerannt, heulend. Fuck you! Wenn die keinen Respekt haben vorm Essen... verstehst du... Zwei Tage nicht geschlafen, nur auf Pillen, um wach zu bleiben, Schichtdienst – und dann so was! Das war zu viel. Ich hab ihnen gesagt: Ihr könnt mich mal. Ich nehme mein Geld und hau ab. Sie haben sich dann entschuldigt und alles wieder schön saubergemacht.»

Der folgende Versuch, samt Kind und Restaurant in Maastricht seßhaft zu werden, schlug nach einem Jahr fehl. «Immer auf einem Platz, immer dieselben Leute, immer der gleiche Einkauf. Langweilig.» Und dann kam Heinz und meinte, sie sollten ihre Catering-Cases wieder rauskramen.

## MÜTTERLICHE GEFÜHLE

Thera verkörpert genau das, was die Jungs unterwegs brauchen, wovon sie nach einer Woche

Tour-Leben träumen. Gutaussehend, einfühlsam. «Ich versuche immer, meinen Job nur aufs Essen zu beschränken. Aber ich hab auch schnell so ein Gefühl für bestimmte Leute, so mütterliche Gefühle.» Richtig verliebt hat sie sich unterwegs noch nie. «Ich hab wohl Spaß gehabt, gute Zeiten, aber nicht so echt Knall, in' Bauch.» Schon gar nicht mit den Stars und Musikern. «Das denken viele, wenn du als einzige Frau mit bist, siehst gut aus – da mußt du bestimmt den Star irgendwie... nee... Die sind so weit weg von dir. An der Crew ist man näher dran. Du bist eine von denen.»

Und sie hatte auch mit den Typen schon ‹Superzeiten›. «Wenn ich zum Beispiel Probleme mit Kohle hatte, weil ein örtlicher Veranstalter mich nicht bezahlt hat, dann war'n die echt solidarisch. «O. K., kriegt sie ihre Kohle nicht, ist keine Show heute abend. Ist keine Show, kriegt der Örtliche kein Geld.»

Dennoch. Die beste Tour hatte sie, als sie mit einer Frau zusammengearbeitet hat. «Ein gemeinsames Hotelzimmer, zusammen ausgehen – die ganze Aufmerksamkeit der Männer nicht nur auf mich gerichtet.» Denn das ist anstrengend, ebenso wie das Tourleben. Wenig Schlaf und immer wach sein müssen. Das geht wohl nur mit Doping? «Ich trink mir manchmal einen. Aber diese Tour will ich einfach kein dope nehmen. Ich hab eine Tour mitgemacht, da hab ich immer Pillen genommen, Speed. Da war ich total kalt, echt. Da interessierte mich überhaupt nicht mehr, was die Leute dachten. Das mach ich nie wieder. Wenn du nach Hause kommst, bist du kaputt wie 'ne Leiche und es dauert zwei Wochen, bis du wieder die alte bist.»

# III. PLATTENFIRMEN & MUSIKVERLAGE

## WARUM WIRD EIN HIT ZUM HIT?

*Schallplattenfirmen in der Bundesrepublik*

Die Plattenfirmen der Bundesrepublik haben es mit ihren Produkten nicht ganz leicht. Schließlich geht es um Gewinne, und die werden nur über hohe Verkaufszahlen erreicht. Der Verkauf von Butter oder Schnaps ist im Vergleich dazu ein Klacks.

Jedes Jahr überschwemmen rund zehntausend neue Titel die Plattenläden. Die Schreibtische der Rundfunkmoderatoren biegen sich unter der Last. Die Regale der Hörerschaft füllen sich – zur Freude der deutschen Phono-Industrie, die jährlich über 200 Millionen Tonträger (Platten, Cassetten, Compact-Discs, Videos) umsetzt. Seit 1985 – nach sieben mageren Jahren – wieder mit steigender Tendenz.

Alle sind zufrieden und basteln weiter an teurer Marktforschung, an Marketing-Strategien und feingewobenen Verkaufsmethoden. Denn das Problem bleibt: die große Unberechenbarkeit des Pop-Marktes. Den Bedarf an Butter kann man relativ genau bestimmen. Aber warum um alles in der Welt wird ein Hit zum Hit, ein Unbekannter zum Star, das musikalische Meisterwerk ein Flop und ein Publikumsliebling zum Ladenhüter?

Vielleicht reizt dieses wenig kalkulierbare Business gerade deshalb so, weil jeder irgendwann auf solch einen Hit stoßen und damit zu Ruhm und Geld kommen kann.

Es gibt kein Rezept für den Erfolg einer Platte. Eine Firma kann lediglich versuchen, mit dem Ohr am Puls der Zeit zu liegen, um einem kalkulierbaren Hit so nah wie möglich zu kommen. Dabei darf das ganze Gebilde nicht starr sein, weil sich Trends, Zeitgeist und Geschmack nicht bürokratisch verwalten (allenfalls lenken) lassen.

## DIE GROSSEN

Marktführer ist die *Polygram*-Gruppe, eine mehrheitlich von *Philips* beherrschte Holding, die weltweit durch Tochtergesellschaften Tonträger vertreiben läßt. Trotz gewaltiger Einbußen in den letzten Jahren steht der Konzern in der Bundesrepublik an der Spitze – dank der drei Tochterfirmen *Deutsche Grammophon Gesellschaft/Polydor, Phonogram* und *Metronome*. Seit Anfang 1986 arbeiten die drei Firmen mit einem gemeinsamen Vertrieb.

Die CBS/Frankfurt ist eine hundertprozentige Tochter des gleichnamigen US-Medienkonzerns mit einem großen Repertoire aus den USA (Michael Jackson) und damit seit ungefähr vier Jahren sehr erfolgreich.

*Ariola*/München gehört zum Bertelsmann-Konzern und hat auf dem deutschen Markt besonders im Schlager (Peter Alexander, Udo Jürgens) Erfolge verbucht.

*EMI Elektrola*/Köln ist eine hundertprozentige Tochter des britischen Elektronik- und Medienkonzerns *Thorn EMI*, der in England z. B. mit den *Beatles* seine wichtigsten Repertoire-Quellen hat. Die deutsche *EMI* hat fast alle unter Vertrag, die in der deutschsprachigen Szene Rang und Namen haben: *BAP*, Grönemeyer, Lage, Maahn, Haigis...

*Teldec*/Hamburg, ist ein deutscher Konzern ohne Schwesterfirmen im Ausland. *Teldec* muß daher das gesamte Repertoire durch Lizensverträge einkaufen, während die anderen Firmen die Produkte ihrer ausländischen Partner für den deutschen Markt einfach übernehmen.

*WEA Musik* GmbH/Hamburg, die 1986 ihr 15jähriges Bestehen feierte, gehört dem amerikanischen Konzern *Warner Communications* und ist ähnlich strukturiert wie *CBS*.

Der Vollständigkeit halber seien noch erwähnt: Die *Intercord* GmbH/Stuttgart der Holtzbrink-Gruppe sowie *RCA Musik* GmbH, Tochter des US-Medien-Giganten *RCA*, dessen Musikaktivitäten Ende 1986 ebenfalls Bertelsmann übernahm. Damit ist der Gütersloher Konzern mit einem Weltumsatz von ca. zwei Milliarden Mark jährlich allein in diesem Bereich der drittgrößte Musikvermarkter der Welt.

Die wichtigste Abteilung für einen musikalischen Newcomer, will er sich einer Plattenfirma anvertrauen, ist die «Artist & Repertoire»-Abteilung. Dort sitzen die Talentsucher, die entscheiden, welche Künstler ins Programm der Firma passen. Sie nehmen direkten Einfluß auf das Produkt, sei es nun die Musik oder das Image des Künstlers. Die A & R-Manager wählen aus einem Riesen-Angebot Demo-Cassetten aus, schließen Verträge ab, halten Verbindung zu Produzenten, Textern, Studios und Studiomusikern. Konzerte werden abgesprochen, manchmal vorfinanziert. Mit einem Satz: Hier werden der Künstler und sein Werk so gut es geht firmen- und marktgerecht hergerichtet.

## PRODUCT-MANAGEMENT

Unter dem Begriff Marketing tummeln sich die Abteilungen Produkt-Management, Promotion und Werbung. Struktur und Zuordnung dieser Abteilungen ist von Firma zu Firma unterschiedlich.

Die Aufgaben eines Product-Managers International beschreibt später Karin Heinrich, *Phonogram*. Einem verantwortlichen Produkt-Manager National, der die Vermarktungsstrategie für das Produkt ausarbeitet, sind meist noch einzelne Label-Manager zugeordnet, da die unterschiedlichen musikalischen Richtungen der Labels auch unterschiedlich vermarktet werden müssen. Wenn der Gesamtplan zur Vermarktung eines Künstlers (Image, Etat, angepeilte Umsätze) entwickelt ist, setzt die Promotion-Abteilung ein.

## PROMOTION

Promotion bedeutet: ein Produkt und einen Künstler ins Gespräch bringen, ihn seh-, hör- und lesbar machen in TV, Radio und Presse, Kontakte zu Journalisten pflegen, den Künstler zu Interviewterminen und Foto-Sessions begleiten, Rundfunkstationen bereisen, Platten und Infos verschicken, Promotion-Reisen im In- und Ausland organisieren (Termine mit Medienleuten, Hotels reservieren, Künstler betreuen). Diese Abteilungen sind fast immer Frauensache.

Unter den über 100 Promoterinnen und Promotern in der Bundesrepublik gibt es eine eindeutige Hierarchie. Ganz oben stehen die TV-Leute, denn Fernseheinsätze etwa in «Formel Eins» bringen unmittelbar Tausende von verkauften Platten und damit bare Münze. Auf dieser Ebene, wo Karrieren und Erfolge eingeläutet werden, soll es schon mal zu Bestechungsversuchen kommen, die den Promoterinnen zu einem nicht ungeteilt positiven Ruf verhelfen. Sie sitzen zwischen Künstler, Firma und Öffentlichkeit. Müssen auf Gedeih und Verderb mit dem Künstler und dessen Produkt klarkommen. Sollen für etwas werben und gute Stimmung machen, was ihnen vielleicht selbst die Stimmung versaut. Ein ungeliebter Bereich, über den die meisten Branchenarbeiter schweigen, weil sie um ihren Job fürchten, der zudem noch einer meßbaren Kontrolle unterliegt: Wie viele Medieneinsätze hat eine Promoterin herausholen können?

Für genaue Zahlen sorgt *media control*. Das Marktforschungsinstitut, das im Auftrag des Verbandes der deutschen Phonoindustrie auch die wöchentlichen Verkaufscharts ermittelt, registriert für die einzelnen Firmen alle Medieneinsätze eines Produkts. Damit können die Promoterinnen dann einfach unter Druck gesetzt werden, obwohl alle wissen, daß nicht nur das ‹Frontschwein› Promoterin für die Durchsetzbarkeit eines Titels verantwortlich sein kann.

Derart unter Druck stehende Promoterinnen greifen natürlich auch schon mal zu besonderen Mitteln, um besondere Ergebnisse vorweisen zu können. Was zwei Flaschen Cognac bei einem Rundfunkmoderator bewirken mögen, kostet in höheren Etagen einen Kühlschrank. Es gibt frei produzierte Fernsehsendungen, da müssen als Zugabe schon Verlagsrechte an den Produzenten abgetreten werden. Oder: Fernsehredakteur X bekommt von der Plattenfirma Y den Top-Hit Z exklusiv und schnell, dafür verspricht Herr X, in seiner nächsten Sendung mal eine unbekanntere Band der Firma zu bringen. Eine Hand wäscht die andere.

Essenseinladungen, Freikarten für die ganze Familie, stapelweise Platten sind mittlerweile selbstverständliche Geschenke für gute Zusammenarbeit zwischen Journalisten und Promoterinnen. «Give-Aways» wie T-Shirts, Jogging-Anzüge oder Feuerzeuge mit Namenszug gehören zur Grundausstattung. Zudem lächelt die Branche über sogenannte ‹Promo-Tussis›: Frauen, die ihre Weiblichkeit gezielt einsetzen. Solche Fälle gibt es, sie gehören aber nicht zum Arbeitsalltag, entspringen wohl auch zumeist der Phantasie und den Wünschen der Männer.

Freude an Betreuung, Fähigkeit zur Geduld und die Bereitschaft, für wenig Geld mit einem Lächeln auf den Lippen Schwerstarbeit zu leisten, sind wohl eher Gründe, warum es so viele Frauen im Promo-Bereich gibt. «Männer bevorzugen eher das Label-Management, Konzept-Überwachung, Einkauf von Gruppen», sagt Rundfunkpromoterin Marina Rätzel, *Metronome* mit etwas Resignation in der Stimme. «Frauen kommen an diese Jobs nicht dran.» Ausnahmen wie Susie Armstrong, Label-Managerin bei *Ariola*, oder Rita Flügge, einst Promoterin, heute Productmanagerin bei *Metronome* bestätigen die Regel.

## VERTRIEB/ WERBUNG

Wenn die Promotion erste Früchte trägt, wenn die Werbeabteilung ein tolles Cover, schöne Autogrammkarten, eine durchgestylte Pressemappe und eine Anzeigen-Kampagne gestartet hat, muß die Platte für jeden denkbaren Käufer schnell erreichbar sein. Dafür ist der Vertrieb zuständig. Niemand rennt heute einer Scheibe drei Wochen und 100 Kilometer hinterher. Beliefert werden Einzel- und Großhändler, von denen es schätzungsweise in der BRD an die 10 000 gibt. Kein Vertrieb kann alle abdecken. Ein Heer von Vertretern und Außendienstmitarbeitern ist täglich unterwegs, um den Handel vom jeweiligen Sortiment zu überzeugen und für schnelle Lieferung zu sorgen.

## VERWALTUNG

Zum Schluß seien noch die kaufmännische Verwaltung, die Personalabteilung sowie die Rechtsabteilung erwähnt. Letztere mit der schwierigen Aufgabe, Künstler- und Urheberrechtsverträge aufzusetzen. Ein Gebiet, vor dem den meisten Künstlern graut, weil oder weshalb sie nicht selten nach Strich und Faden übers Ohr gehauen werden. Dieses Metier ist schon eine Wissenschaft für sich. Unwissenheit führt dazu, daß sich Künstler auf Jahre mit Haut und Haar zum Sonderpreis an eine Firma verkaufen.

## PRESSWERK

Sogar im Preßwerk, dem reinen Produktionsbetrieb, werden noch die letzten Weichen gestellt, ob ein Hit ein Verkaufsknüller wird. Firmen, die über ein eigenes Werk verfügen, können eher die Lieferfähigkeit beeinflussen. Wenn sich also «draußen auf dem Markt» etwas regt, sich Plattenverkäufe abzeichnen, mit denen vorher niemand gerechnet hat, geht es darum, so schnell wie möglich nachzuschieben. Denn: Das Business ist kurzlebig. Eine Nachfrage heute bedeutet nicht zwangsläufig, daß der Käufer sich morgen auch noch für eine Platte interessiert. ■

*EVA RICHTER*, 31, gelernte Journalistin und PR-Assistentin, zog die Musik- und Unterhaltungsbranche der Arbeit bei einer Tageszeitung vor. Über private Beziehungen kam sie schließlich zur EMI.

*PETRA SIPPEL-TILL*, 27, volontierte bei einer Zeitschrift und war feste freie Mitarbeiterin beim *Kölner Stadtanzeiger*. In die Musikszene kam sie über Freunde, die Musik machen oder in der Branche arbeiten. Ein Catering-Job bei einer Konzertagentur verschaffte ihr einen guten Einstieg in das Business.

## VON SCHMAROTZERN UND BLUTSAUGERN

Eva Richter &
Petra Sippel-Till,
Presse national
bei EMI Electrola/Köln

*Unterscheidet sich eure Arbeit von der einer Aldi-Verkäuferin? Könnt ihr euch mit den Produkten, die ihr promotet, identifizieren?*

*PETRA SIPPEL-TILL:* «Mein Job ist es, auch ein für mich unmögliches Produkt an den Mann zu bringen. Wenn ich für eine Band arbeite, die unheimlich bekannt ist, ist das relativ leicht. Aber mein Ehrgeiz erwacht eigentlich, wenn ich jemanden promoten soll, der unbekannt und deshalb schwierig zu verkaufen ist. Grönemeyer z. B. ist inzwischen so bekannt, der läuft fast von ganz alleine!»

*EVA RICHTER:* «Es kommt vor, daß sich mein persönlicher Geschmack nicht mit dem deckt, was ich vertreten muß. Doch die Kunst ist – und das lernt man, wenn man Pressearbeit eine Zeitlang macht –, auch die Produktionen, die mir persönlich nicht liegen, effizient zu vertreten. Wichtig ist, daß man in einem solchen Fall nicht lobhudelt, sondern sich auf die wenigen Fakten beschränkt, über die man z. B. bei einem blutleeren Kunstprodukt ohne Herz und Künstlerpersönlichkeit verfügt.»

*Und das möglichst so, daß ich als Journalistin nicht merke, wie peinlich du selbst die Platte findest?*

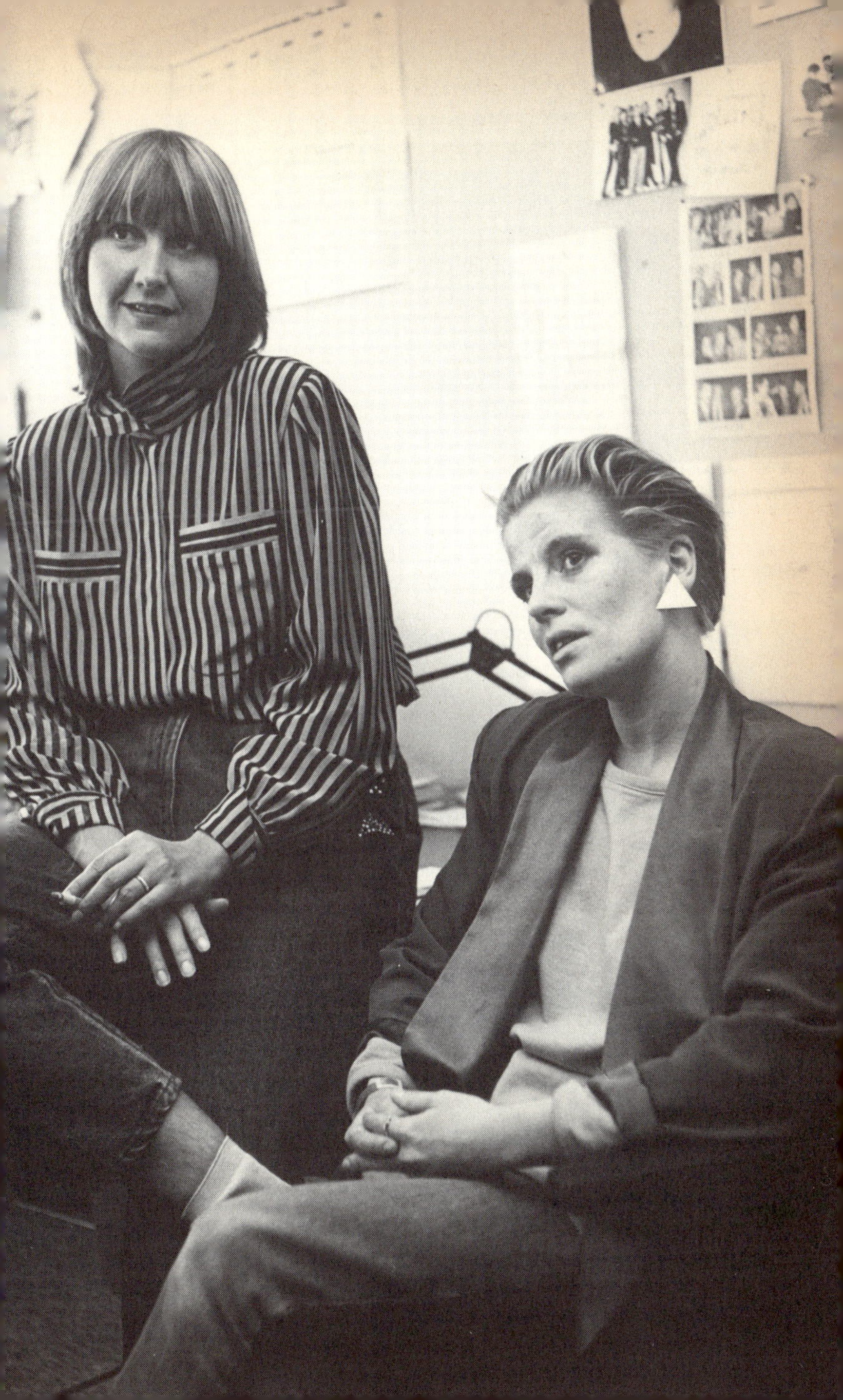

*EVA RICHTER:* «Wir haben in den meisten Fällen einen sehr guten Kontakt zu unseren Redakteuren, die wissen ganz genau, was los ist. Wir können und wollen denen nichts vormachen.»

*PETRA SIPPEL-TILL:* «Sich verstellen hätte genau den gegenteiligen Effekt. Als gute Pressefrau mußt du auch in der Lage sein zu sagen, daß ein Produkt nicht so gelungen ist.»

*EVA RICHTER:* «Es wird uns insofern erleichtert, als wir Zielgruppenarbeit machen. Wir haben unsere Zeitungen unterteilt in Magazine, Pop-Zeitschriften, Stadtmagazine, Yellow-Press, Tageszeitungen und Fachzeitschriften. Schlagermusik und ihre Interpreten würden wir natürlich nicht gerade dem *Zeit*-Feuilleton anbieten. Dafür sind diese mit einer entsprechenden Story gut in der Yellow-Press placiert.»

*Gibt es Hierarchien, wichtigere und weniger wichtige Medien für euch?*

*EVA RICHTER:* «Natürlich gibt es Prioritäten. Für Herbert Grönemeyer ist ein meinungsmachendes Magazin wie der *Spiegel* wichtig wie für Howard Carpendale eine Titelstory in *Bunte*. Ein sehr interessanter Medien-Markt sind auch die Stadtmagazine geworden, die ja wie Pilze aus dem Boden geschossen sind und inzwischen die gesamte Republik abdecken.»

*Wie ist die Gewichtung zwischen Fernsehen, Radio und Presse in eurem Haus?*

*PETRA SIPPEL-TILL:* «Presse kommt an letzter Stelle.»

*EVA RICHTER:* «Pressearbeit wird entweder unter- oder überschätzt. Wenn denen von der Rundfunk- und Fernsehabteilung zu einem Künstler und seiner Platte nichts einfällt, dann sind wir auf einmal groß gefragt und müssen die Lücken im Promotionplan füllen – möglichst natürlich mit Titelstories und Supergeschichten. Das ist aber kein spezielles *Emi*-Problem, das ist für die gesamte Schallplattenindustrie typisch. Auf Grund der Dauerberieselungen (selbst auf'm Klo im Restaurant gibt's stimulierende Musik), der Reizüberflutung durch Bild und Ton ist es heutzutage sehr schwer geworden, noch auf den Wert des gedruckten Wortes zu sprechen zu kommen, das doch eigentlich länger in den Köpfen der Menschen hängt als so ein kurzes Bild.»

*Warum arbeitet ihr im Pressebereich?*

*EVA RICHTER:* «Weil mir das die Möglichkeit bietet, meine Musikleidenschaft und das Schreiben zu verbinden. Ich könnte mir nicht vorstellen, Rundfunkpromotion oder Labelmanagement zu machen. Deshalb sind meine Karrieremöglichkeiten hier auch beschränkt.»

*Ist das nicht frustig?*

*EVA RICHTER:* «Nein. Wenn ich weiterkommen wollte, würde ich das nicht in der Schallplattenindustrie versuchen. Dann würde ich mich woanders bewerben und weggehen.»
*PETRA SIPPEL-TILL:* «Das ist bei mir anders. Ich power immer gerne rein. Es widerstrebt mir maßlos, daß irgend so ein Schnösel von 25 da vor mir sitzt und meint, mir etwas erzählen zu können. Das ist so ein Phänomen in der Branche: Da kommt jemand, der ist ganz jung und neu und ohne Erfahrung – aber ein Mann. Der hat von Anfang an die besseren Karten.»
*EVA RICHTER:* «Ich glaube nicht, daß sich das jemals ändern wird. Es ist und bleibt eine Männerbranche. Ein unausgesprochener Gedanke – teilweise auch hier im Hause – ist: Frauen gehören nichts in Rockgeschäft.»
*PETRA SIPPEL-TILL:* «Ich weiß auch nicht, ob ich bei einem Plattenkonzern Karriere machen möchte. Das Geschäft ist schnellebig. Du drehst dich um und weißt im nächsten Moment nicht mehr, ob dein Stuhl noch steht.»
*EVA RICHTER:* «Mir gefallen die Mechanismen nicht, mit denen das Management in dieser Branche funktioniert. Es ist alles auf kurzfristigen Erfolg angelegt. Ich würde auch versuchen, Künstler-Talente langfristig aufzubauen und nicht nur nach dem Zufallsprinzip Plattenproduktionen auf den Markt schmeißen, auf einen Hit warten und, wenn man ihn hat, alle anderen nach diesem Muster stricken.»

*Diese Aufbauarbeit leisten die großen Plattenkonzerne überhaupt nicht mehr?*

*EVA RICHTER:* «Eher die kleinen Labels. Es gibt bei den großen Plattenfirmen die Tendenz, fertige Künstler anzuheuern, wie Herbert Grönemeyer. Aber daß eine Firma noch richtig Geld investiert, um ein vielversprechendes Talent kontinuierlich vom Popularitätsgrad Null an aufzubauen, das ist selten.»

*Wo liegt denn in deinem Job für dich die Selbstverwirklichung?*

*EVA RICHTER:* «Die liegt im Schreiben von Künstlerbiographien, Info-Diensten, im Kontakt mit den Medienpartnern, im journalistischen Erspüren von Stories, im Organisieren von Pressekonferenzen... für mich ist das eine sehr kreative Arbeit.»
*PETRA SIPPEL-TILL:* «Also ich bin mir nicht so sicher, ob ich mich kreativ verwirkliche, wenn ich es schaffe, eine Band in der BRAVO unterzubringen. Es ist nicht unbedingt mein Ziel, daß ich noch hier sitze, wenn ich 40 bin. In diesem Punkt ist vielleicht auch ein Karrieredenken da. Ich habe eine Tochter und somit eine ganz andere Perspektive als du. Weißt du, es wiederholt sich alles, es sind immer die gleichen Mechanismen. Ich mach das vielleicht noch ein paar

Jahre und dann was anderes. Aber im Musikbusiness möchte ich schon bleiben, weil mich das am meisten interessiert.»

*Das Business?*

PETRA SIPPEL-TILL: «Nein, die Musik natürlich. Das Business weniger. Das halte ich für eines der härtesten, intrigenreichsten. Manchmal ist es so schleimig, daß es mir hochkommt. Mir wird schlecht, wenn ich sehe, wie einige Leute hier ‹arbeiten›.»

EVA RICHTER: «Das Problem sind gar nicht die Künstler. Die sind wie du und ich, da gibt es nette und arrogante, bescheidene und überhebliche. Darauf kann man sich einstellen. Das Schlimme sind oft die Leute im Umfeld, die vielen Schmarotzer, die sich von dieser Branche angezogen fühlen, die sich ‹Manager› und ‹Promoter› nennen und von der Kreativität des Künstlers leben wie Blutsauger. Die meisten sind nicht mal der deutschen Sprache mächtig und reden nur in Comic-Sprechblasen. Aufführen tun sie sich aber, als hätten sie Elton John erfunden.»

PETRA SIPPEL-TILL: «Das ist ein weitverbreitetes Phänomen, das besonders Männer zu kultivieren pflegen. Eigenpromotion nennt sich das. Je besser du in Eigenpromotion bist, desto schneller bist du auf der Erfolgsleiter oben. Bluffen und wieder bluffen. So tun, als hätte man was zu sagen, auch wenn's nur heiße Luft ist.»

*Warum sitzen dann genau in den Promotionabteilungen zumeist Frauen?*

EVA RICHTER: «Ich glaube, das hat was mit der Qualität ihrer Arbeit zu tun. Die Basisarbeit muß ja bei allem Reden gemacht werden. Da nehmen Männer gerne Frauen: Sie sind zuverlässig, können gut organisieren und arbeiten, statt Sprüche zu klopfen. Frauen verwirklichen das, was Männer in Tausenden von Meetings bereden.»

*Hat das nicht eher was mit ‹an den Mann bringen› zu tun? Der zumindest unter Journalisten gängige Begriff der ‹Promo-Mieze› kommt ja irgendwoher.*

PETRA SIPPEL-TILL: «Es scheint wohl immer noch die Meinung zu bestehen, daß man sich entsprechend verhalten muß, wenn man einen Act irgendwo untergebracht haben will. Dagegen wehre ich mich, weil es absolut nicht stimmt. Du würdest überhaupt nicht ernst genommen, wenn du als ‹Promo-Mieze› mit sämtlichen Redakteuren ein Techtelmechtel anfängst. Innerhalb von einem halben Jahr wärst du weg.»

EVA RICHTER: «Dieses Bild haben Männer geprägt, und ich weiß nicht, wieviel Wunschdenken da drin steckt. Wenn du als Promoterin ein Redaktionsbüro betrittst, wirst du erst mal von oben bis unten taxiert: Ist mit der was zu machen? Aber wer sich als Frau in dieser Branche darauf einläßt, kriegt ganz schnell seinen Stempel und ist weg vom Fenster.»

*PETRA SIPPEL-TILL:* «Ich glaube auch, dieses Image der journalistenverführenden Promo-Tussi ist in den Männerköpfen entstanden. Die Manager – Männer! – haben sich in früheren Jahren wohl überlegt, ich stelle mir eine gutaussehende Mieze zur Promotion ein, und wenn die den Rock ein wenig lüftet, spielen die Redakteure sowieso alles, was wir wollen. Das mußten sie sich aber ganz schnell abschminken, weil die Frauen dieses Spiel nicht mitmachten.»

*EVA RICHTER:* «Eines steht sowieso fest: Wenn eine Frau hier mal was anfängt mit einem Redakteur oder einem Musiker, dann wird das sofort negativ beäugt. Bei den Männern gehört das zum guten Ruf, die ‹Mädels anzubaggern›, abzuschleppen und sich regelmäßig zu besaufen. Ich erinnere mich noch genau an die Antwort des stellvertretenden Geschäftsführers einer Schallplattenfirma hier in Deutschland auf die Frage eines Journalisten ‹Wovon hängt Ihre Tagesform ab?› – ‹Von dem Alkoholkonsum des vorangegangenen Abends› – lautete die Antwort. Und das in einem öffentlichen Interview!»

*PETRA SIPPEL-TILL:* «Männer können sich durch die ganze Szene schlafen, da fragt keiner nach. Im Gegenteil, die kommen am nächsten Morgen noch ins Büro und geben mit ihren Erlebnissen an. Aber laß das mal eine Frau machen...»

*EVA RICHTER:* «Wenn ganz junge Mädchen in diese Branche kommen, dann kommt es vor, daß sie in den Strudel von Oberflächlichkeiten geraten und meinen, Bettgeschichten gehörten zum guten Ton. Die bekommen ganz schnell die Quittung: ex und hopp!»

*PETRA SIPPEL-TILL:* «Klar, für Jüngere hört sich das toll an, mit lauter Stars zu arbeiten. Aber wenn ich z. B. *Duran Duran* betreuen muß, falle ich nicht vor Begeisterung in Ohnmacht. Im Gegenteil – das ist nur Stress und kostet Nerven. Am Anfang findet man das noch toll, mal hierhin, mal dahin zu reisen, aber heute bin ich immer froh, wenn ich mal nicht ständig unterwegs sein muß.»

*Könnt ihr euch beispielsweise bei Redaktionsbesuchen vollkommen normal geben, auch als Frau?*

*EVA RICHTER:* «Als Frau hast du es sehr schwer in dieser Branche, weil die sehr verkumpelt ist, sehr jovial. Daß die Männer dir sachlich und mit Achtung entgegentreten, ist leider aus der Mode gekommen und liegt wohl auch an diesem ‹Wir-sind-alle-eine-große-Familie›-Gedanken. Küßchen rechts, Küßchen links, Schatzimaus und Schnuckelchen, alles klar? Männlein wie Weiblein übertreffen sich gegenseitig im small-talk... Also, ich habe damit Probleme.»

*PETRA SIPPEL-TILL:* «Ich habe keine Probleme, daß mich jeder gleich duzt. Aber ich kann auch deutlich die Grenze artikulieren. Und das ist sehr wichtig, damit du deine Ruhe hast. Ansonsten verhalte ich mich wie immer. Ich style mich auch nicht extra für jeden Redaktionsbesuch. Nach dem Motto: wenn du hübsch aussiehst, kann dir der Redakteur auch nichts ablehnen. Blödsinn! Ich kleide mich immer schrill.»
*Deinen Chef stört das nicht?*
*PETRA SIPPEL-TILL:* «Weiß ich nicht. Ich hab ihn nicht gefragt. Ich hasse auch nichts mehr als die Männer in dieser Branche, die jeden Tag mit einem anderen Promotion-Sweatshirt ankommen, als hätten sie kein Geld, um sich was Eigenes zu kaufen.»
*Könnt ihr eigentlich ehrlich sagen, was ihr denkt?*
*PETRA SIPPEL-TILL:* «Ich sage ehrlich, was ich meine. Es wäre unglaubwürdig, wenn ich es nicht täte. Ich kann doch nicht, wenn ich für einen Konzern arbeite, der pro Monat vielleicht zehn LP-Veröffentlichungen hat, zehnmal sagen, ‹das ist super, das ist noch besser›. Ich bin doch keine Maschine.»
*Aber eure Aufgabe ist es doch, alle zehn Produktionen optimal zu verkaufen?*
*EVA RICHTER:* «Ja, aber glücklicherweise haben wir es nicht nur mit einem Produkt zu tun, sondern auch mit dem Menschen, dem Künstler, der schließlich eine eigene Persönlichkeit, eine eigene Geschichte hat.»
*Erfindet ihr diese Geschichte? Vielleicht eine spannendere Biographie, als sie das Leben schreibt?*
*EVA RICHTER:* «Das war mal, daß man erfinden mußte, dieser oder jener Künstler hat sich den großen Zeh gebrochen, damit die *Bildzeitung* was brachte. Das ist inzwischen Vergangenheit. Heute bemüht man sich um gescheitere Inhalte, weil es ja auch immer mehr Künstler gibt, die etwas Interessantes zu sagen haben.»
*PETRA SIPPEL-TILL:* «Ich glaube, ihr habt eine falsche Vorstellung von dem, was wir machen. Mein persönlicher Schwerpunkt liegt z. B. auf der Akquisition. Ich rufe die Redaktionen an, der und der hat eine neue Platte, wollt ihr nicht was mit dem machen – Interview, Foto-Session usw. Dann ergibt sich natürlich ein Gespräch über diesen Künstler – da muß ich ehrlich sein. Wir bauen um jeden Act einen kompletten Promotionplan auf. Wenn der Künstler also in München bei «Formel Eins» ist, versuche ich, alle Münchner Blätter, vor allem die Teenie-Presse, zu bewegen, daß sie auch etwas mit dem Artist machen, zumindest eine Foto-Session.»
*Was verdient ihr eigentlich hier?*

*PETRA SIPPEL-TILL:* «Zunächst einmal viel weniger als die Männer in dieser Branche. Selbst wenn ein Mann genau den gleichen Job macht wie ich, kriegt er mehr Geld. Das läßt sich nicht ändern: Die Verantwortlichen bestreiten nämlich, daß es überhaupt Unterschiede gibt.»

*EVA RICHTER:* «Was ich zudem beobachte, ist, daß das Niveau in der Branche immer mehr verflacht. Stil – das ist ein Wort, das die meisten Kollegen nur mit ‹ie› geschrieben kennen. Junge männliche Mitarbeiter geraten oft viel zu früh in Schlüsselpositionen und bekommen Kompetenzen, für die sie viel zu unreif sind. Ich habe neulich gelesen, die Gleichberechtigung der Frau werde erst an dem Tag stattfinden, an dem man eine inkompetente Frau auf einen bedeutenden Posten beruft... Ich hab mich gekugelt über diesen weisen Satz. Er ist ja sooo wahr!»

*Seid ihr froh, daß ihr mit Frauen zusammenarbeitet?*

*PETRA SIPPEL-TILL:* «Ich habe früher mal mit einem Mann zusammengearbeitet, da mußte ich mich mehr behaupten. Der gegenseitige Druck war stärker. Ich arbeite lieber mit Frauen. Vielleicht ist das noch ein Relikt aus meinen Frauenbewegungszeiten, aber mit einer Frau kann ich mich einfach besser auseinandersetzen, Differenzen oder Rivalitäten ernsthafter besprechen.»

*EVA RICHTER:* «Männer fühlen sich ja in der Regel auf Grund ihrer Überheblichkeit von vornherein als die Macher, die zeigen wollen, wie's und wo's langgeht. Dies erschwert das Miteinander ungemein, weil man nicht auf einer gemeinsamen Basis ist. Um diese und den gleichen Blickwinkel zu bekommen, muß man halt oft nervtötend viel erklären. Selbstüberschätzung versperrt eben den Blick für wesentliche Aspekte. Mit einer Frau ist man da eher auf der gleichen Linie.»

*PETRA SIPPEL-TILL:* «Wenn Männer hier ihren Arbeitsplatz wechseln, dann in der Regel, weil sie befördert werden. Frauen hauen ab, weil sie es nicht mehr aushalten.»

*Habt ihr die Möglichkeit, wenn ihr ein Produkt auf den Tisch bekommt, das etwa von der Covergestaltung her frauenfeindlich ist, zu sagen: nee, das promote ich nicht?*

*PETRA SIPPEL-TILL:* «Bei mir ist das beinahe mal passiert, als ich noch in der internationalen Abteilung war. Da hab ich mir kein einziges Konzert von *Iron Maiden* angesehen. Ich hab zwar für die gearbeitet, aber das war hart an der Schwelle.»

*EVA RICHTER:* «Der *Musik-Express* hat ja seit Anfang '86 diese Sparte ‹Promo-Girl des Monats›. Da preist ein nacktes Girl Präsente der Plattenfirmen zur Verlosung an. Die wollten von uns zehn Promotion-T-Shirts von Wolf Maahn haben. Ich hab mich da geweigert, weil ich der Meinung bin, daß diese Art von Promotion peinlich ist. Auf Umwegen – über das Management des Künstlers – sind sie aber doch an die Shirts gekommen.»

*PETRA SIPPEL-TILL:* «Diese Verbindung von Sex und Musik habe ich doch permanent. Sex sells – damit muß ich leben. Als sie damit anfingen, Halbnackte auf dem Titelbild des *Musik-Express* zu bringen, habe ich angerufen: Ihr spinnt wohl! Doch die haben knallhart gesagt, das steigert die Auflage um soundsoviel Tausend. Inzwischen hab ich mich wohl daran gewöhnt.»

*EVA RICHTER:* «Es gibt Bereiche, bei denen man das Interesse der Firma vor das eigene stellen muß. Das ist z. B. bei der *Bildzeitung* der Fall. Wir haben sehr viele Künstler, die jeden Kontakt mit *Bild* ablehnen; aber andere wollen mit ihr zusammenarbeiten – da muß ich Kontakt mit den Redakteuren aufnehmen, auch wenn ich persönlich die Art des *Bild*-Journalismus ablehne.»

*Wie gestaltet sich eure Zusammenarbeit mit der Musik- und Teeniepresse? Gibt es da gegenseitige Abhängigkeiten?*

*PETRA SIPPEL-TILL:* «Ich weiß nicht, ob wir etwas erreichen könnten, wenn wir als Plattenfirma sagen: Wenn ihr nicht ordentlich über unsere Künstler berichtet, arbeiten wir nicht mehr mit euch zusammen. Jedem Journalisten steht es zu, das zu schreiben, was er denkt. Außer natürlich, er schreibt die Unwahrheit. Meiner Meinung nach ist sowieso jede Berichterstattung, negativ wie positiv, gute Promotion für den Künstler.»

*EVA RICHTER:* «Von der Anlage her ist das Verhältnis zwischen der Musikpresse und den Schallplattenfirmen eine Symbiose. Nur wenn sich einer der beiden so verhält, als bestünde eine einseitige Abhängigkeit und dem anderen in den Hintern kriecht, wird er auch dementsprechend behandelt.»

Alter: 43
Bei *WEA*: seit 10 Jahren
Einstieg: als Sekretärin des Geschäftsführers
Aufstieg: nach eineinhalb Jahren Presse-Chefin
Vorher: Stenotypistin bei Gruner & Jahr, Sekretärin bei BASF-Musikproduktion, Assistentin der Pressechefin bei der *Deutschen Grammophon*, Eröffnung eines Schallplattenladens, Englisch gelernt, *WEA*.

## «AUGENRINGE SIND UNSER MARKENZEICHEN»

*Elfi Küster, Presse-Chefin bei WEA/Hamburg*

*Beschreib doch mal deinen Arbeitsbereich.*
«Es fängt damit an, daß ich eine Platte auf den Tisch bekomme, im günstigsten Fall ein paar Wochen vor Veröffentlichung. Bevor ich die Platte an die Medien verschicke, schreibe ich dazu Product-Facts, also eine kurze Beilage mit biographischen Daten und markanten Facts zur Produktion der Platte. Das heißt, heute schreibe ich das nicht mehr selbst. Dafür haben wir Werner Theurich eingestellt.»
*Der auch als Journalist viel für den* Musik-Express *schreibt?*
«Ja, dort aber nicht über WEA-Produkte. Die Platte wird rausgeschickt. Später werte ich auch aus, was an Feedback gekommen ist. Wenn eine Stadtzeitung Rod Stewart beschissen findet, kratzt mich das wenig, aber bei ganz neuen Namen achte ich schon darauf, wie die Platte beurteilt wird. Ich gebe auch selbst einen Pressedienst heraus. Das ist alles noch Schularbeit. Dann fang ich an zu telefonieren. Ich hab hier meine Kartei mit Dienst- und Privatnummern von Redakteuren und welche Platten die von uns erhalten haben. Ich frag nach: Hast du die Platte schon gehört? Falls nicht: Mach doch mal. Das ist es dann eigentlich schon in dieser Phase. Wenn wir es schaffen, bei der Fülle von Produktionen, die die gesamte Plattenindustrie jede Woche herausgibt, die Aufmerksamkeit nur auf eine Auswahl unserer Produkte zu lenken, dann habe ich ein Stück weit meinen Job erledigt.»
*Das zu erreichen setzt gute Kontakte zu den Redakteuren voraus?*
«Die wurden erst so richtig gut, nachdem ich drei Jahre im Geschäft war. Heute brauche ich nicht mehr lange zu baggern. Ich ruf an und frage, interessiert dich das Thema? Wenn er mir einen Ablehnungsgrund gibt, den ich wegargumentieren kann, versuche ich es schon, aber wenn das auch nicht klappt – ich kann keinen zwingen.»
*Wird Promotion eigentlich auch innerhalb der Plattenfirma abfällig betrachtet?*
«Nein, überhaupt nicht. Aber wir selbst fühlen uns manchmal schon etwas als die ‹Frontschweine›. Das ist ja knochenharte Arbeit, die wir treiben. Augenringe sind unser Markenzeichen. Wir fangen morgens verhältnismäßig früh an, etwa mit der Organisation von Senderreisen, dann gehen die Reisen los, oder die Künstlerbetreuung. Die Künstler haben erst nach dem Konzert abends um elf Feierabend, dann geht man mit denen essen. Du kannst die ja nicht gleich ins Bett stecken. Nachts um drei krabbelst du völlig müde neben deinen schnarchenden Mann oder ins Hotelzimmer und um sieben mußt du wieder hoch.»
*Wie geht es weiter in deiner Arbeit? Du hast nun – sagen wir für deinen Künstler Heinz Rudolf Kunze – die Product Facts geschrieben ...*

*Wenn die Musik...*

...noch immer der Liebe Nahrung wäre (wie Orsino, Shakespeares Herzog von Illyrien, einst meinte), dann müßte Amor heutzutage aus allen Nähten platzen.

Musik, von Fremden gespielt, konnten sich früher nur wenige leisten. Seit die Musik buchstäblich in der Luft liegt, ist sie preiswert und oft geradezu billig geworden. Viel Noten für wenig Banknoten. Für manchen Musiker gilt's auch umgekehrt.

# Pfandbrief und Kommunalobligation

**Meistgekaufte deutsche Wertpapiere - hoher Zinsertrag - bei allen Banken und Sparkassen**

Verbriefte Sicherheit

«Ich hab auch noch Pressefotos machen lassen und verschickt und dann sagt ganz Deutschland: Der sieht ja aus wie ein Lehrer aus Osnabrück. Natürlich haben die recht. Also fang ich an, für Herrn Kunze ein bißchen intensiver um Aufmerksamkeit zu werben, indem ich mir die Journalisten heraussuche, die offener sind für kritische Berichterstattung. Das war in diesem Fall der *Stern*. Der *Stern* fand die Story, daß da einer wirklich seine gesicherte Lehramtsausbildung in einem entscheidenden Stadium abbricht, um plötzlich Popmusik zu machen, interessant. Das wieder öffnete die Tür zu anderen Kollegen. Dann hab ich nur Interviews aquiriert. Es gab ja in der Anfangsphase von HRK ganz haarsträubende Stories, zum Beispiel im *Musik-Express*. Da habe ich mich zum erstenmal massiv persönlich für einen Künstler eingesetzt und einen Leserbrief geschrieben, der eigentlich nur aus einem einzigen Satz bestand: Dieser Journalist ist keiner, sondern ein Tintenpisser. Inzwischen sind Heinz Rudolf Kunze – und ich – über solche Sachen hinaus. Er weiß, es gibt einfach Leute, die mögen ihn nicht, weil er so aussieht wie er aussieht und weil er so klug ist wie er tut.

Zur zweiten Platte kam schon eine Tournee dazu. Eine Tournee bedeutet für mich, noch intensiver auch lokal für die einzelnen Auftritte zu werben. Wenn Herr Kunze in Iserlohn auftritt, dann habe ich vorher den Kollegen in der dortigen Lokalredaktion angerufen, ob er ein neues Foto, Infos, Platten braucht und das Konzert bekanntgibt. So, in dieser Form sorge ich dafür, daß Herr Kunze immer mehr in die Zeitung kommt. Damit helfe ich nicht nur dem Künstler, sondern auch dem Veranstalter. Bei Heinz Rudolf Kunze geht meine Arbeit noch weiter. Ich style ihn. Heinz trägt nämlich Jeans, die hängen bis in die Kniekehlen, und weil sie dann zu lang sind, krempelt er sie unten dreimal um. Heinz empfindet die Zeit, die man beim Friseur verbringt, als absolut verloren und überflüssig. Nun ist er sowieso keine herb-männliche Schönheit und braucht schon etwas dazu. Also gehen wir vor jeder Foto-Session einkaufen. Wir hören uns die Demos an, spinnen ein bißchen herum und gehen dann los. Ich werde nie die Gesichter der Verkäuferinnen vergessen, als wir das rote Rüschensakko ausgesucht haben. Die Verkäuferin rollte nur mit den Augen und sagte: Das geht nicht. Und Heinz sagte: Das isses. Dann kaufen wir ihm dazu passende Brillen und zum Schluß gehen wir in eine Pizzeria.»

*Das klingt sehr nach mütterlicher Fürsorge?*

«Das kann ich nicht abstreiten. Ich bin Krebs. Die sind trinkfreudig und mütterlich.»

*Wie reagierst du, wenn jemand schlecht über einen Künstler schreibt?*

«Wenn ich das auch so empfinde, natürlich lockerer – aber wehe, es ist unfair, dann fighte ich zurück, manchmal sogar heftig...

*Und Bestechungsversuche?*

«Wenn ich Promotiongeschenke verschicke, würdest du das schon als Bestechung ansehen?»

*Das kommt auf die Größenordnung an.*

«Also, wir verschenken natürlich Dinge: T-Shirts, Uhren. Mal eine Einladung nach London, damit einer ein Konzert rechtzeitig sehen kann, um darüber hier vorab zu berichten. Das betrachte ich als Arbeitsmittel, und das findet auch nur noch sehr selten statt. So Geschichten wie früher, zehn Leute mal kurz in die Karibik zu schicken, gibt's jedenfalls bei *WEA* nicht. Wenn Eric Clapton nicht in Hamburg, sondern nur in Bremen auftritt, bieten wir den Journalisten in Hamburg einen Bus an, um dorthin zu kommen. Das ist ebensowenig Bestechung wie eine Einladung zum Essen. Das dient der Kontaktpflege. So, jetzt hat ein Redakteur Geburtstag. Dann gibt's ein Telex oder eine Karte. Ganz selten mal ein Geschenk, und das darf den steuerlichen Grenzwert nicht überschreiten. Mal schicke ich ein Buch oder eine Platte, die wir normal nicht bemustern. Das isses auch schon.»

*Im Bereich Fernseh-Promotion dürfte das nicht ausreichen.*

«Ich habe lange Zeit hier im Hause in der Fernsehabteilung gearbeitet und war auch bei *Metronome* TV-Promoter. Ich kann mich an keinen Fall erinnern, wo eine Zuwendung eine Größenordnung erreicht hat, daß sie klebrig war. Ich habe allerdings die TV-Arbeit nicht so gern gemacht. Auf deinen Schultern lastet als Fernseh-Promoterin so eine Verantwortung für die Entwicklung eines Hits, da kann man sich nur Magengeschwüre holen. Presse ist angenehmer. Man hat mehr und regelmäßigere Erfolgserlebnisse.»

*Dafür ist die Presse nicht sehr hoch angesehen?*

«Presse ist wichtig für das Erscheinungsbild des Künstlers. Die Leute wollen wissen, wie der Künstler heißt, den sie neulich im Fernsehen gesehen haben, damit sie nicht im Plattenladen vorsingen müssen, um die gewünschte Single zu erhalten. Presse verstärkt die Wirkung von Fernsehauftritten, erinnert den Käufer daran, daß er eigentlich noch in den Laden wollte. Wenn Presse so unwichtig wäre, säße ich hier nicht mit fünf gutbezahlten Leuten in dieser Firma, könnte ich nicht tonnenweise Papier bedrucken.»

*Welche Aufgaben hat ein Product Manager?*

## «EINE HAND WÄSCHT DIE ANDERE»

Karin Heinrich, Product Manager International bei Phonogram

«Man muß unterscheiden zwischen National und International Product Management. Wir im internationalen Bereich machen zu 99 % nur Übernahmen aus dem Ausland. Ich bekomme also eine Cassette mit einer fertigen Produktion, dazu alle Hintergrundinformationen. Dann überlege ich, ob ich in Deutschland veröffentlichen werde. Wenn es sich dabei um eine bereits etablierte Gruppe handelt, mit der ein langfristiger Vertrag besteht, steht die Veröffentlichung selbstverständlich von vornherein fest – aber nicht um jeden Preis. Denn die Grundidee ist schließlich, Schallplatten zu verkaufen. So, dann geht's los: Ich muß ein Konzept entwickeln, wann ich veröffentlichen will – unter Berücksichtigung der Veröffentlichungstermine im Ausland – und wie ich das Produkt präsentieren will: Schalte ich Anzeigen? Wie sollen die gestaltet sein? Worauf soll der Schwerpunkt der Promotion gelegt werden? Die Umsetzung liegt bei der Promotion-Abteilung, aber das Gesamtkonzept muß ich entwickeln. Ich muß den Markt analysieren, mir ausrechnen, wieviel ich von dieser Platte etwa verkaufen kann etc.»

*Wer bietet dir denn die fertigen Produktionen an?*

«Unsere Schwesterfirmen. Also *PolyGram* Amerika, *Phonogram* England, *Phonogram* International, *Phonogram* Italien, *Phonogram* Frankreich usw. *PolyGram* ist ja ein weltweites Unternehmen und so wie wir hier Hans Hartz oder *Yello* unter Vertrag haben, hat jedes Land seine Künstler. Und die werden mir zur Veröffentlichung in Deutschland angeboten.»

*Es passiert also nicht, daß dir eine Band direkt ein Demo zuschickt?*

«Das passiert sehr oft, wobei eine Übernahme für mich sehr selten in Frage kommt, da ich für die Auswertung unserer Schwesterfirmen zuständig bin und nicht für A+R. Dies ist auch eine firmenpolitische Entscheidung. Wir haben uns überlegt, grundsätzlich die Anzahl der Veröffentlichungen zu reduzieren nach dem Motto: Qualität vor Quantität, und da wir schon zahlreiche Produkte unserer Schwesterfirmen ablehnen, sind wir mit anderen Produktionen sehr zurück-

haltend. Ich höre mir alles an, aber das muß schon eine Supersache sein, damit ich zuschlage.»
*Wie bist du an den Job gekommen?*
«Ich habe vier Jahre für die Promotion-Abteilung gearbeitet, davon die letzten beiden Jahre als Promotionchefin. Ich wollte gerne in den Marketing-Bereich, mal was Neues machen, auch ein bißchen weiterkommen. In der Promotion hast du keine Freizeit. Das ist fast ein 24-Stunden-Job. Ich war sechs Jahre in Hamburg und kannte zwei Leute außerhalb der Branche.»
*Du bist der einzige weibliche Senior Product Manager?*
«Ja, ich glaube schon, und ich bin auch mächtig stolz darauf. In der Promotion sind die Frauen ja in der Überzahl. Da herrscht natürlich immer noch der alte Spruch: Mädels an die Front, denn in den Redaktionen sitzen Männer. Da gibt's natürlich auch manche Mädels, die das dann wirklich so machen, wie die Männer es gerne hätten. So entsteht eben der bestimmte Ruf der Promotion-Arbeit.»
*Wie verbreitet sind solche Geschichten?*
«Es hat sich merklich abgeschwächt in den letzten zwei Jahren.»
*Welche Rollen spielten Frauen, als du anfingst?*
«Ich hab hier 1980 als Sekretärin von *Chrysalis* angefangen, dem Label, das heute bei der *Ariola* ist. Damals hatten alle Mädels hier nur Sekretärinnenjobs. Unser Chef, Louis Spillmann, hat das damals völlig vertreten – so nach dem Motto: Frauen können bei mir Kaffee kochen und Briefe tippen, aber ansonsten ist das hier Männersache. Ich habe versucht, das ein bißchen abzubauen, mich auch in netter Form mit ihm angelegt, das war allerdings mehr so eine Art Spiel um die Macht. Aber da gab es damals noch eine Kollegin hier, die kurz nach mir in der Presseabteilung als Sekretärin anfing. Sie war durch interne Umstände dann aber ein halbes Jahr alleine auf diesem Job und hat eine tierische Arbeit geleistet. Als ein neuer Pressechef gesucht wurde, haben wir gesagt, warum kriegt sie nicht den Job und einen neuen Assistenten. Das ging aber nicht – ‹seid ihr verrückt, eine Frau...› Sie hat gekündigt, und ich habe mich noch intensiver mit Louis auseinandergesetzt. Und irgendwann – nach drei verschiedenen Promotion-Chefs – hat er mir eine Chance gegeben. Seitdem sind die Mädels hier die Größten. Wir haben jetzt mehr Frauen in verantwortungsvollen Positionen. Unser Boss hat dazugelernt.»
*Ist die Arbeit jetzt angenehmer?*
«Eigentlich hätte ich als Gegenpol in meinem Bereich lieber einen Mann als Assistenten gehabt. Ein gemischtes Team ist mir lieber als nur Frauen. Männer empfinden völlig anders, sie sehen Dinge anders, so entstehen andere Anregungen.»

*Hast du eine Ausbildung für das, was du jetzt machst?*
«Ich bin Dolmetscherin, war eine Zeitlang Reiseleiterin, habe keine kaufmännische Ausbildung. In die Musikbranche bin ich durch puren Zufall geraten. Ich hatte vorher einen Traumjob in einer PR-Agentur im Touristikbereich, bin vor sechs Jahren aber aus privaten Gründen nach Hamburg gezogen und brauchte folglich einen neuen Job. Ich habe eine Anzeige der *Phonogram* gelesen und einfach als 21ste Bewerbung auch an diese Adresse einen Brief geschickt. Im Rock und einer weißen Bluse, ganz brav, bin ich dann zum Vorstellungsgespräch gegangen und fand die Atmosphäre so toll, daß ich dachte, den Job mußt du haben. Hier liefen alle rum wie ich privat,

waren alle per du; als ich reinkam, lief gerade eine Party. Dann dieser Reiz einer völlig anderen Welt.»
*Hattest du vorher irgendwas mit Musik zu tun?*
«Nein.»
*Und jetzt entscheidest du über die Veröffentlichungen eines der größten Schallplattenkonzerne.*
«Toll, nicht? Ich habe viele Musikerfreunde, die schimpfen auch immer, so nach dem Motto: Nur Musiker sollten über Musik entscheiden. Dennoch denke ich, daß es nicht unbedingt ausschlaggebend ist zu wissen, wer in den letzten zehn Jahren in welcher Band gespielt hat. Ich hätte dazu auch gar nicht das Gedächtnis, mir das alles zu merken.»
*Welches sind deine Auswahlkriterien?*
«Naja, ich achte ein bißchen auf die Charts und denke, gewisse Trends zu erkennen. Wenn mir z. B. eine Country-Produktion angeboten wird, versuche ich eben klarzumachen, daß das derzeit nicht unbedingt ein Stil ist, den die Top 75 als erfolgsträchtig widerspiegeln. Ich frage mich also, was kommt an im Markt? Was wollen die Konsumenten hören? Natürlich möchte man auch neue Akzente setzen.»
*Musikalische Kriterien hast du nicht?*
«Das ist natürlich alles sehr subjektiv. Wenn du zehn Leute fragst, bekommst du zehn verschiedene Meinungen. Ich teste die Sachen hier im Hause an, gehe zur Promotion, zur Werbung und frage: wie gefällt euch das? Was du im Laufe der Zeit beurteilen kannst, ist, ob eine Produktion gut oder schlecht ist. Es ist nicht wichtig, herauszuhören, welche technischen Hilfsmittel eingesetzt wurden, der Konsument weiß das ja auch nicht. Wichtig ist, daß die Kombination stimmt und der Song überzeugt. Es darf nicht überproduziert sein, es muß relativ schnell ein Wiederholungswert auftauchen oder ein Refrain, der klar zu erkennen ist. Außerdem muß ich bei meinen Entscheidungen das gesamte Umfeld berücksichtigen. Wir haben zum Beispiel viele Heavy Metal Acts, weil wir da einen unserer Schwerpunkte sehen.
*Ist der Geschmack der Firma auch dein privater?*
«Nein. Wir veröffentlichen auch viel Schrott. Es gibt gerade im nationalen Bereich viele Produktionen, mit denen ich wenig anfangen kann, aber ich respektiere meine Kollegen und kann deshalb damit leben. International, also in meinem Bereich, mußte ich bisher noch nichts angehen, mit dem ich total nichts anfangen konnte.»
*Du hast beschlossen,* Koo De Tah *hier zu machen. Wie sehen deine weiteren Arbeitsschritte aus?*
«Ich hatte mir überlegt, das ist eine sehr visuelle Geschichte, die muß

man auch optisch rüberbringen. Dazu braucht man Fernsehen. Also habe ich als erstes, noch bevor ich die Veröffentlichung entschieden hatte, bei ‹Formel Eins› angerufen. Deren Zusage war im Grunde genommen mit entscheidend für die Veröffentlichung. Denn ich mußte ein Medium finden, das mir die Leute auch entsprechend präsentiert. Durch die Presse gefeatured zu werden, ist sehr begrenzt, da der Künstler erstens nicht verfügbar war und zweitens sich dieses Medium mehr um LP-Künstler bemüht. *Koo De Tah* wohnen in Australien, und ich mußte mich mit einem Video begnügen. Da war ‹Formel Eins› ideal. Wenn ich es ‹Na sowas› angeboten hätte, hätte ich die Band einfliegen müssen, und die Kosten hätten nicht mehr in Relation zu den realistischen Erwartungen gestanden. Der nächste Schritt ist die Überlegung: Wieviel will ich verkaufen? Ich habe tiefgestapelt und 10 000 Singles veranschlagt. Wenn es ein Hit wird, lägen wir bei 100 000. Aber das kann ich natürlich nicht einplanen.»

*Ist die Beschaffung eines «Formel Eins»-Auftritts nicht eigentlich eine Aufgabe der Promotion-Abteilung?*

«Ja, aber ich muß ja generell festlegen, welche Medien, welche Sendungen überhaupt geeignet sind. *Dire Straits* etwa würde ich nicht jeder Sendung anbieten.»

*Warum?*

«Weil ich gewisse Sendungskonzepte und Mark Knopfler nicht kombiniert haben will. Das wäre so, als wenn Dieter Hildebrandt im Blauen Bock auftreten würde. Jedem Künstler seine Sendung. Es gibt Dinge, die passen nicht zusammen. Ich sage also normalerweise, ich will die und die Sendung, dann geht die Promotion-Abteilung los und bietet an. Aber da ich noch gute Kontakte aus alten Tagen habe, führe ich gewisse Gespräche gelegentlich selbst.»

*Und die sagen sofort zu, wenn du anrufst?*

«Nein, die sehen sich das Video an und begutachten den Song. Das sind ja fünf Leute, die abstimmen müssen. Außerdem ist *Koo De Tah* ausgesprochen TV-geeignet, denn Tina Cross ist ein Traum von einer Frau, oder etwa nicht? Schließlich gibt es nicht nur gutaussehende Männer im Musikbusiness.»

*Auch gutaussehende Mädels, die leider nicht singen können und deshalb nur zur Stimme einer anderen Dame den hübschen Mund bewegen?*

«Das gibt's absolut. Bei uns aber nicht. Wenn's so wäre, würde ich das jetzt auch nicht sagen. Das ist mehr eine Spezialität von gewissen Produzenten. Aber so schlimm finde ich das auch nicht, wenn man es gut und trickreich macht. Es gibt eben Leute, die mögen das, denen

ist die optische Präsentation wichtiger als die Frage, ob die nun wirklich singen können. Guck dir *Sigue Sigue Sputnik* an, das ist der Hit.»
*Was hat die «Formel Eins»-Zusage für Koo De Tah gekostet?*
«Die hat nichts gekostet. Ich arbeite so nicht – habe ich nie gemacht und werde ich auch nie tun. Es gibt natürlich eine Menge Promoter, die meinen, Redakteure permanent zum Essen einladen und Riesengeschenke machen zu müssen. Es gibt auch Redakteure, die das erwarten.»
*Was verschenkst du?*
«Ich verschenke nur mein Dankeschön oder etwa zu Weihnachten einen CD-Plattenspieler, aber das ist dann schon was Besonderes.»
*Also für die, die auch positiv berichtet haben?*
«Sicher. Also, ich erwarte nicht, daß jemand von uns alles spielt. Ich rede von Kooperation. Aber es kann ja passieren, daß bei drei gleichwertigen Produkten, die vorliegen, nicht für die Konkurrenz, sondern für uns entschieden wird. Eine normale Form der Zusammenarbeit muß klappen. Nach dem Prinzip: Eine Hand wäscht die andere. Es läuft auch gut mit den meisten Redaktionen.»
*Du hast sicherlich für deine Arbeit eine Hierarchie der Medien bezogen auf ihre Wichtigkeit entwickelt?*
«Da steht Fernsehen ganz oben. Die verkaufsträchtigste Sendung ist nach wie vor ‹Formel Eins›, nicht zuletzt auf Grund ihrer Aktualität. ‹Ronnie's Pop Show› ist chartorientiert, andere Sendungen wie ‹PIT›, ‹Na sowas› und ‹Känguruh› verkaufen auch, aber es kommt überwiegend auf den Titel an. «Formel Eins» wird wirklich nur von Leuten gesehen, die sich für das aktuelle Musikgeschehen interessieren, also die potentiellen Plattenkäufer. Thomas Gottschalk ist in der Lage, die Oma vor den Fernseher zu holen, weil sie Gottschalk so süß findet. Er hat zwar eine riesige Einschaltquote, aber nicht so zielgruppenspezifisch. «Formel Eins» bringt auf den Punkt, was wir brauchen. Fernsehen ist das Wichtigste, Funk ist nett. Zwischen 20 und 40 Funkeinsätze brauchst du, um überhaupt etwas in Bewegung zu setzen. Aber nur Funk nützt selten was. Du kannst 70 Einsätze die Woche haben und es passiert nichts. Presse liegt in der Bedeutung noch weiter unten. Sie dient der Imagepflege. In diesem Rahmen ist *BRAVO* nach wie vor die wichtigste Zeitung für Disco-Pop und ähnliches, eben für Teenies ab neun, die *Sigue Sigue Sputnik* oder *Duran Duran* oder *Modern Talking* wollen, eben was zum Gucken und Anhimmeln. *Musik-Express* ist etwas anspruchsvoller, hat eine ältere Zielgruppe. *BRAVO* ist sozusagen die *Bildzeitung* der Musikpresse, *Musik-Express* ist sowas zwischen *Stern* und *Lui*.» ▬

«Wir sind sooo gut, unsere Musik ist obergeil – warum merkt das bloß niemand!» Schon wieder bringt der Postbote eine Demo-Cassette zurück. Als Zugabe ein höfliches Schreiben, zwei Zeilen oder auch vier, «mit großem Bedauern...». Und plötzlich erkennt man die Botschaft zwischen den taktvollen Zeilen: Geht zurück in euren Keller – Zeitgeist verfehlt! Nicht chartsverdächtig! Mit jeder Absage staut sich mehr Frust auf – und irgendwann sagt der Bassist zum Keyboarder: «Alter, laß es uns selbst versuchen! Wir gründen eine Plattenfirma!»

## «EIN GEWISSER WAHNSINN GEHÖRT WOHL DAZU»

*Silvie Fukking, Vielklang Musikproduktion und -verlag*

Geburtstagsparty! Die *Panzerknacker AG*, Berliner Anarcho-Band, lädt ein, ihr frisch getauftes Plattenlabel zu bejubeln. «20 schäumende Stimmungshits», heißt ihr erstes Kind, ein gemeinsames Produkt diverser schräger Tanzkapellen. *Frau Suurbier* ist dabei, *Die Ärzte*, *Die Toten Hosen* als *Tangobrüder*, die *Deutsche Trinker Jugend*, natürlich auch die *Panzerknacker AG*. Die Party findet statt auf Berlins nobelstem Ausflugsdampfer. Außer den Musikern, ihren Freunden und einigen Dutzend Journalisten aus der ganzen Republik sind noch 300 Punks zum Mitfeiern erschienen. Das Schiff ist schnell rettungslos überfüllt, die letzten springen noch bei der Abfahrt aufs Dach, während drinnen schon die ersten Pogo tanzen oder mit den Kronleuchtern spielen.

«Wir sind alle Panzerknacker
und tun, was uns gefällt
heute verführen wir den Papst
und morgen die ganze Welt.»

Die Medienleute verbarrikadieren sich in einem Nebenraum, einige Punks setzen an der Bar den Nulltarif durch, die *Tangobrüder* übertrumpfen alle beim Wettsaufen. Drei Polizeiboote begleiten den schwankenden Dampfer, trauen sich aber nicht einzugreifen. Der Reeder steht am Ufer und kann es noch nicht fassen. So hatte er sich das nicht vorgestellt, als die jungen Leute sein Luxusschiff für eine «Promotionparty mit Tanzkapellen» anheuerten.

## Der BRAVO-Coup

«2000 Mark hat uns die Sache nur gekostet», erzählt Jörg Fukking, Bassist der *Panzerknacker AG* und gemeinsam mit Matthias «Matzke» Bröckel (Keyboards & Gesang) ‹Macher› des neuen Labels. «Eine Anzeigenkampagne wär teurer gewesen. Und soviel Aufsehen hätten wir nie erregt.» Die Schadensersatzforderung hatte Silvie heruntergehandelt, Jörgs Frau. «Sie hat den Reeder total vollgelabert... junge Firma... Idealismus... kein Geld...» Jörg und Matzke waren sich einig: Silvie sollte einsteigen. Sie langweilte sich eh in ihrem Hausfrauendasein, seitdem ihre beiden Kinder aus der ersten Ehe zur Schule gingen. Matzke und Jörg wollten gerne den Promotionbereich ausdehnen. Die beiden sind ausgebildete Tontechniker, haben bei der *Panzerknacker AG* jahrelang alles selbst gemacht, Tourneeorganisation, Management, Produktion usw., «aber verkaufen liegt uns nicht».

Silvie ist gerne unter Leuten, mag gute Musik und kann schneller reden als Gisela Schlüter. Beste Voraussetzungen für eine Arbeit als Musikverkäuferin. So gab ihr Jörg zur Probe gleich einen Termin: sie sollte «SFBeat»-Moderator Helmut Lehnert zu einem Interview mit den Newcomern *Die Ärzte* überreden. «Ich war ganz aufgeregt, hab mich erst nicht getraut hinzugehen. Das kann ich nie... Dann hab ich es doch gemacht und gleich zwei Stunden dort gesessen.» Ob aus dem Interview was geworden ist, weiß Silvie heute nicht mehr, doch eine Woche später saß sie im Flugzeug, um *Die Ärzte* bei «Formel Eins» unterzubringen.

Ihr größter Coup wurde allerdings *BRAVO*. Gleich sieben aufeinanderfolgende Wochen brachte sie die drei Jungs in dem Teenie-Blättchen unter: Bela privat, die Jungs im Probenraum, die Jungs im Konzert, Farin zu Hause usw. «Zuerst wollten die nichts wissen von mir und den *Ärzten*. Ich hab einfach keinen Termin gekriegt. Da bin ich einfach so hingegangen, hab den Pförtner unten angelogen, ich würde oben erwartet. Dann hab ich die penetrant vollgelabert, immer weiter, ständig angerufen, Briefe geschrieben, Videos geschickt, bis sie was gebracht haben.»

Danach ging's ab. «Bei uns standen die Telefone nicht mehr still. Die ganze Branche konnte das nicht glauben, daß eine Independant-Band soviel *BRAVO*-Power kriegen konnte.» Plattenfirmen riefen an und boten Silvie Jobs. Seitdem promotet sie auch gelegentlich Bands für die Industrie, «aber nur solche, die ich sowieso mag, *Extrabreit* zum Beispiel oder die *Subtones*.» Feste Stellenangebote schlägt Silvie aus. «Das ist schon verlockend, die Industrie zahlt gut. Und ich sitze hier und habe keine Knete.» Doch sie will keine Musik verkaufen, «die ich Scheiße finde. Das hab ich einmal versucht, aber das war nicht gut. Ich kann nicht die Redakteure anstrahlen, ‹hier, hör mal dieses Stück›, wenn ich selbst nicht drauf abfahre.» Bei der Industrie müßte sie es lernen, denn als Promoterin hätte sie null Einfluß auf die Auswahl der Acts und eine Arbeitsverweigerung ist da nicht vorgesehen. Wollen Jörg und Matzke dagegen unbedingt eine Band unter Vertrag nehmen, die Silvie nicht mag, müssen sie sich jemand anderen für die Promotion suchen.

## DER TRAUM VOM GROSSEN DEAL

Eigentlich haben sowieso nur Bands eine Chance bei *Vielklang*, wenn alle drei «drauf abfahren». So zumindest der Anspruch. Doch der Existenzdruck ist in den letzten drei Jahren zunehmend stärker geworden – und damit auch die Kompromißbereitschaft. «Wir produzieren jetzt auch Sachen, die industriegerecht sind. Die Zeiten, wo man fünf Platten im Monat veröffentlichen konnte und von jeder 1000 Stück verkaufte, sind vorbei.» So wie die Independant-Plattenläden allmählich schamhaft beginnen, Industrieprodukte zu verkaufen («wir führen auch ausgewählte Major-Ware»), so braucht auch jedes unabhängige Label gängigere Titel. «Wenn wir nur solche Musik machten, die uns selbst ins Blut geht, könnten wir nicht überleben.» Ohne das eigene Studio und Fremdaufträge als Finanzierungsgrundlage hätte *Vielklang* wahrscheinlich schon aufgeben müssen, schätzt Jörg.

Seitdem der Berlin-Mythos nachgelassen hat, ist es für das auf Berliner Bands spezialisierte Unternehmen noch schwerer geworden, «es gibt auch nicht mehr so viele interessante Bands». Punk ist so gut wie ausgestorben, die meisten Bands sind kommerzieller geworden, musikalisch nicht mehr so heiß wie Anfang der 80er. Der Traum vom großen Deal grassiert auch in der Mauerstadt, Rockstar und reich werden. «Wir bekommen zwar fürchterlich viele Demo-Cassetten», erzählt Silvie, «aber darunter fürchterlich viel Ramsch. Charts-Verschnitte, Plastikmusik à la *Depeche Mode*. Doch davon krieg ich junge Hunde.»

*Vielklang* leidet wie alle Independants unter dem Problem, daß es für die Bands nur ein Durchlauferhitzer zwischen Keller und Industrie darstellt. «Die meisten kommen ja zu uns, weil sie nicht zur Industrie können, weil sie noch nicht gut genug sind, nicht bekannt genug, zu unkommerziell. Die bringen dann bei uns ein, zwei Platten heraus, sammeln Presseausschnitte und Bühnenerfahrung und versuchen dann den Sprung zur Industrie. Das heißt, wir selbst vermitteln ihnen zumeist entsprechende Deals. Bei den *Ärzten* etwa wußten wir von Anfang an, ab einem bestimmten Level können wir denen nicht mehr helfen. Deshalb sind wir schon mit den Bändern der ersten Mini-LP zu den Majors gelaufen, doch das wollte keiner, weil es denen zu rauh oder zu exotisch war. Erst nach Silvies Wirbel haben sie dann angebissen», erzählt Jörg. Mit der Ablösesumme konnten sie ihr Studio weiter aufrüsten und *Flucht nach vorn* eine Maxi-Single finanzieren. Eine für alle Beteiligten vorteilhafte Kooperation, aber so kann eben *Vielklang* selbst kaum groß werden.

## *HANG ZUM WORKAHOLIC*

Auch zwischen den Independants und ihren Musikern herrscht nicht immerwährende Eintracht. «Die Arbeit ist gelegentlich ziemlich nervend», klagt Silvie. «Manche Musiker, die noch nicht so bekannt sind, bekommen schnell so einen Größenwahn; wenn die eine Fernsehsendung haben, drehen sie gleich voll ab und motzen herum, sie können von ihrer Musik nicht leben, wollen mehr Geld von uns. Was sich bei der Industrie keiner trauen würde, bringen sie bei uns, nerven tierisch rum und meinen, sie wären schon die Größten. Bei den *Ärzten* war das am Anfang so. Die sind total ausgerastet. Die haben bei uns so 3000–4000 Platten verkauft, wollten aber 100 000 verkaufen. Und dann kam das große Erwachen, als sie bei der CBS auch nicht viel mehr verkauften, nur der Rummel drumherum wurde noch größer.»

Das größte Problem der Independants sind die Vertriebswege. Die kostspieligen Kanäle der Majors können sie sich nicht leisten. «Wir können nicht irgendeinem großen Vertrieb 5000 Platten auf Kommission geben, damit der die mit großem Aufwand in die Läden drückt. Singles kannst du ganz vergessen. Es gibt ja sowieso immer weniger Plattenläden, die überhaupt Singles führen, und Singles, die nicht in den TOP 75 sind, bekommst du nur noch in irgendwelchen Sammlerläden.»

Was die Großen an Kapital haben, müssen die Independants durch mehr Arbeit ausgleichen. «Eine 70-Stunden-Woche ist normal, in Hochproduktionszeiten auch mehr», schätzt Silvie. Da bleibt nicht viel Zeit für andere Dinge, auch privat dreht sich alles um das Business. «Wenn ich mit Jörg im Bett liege, reden wir über Musik, beim Frühstück reden wir weiter über Musik, dann gehen wir zur Arbeit und abends meist in irgendein Konzert, da treffen wir wieder Leute aus der Branche.» Ein gewisser Wahnsinn und Hang zum Workaholic gehört wohl dazu, um in und von diesem Business zu leben. «Ich bin Skorpion», gesteht Silvie lachend, «die sind abgründig, böse, rachsüchtig – und genial. Kafka war Skorpion, Henry Miller.»

Die weitverbreitete Ansicht, große Konzerne seien für eine Band grundsätzlich besser als ein kleiner, hält Silvie für falsch. «Die Industrie hat finanziell natürlich völlig andere Startchancen als wir, doch wir sitzen näher am Feuer. Wir rennen ständig in der Szene herum, vor allem in den kleinen Läden, wozu die weder Zeit noch Bock haben. Außerdem nutzen die ihre Möglichkeiten überhaupt nicht aus, wenn es um Newcomer geht. Die konzentrieren sich weitgehend auf ihre großen Acts, die die Kassen füllen, vernachlässigen aber total ihre jungen Bands, die gerade Aufbauarbeit brauchten. Ich sollte mal für die *Teldec* die *Subtones* promoten und als wir den Plan machten, hieß es, in Hamburg – dem Firmensitz der *Teldec*! – brauchte ich mich gar nicht zu bemühen, da würden sie kein Funkinterview kriegen. Die Promoterin hätte schon gefragt. Ich hab angerufen und gleich zwei gekriegt. Sowas ist mir schon öfter passiert. Was die Promotion angeht, ist die Industrie oft schlechter als ich. Die einzelne Promoterin kann wahrscheinlich gar nichts dafür, die hat tausend Bands unterzubringen und ist total überlastet. Die hat keine Zeit, für eine unbekannte Band öfter nachzuhaken. Und ich bohr meist so lange nach, bis ich die Zusage habe.»

Silvie findet ihre Arbeit auch nach fünf Jahren «immer noch spannend. Weil wir eben so ein kleiner Laden sind, mach ich ja viel mehr als reine Promotion. Letzte Woche zum Beispiel haben wir ein Video gedreht, im Augenblick überlegen wir uns so eine witzige Geschichte zum Berlin-Jubiläum. Und vor allem bin ich eben an allen Entscheidungen beteiligt. Jedes neue Projekt ist auch ein Stück weit mein eigenes Kind. Nur manchmal ekel ich mich in diesem Job. Dieses ewige Lächeln, jung und dynamisch sein...»

## EIN FAN IM BUSINESS

*Petra Thomsen-Röder, Marie-Marie Musikverlag & another record company*

Ihre Söhne heißen Spencer und Jeff. Der Ältere kam gerade noch zurecht, um wenige Tage vor seinem Coming out das letzte Konzert von *Spooky Tooth* zu erleben. «Ich war hochschwanger und es war so tierisch voll und so heiß, aber ich mußte doch das Abschiedskonzert sehen, bis mir ganz schwarz vor Augen wurde und ich es nicht mehr aushalten konnte», erzählt die Mutter 18 Jahre später mit großen, leuchtenden Augen. «Als Spencer ungefähr eineinhalb Jahre alt war, da konnte der gerade so über den Tisch gucken, aber schon den Plattenspieler bedienen. Die Platten sahen dann natürlich entsprechend zerkratzt aus. Seine absolute Lieblingsscheibe war eine von *Black Sabbath* mit so einem Gewitterstück.» Daran – und natürlich an *Spooky Tooth* – erinnert sich Spencer heute noch. Und irgendwann wird er selbst auf einer Bühne stehen und Rockstar sein.

Petra ist ein Fan. Obwohl sie das nicht gerne hört. «Musik, ja. Aber die Künstler sind für mich keine Götter. Es sind oft wahnsinnig kreative Menschen, aber sie haben die gleichen Probleme wie du und ich. Familie, Eifersucht, kein Geld, Streitigkeiten in der Band, Stress...»

Petra hat viele von ihnen kennengelernt, immerhin ist sie seit 15 Jahren im Geschäft. Mink de Ville und *Talk-Talk* zählen sich zu ihrem Freundeskreis, für *Violent Femmes* und *Survin Dave* organisierte sie Tourneen. Für *Tuxedomoon* und *Minimal Compact* treibt sie die GEMA-Gebühren ein, die *Slickaphonics* brachte sie im großen *Teldec*-Vertrieb unter. Petra kennt das Business von allen Seiten, nur auf der Bühne stand sie selbst nie und da oben möchte sie auch gar nicht hin.

«Ich arbeite lieber im Hintergrund. Repräsentieren, im Rampenlicht stehen und so – das liegt mir nicht.» Daß sie nicht nur «die Promotion-Petra» von *Marie-Marie* ist, sondern auch Teilhaberin des Musikverlages und Labels, verschweigt sie gerne. Eine ungewöhnliche Zurückhaltung in dieser eitlen Branche. Vielleicht ist das der Grund, daß ‹ihre› Musiker so großes Vertrauen in sie setzen. Und natürlich die leuchtenden Augen, wenn sie über Musik redet.

Petra geriet – wie so viele – per Zufall in dieses Business. «Ich hatte eigentlich Fotolaborantin bei einem Mode- und Werbefotografen gelernt. Dann war ich drei Jahre Hausfrau, weil ich die Kinder bekommen habe, so richtig verheiratet. Aber das hatte ich dann satt, ich mußte wieder was tun.» Da kam die Stellenausschreibung der *Metronome* gerade recht: Sekretärin gesucht. Sie bekam den Job.

Durch die Abspaltung der *WEA*, damals noch *Kinney*, war die *Metronome* gerade erst kräftig geschrumpft, mehrere zugkräftige Künstler waren mitgegangen und das verbliebene Repertoire bestand nun aus Künstlern wie Dorte, Eric Silvester und diversen Kraut-Rockern. Die Werbeleitung setzte sich aus ganzen zwei Leuten zusammen, dem Leiter und seiner Assistentin Petra Thomsen-Röder. Doch eines Tages wurden gewisse Unregelmäßigkeiten aufgedeckt und plötzlich erschien der Chef nicht mehr zur Arbeit. Petra mußte den Job wochenlang alleine schmeißen. Sie stellte fest: Es ging. So reichte sie also auch eine Bewerbung ein, als die Stelle des Werbeleiters neu ausgeschrieben wurde. Doch sie wurde gleich abgeschmettert. Als Frau sei sie für diesen verantwortungsvollen Posten nicht geeignet, schließlich hätte sie ja noch eine Familie zu versorgen und wer weiß, ob sie nicht wieder schwanger würde…

## KLEIDUNGS-PROBLEME

Ein Typ bekam den Job. «Der hatte überhaupt keine Ahnung und ist auch schrecklich auf den Bauch gefallen.» Der nächste bitte – wieder ein Mann. «Der wollte aus mir eine richtige Sekretärin machen, nur Briefe schreiben. Da hatte ich nun überhaupt keinen Bock drauf.»

Petra zog die Konsequenzen und kündigte. «Ich wollte sowieso mal wieder was Neues machen.» Sie versuchte es mit einer Boutique, doch das ging daneben. «Ich war noch zu jung und hab das nicht richtig auf die Reihe bekommen, so selbständig zu sein.» Sie merkte es rechtzeitig und machte den Laden wieder zu, bevor die große Pleite kam. Immerhin hatte sie danach lange Zeit keine Kleidungsprobleme.

«Ich hab dann bei einem Automatenhändler angefangen, auch auf eine Anzeige hin und ohne Ahnung. Bei uns haben die Aufsteller also ihre Flipper und Musikboxen gekauft, und ich hatte die Schallplattenabteilung.» Plötzlich war sie auf die andere Seite des Schreibtisches gerutscht, vom Plattenverkauf zum -einkauf. «Da hab ich eigentlich erst so richtig begonnen, mich näher mit der ganzen Branche zu beschäftigen. Denn plötzlich kamen alle Plattenfirmen zu mir, ich bekam ständig Einladungen zu irgendwelchen Goldverleihungen und so. Man wird ja wahnsinnig hofiert, wenn man in dieser Position ist. Hier mal ein Essen, da mal eine Fernsehsendung, ständig Tickets für Konzerte.»

## TRAUTES HEIM

Die großen Companies begannen damals schon massiver, ihre Produkte über den Schallplattengroßhandel abzusetzen. Der sandte wiederum eigene Vertreter zu den einzelnen Plattenläden aus, und so konnten die Firmen eine Menge Personal einsparen. Als Petra genug davon hatte, nur Singles zu verkaufen, wechselte auch sie in den Großhandel. «Ich landete in einer jungen Firma, die sich gerade vergrößert hatte. Doch das war eher ein Chaosladen, und ich hielt es dort nicht lange aus. Ich kannte inzwischen auch den gesamten Vertriebsbereich in- und auswendig und hatte einfach Lust, wieder was Neues zu machen.» Sie kündigte und blieb erst einmal einen Sommer lang zu Hause. «Das war auch mal toll. Ich hatte Zeit, mir in Ruhe zu überlegen, was ich zukünftig machen wollte, und vor allem konnte ich viel mit den Kindern unternehmen.»

Ihre Ehe war längst auseinandergebrochen. «Wenn man früh heiratet, kann es eben passieren, daß man ganz andere Vorstellungen vom Leben entwickelt. Mein Mann hat bei Mercedes gearbeitet und war mehr so drauf: abends um fünf ist Feierabend. Und ich war abends immer unterwegs, Konzerte...»

## KATALOGNUMMERN

Nun hatte sie Zeit und wußte nur, daß sie weiterhin in der Musikbranche bleiben wollte und daß sie keinesfalls wieder bei einer großen Plattenfirma anfangen würde. «Ich kann nicht erst zehntausend Leute fragen, um eine Idee durchzusetzen. Und dann auch diese Anonymität.» Am meisten hat sie immer die in Major Companies zwangsläufig weit verbreitete Ignoranz gegenüber den Künstlern geärgert. «Die Musiker sind da nur Katalognummern. Als ich im Großhandel war, ist es mir oft passiert, daß ich eine Platte schon unheimlich gut verkauft habe, da fehlte nur noch ein letzter Promotion-Kick von der Plattenfirma und das Ding wäre richtig losgegangen. Aber es geschah nichts. So oft wurden gute Titel einfach nicht beachtet, weil sie nicht der Schwerpunkt oder nur Pflichtveröffentlichungen waren. Also wirklich, da könnte ich Stories erzählen. Brian Adams zum Beispiel. Ich hatte im Auto das tape gehört, seine erste LP, und war total begeistert. Ich rief sofort den Vertriebsleiter der *CBS* an und fragte: Was passiert nun damit? Habt ihr schon ein Konzept, den Verkauf anzuheizen? Und der meinte nur: Welche LP? Der hatte Brian Adams nie gehört! Ich sofort weiter zum Promotionbüro und der Mensch dort meinte nur: Ja, wir wissen nicht, ob das überhaupt für Deutschland geeignet ist, und außerdem haben wir doch gerade so viele Hits... Die *CBS* hatte es also nicht mehr nötig – eine tolle Einstellung! Aber so sind die meisten Majors. Die *EMI* hatte damals auch gerade eine tolle Nummer veröffentlicht, von Bruce Springsteen produziert, und ich wollte nicht, daß die einfach untergeht, nur weil die *EMI* zu der Zeit schon mit Kim Carnes Nummer eins war. Nun gab es gerade eine große Feier, ein *Musikladen Special* mit *The Tubes*, kennt ihr die noch? Da hat die *EMI* massenhaft Journalisten mit Bussen nach Bremen gekarrt, auch die ganze Firmenhierarchie war vertreten. Ich hab den Marketing-Chef gleich angesprochen – und der kannte die Gruppe nicht einmal! Vielleicht seh ich das verkehrt, aber ich finde, man sollte doch zumindest die Künstler kennen, die man selbst unter Vertrag hat.»

## GLÜCK GEHABT

Solche Erfahrungen reichten ihr – sie wollte es anders machen. Persönlicher, engagierter, «eben für die Musiker. Auf seiten der Musiker stehen, auch wenn das so blöd klingt.» Doch irgendwann mußte sie wieder anfangen zu arbeiten. Und als die Post das Telefon wegen der unbezahlten Rechnungen abstellte, fuhr sie zur Funkausstellung nach Berlin, wo sich alle trafen. Jack White bot ihr einen Job an, den kannte sie noch aus ihrer Disponentenzeit, aber sie wollte nicht so recht. «Ich hätte nach Berlin umziehen müssen, aber die Kinder hatten ihre Freunde in Hamburg, sie hätten die Schule wechseln müssen und überhaupt...»

Doch Petra hatte Glück. Zu Weihnachten traf sie einen Jugendfreund wieder, Mike Thulke, der einst in ihrer Wochenend-Disco die heißesten Scheiben aufgelegt hatte und nun dabei war, mit Hubert Branzko einen Musikverlag zu gründen. Sie merkten schnell, daß sie «die gleiche Wellenlänge» hatten. Vier Wochen später saß Petra im noch kärglich ausgestatteten Büro, meldete sich am Telefon mit «*Marie-Marie*» und organisierte Interview-Termine für die anstehende *Violent Femmes*-Tournee.

Ein guter Einstieg, denn die Band erfreute sich damals bereits großer Beliebtheit, zumindest bei *Spex* und den meisten Stadtmagazinen. Petra betreute die Band auch während der Tour, und so lernte sie weitere interessante Leute kennen – vor allem natürlich Redakteure. Das half ihr bei der nächsten Tour, beim nächsten Promotion-Versand. Inzwischen hat sie sich eine recht große Kartei aufgebaut, neben dem Telefon die wichtigste Grundlage ihrer Arbeit.

Drei Jahre macht sie das nun schon – und «mit immer mehr Spaß». Sie hat einiges erreicht in dieser Zeit. *Marie-Marie* hat inzwischen drei Mitarbeiterinnen in Hamburg, Repräsentanten in New York, Houston und Tokyo. Mike betreut diese Auslandsgeschäfte, Hubert ist für die Administration zuständig. Petra ist das, was sich in großen Plattenfirmen Product Manager und Promotion-Chefin nennt, in einer Person.

«In so einem kleinen Betrieb machst du eigentlich alles.» Eine 40-Stunden-Woche ist da nicht drin. «Die Branche ist sehr hart. Um als Independant durchhalten zu können, mußt du oft bis an die Grenze deiner Kräfte arbeiten. Persönliche Bedürfnisse außerhalb deiner Arbeit bleiben da auf der Strecke. Du hast eigentlich nie Freizeit, bist richtig froh, mal kurz mit der Nachbarin über was anderes als Musik zu reden.»

## TALENT-SCOUT

Petra ist der Talent-Scout der Firma. Kaum ein Abend, an dem sie nicht im «Kir», in der «Großen Freiheit» oder anderen Live-Läden auftaucht, um neue Gruppen zu sehen. «Und wenn mir eine besonders gut gefällt, frag ich die, ob sie schon unter Vertrag stehen, ob sie interessiert wären, es vielleicht mit uns zu versuchen. Später hört man sich in Ruhe noch mal ein Tape an, überlegt, ob es sich lohnt, das herauszubringen. Und wenn wir dann immer noch glauben, das ist super, das muß einfach sein, machen wir es entweder selbst oder wir verhandeln als Verlag mit den großen Plattenfirmen. Unser Vertrieb kann leider noch keine Singles verkaufen. Das ist ein Problem, weil es eigentlich keine LP-Hits gibt. Deshalb versuchen wir, die Vertriebswege der Majors zu nützen. Aber die Promotion gebe ich grundsätzlich nicht aus der Hand.»

Promotion bedeutet für Petra: Versand des neuen Albums an die Redaktion – jedem Päckchen liegt ein kurzes, aber persönliches Anschreiben bei. Die Tage darauf ist Petras Telefonleitung dauerbesetzt. Sie fragt nach, wie die Platte gefallen hat, ob sie gespielt wird, ob weitere Informationen benötigt werden, vielleicht auch ein Interview? Sie mag diese Arbeit, «weil das spannend ist, besonders bei neuen, noch unbekannten Bands: Schaffe ich es, die unterzubringen? Und dann zu verfolgen, wie es sich über Jahre entwickelt...» Sie fühlt sich nicht als ‹Promo-Tussi›. «Ich wurde ja selbst, als ich als Disponentin gearbeitet habe, ständig von den Plattenfirmen hofiert, und das hat mich immer genervt.» Sie kennt die andere Seite, weiß, was sie den Redakteuren zumuten kann.

«Wir sind noch nicht so weit, daß wir etwa in bestimmte Sendungen reinkommen. Klar, wir kommen eben aus dem Independant-Bereich, da ist es schwieriger als mit Elton John. Aber wir kriegen schon mal den ARD-Jugendabend oder regionale Sendungen. Mit Presse und Hörfunk läuft die Zusammenarbeit sowieso besser. Aber ich bin auch hartnäckig. Wenn ein Redakteur unser Angebot ablehnt, ruf ich an und frage warum. Die sind dann immer ganz verdutzt, daß sich sowas überhaupt jemand traut. Aber ich kann ihn nicht mit Geld locken und ich seh das auch nicht ein, ihm in den Hintern zu kriechen. Dazu bin ich auch zu stolz. Ich sag mir, irgendwann hab ich mal einen Titel, den er unbedingt haben will. Dann meldet er sich bei uns.» ▇

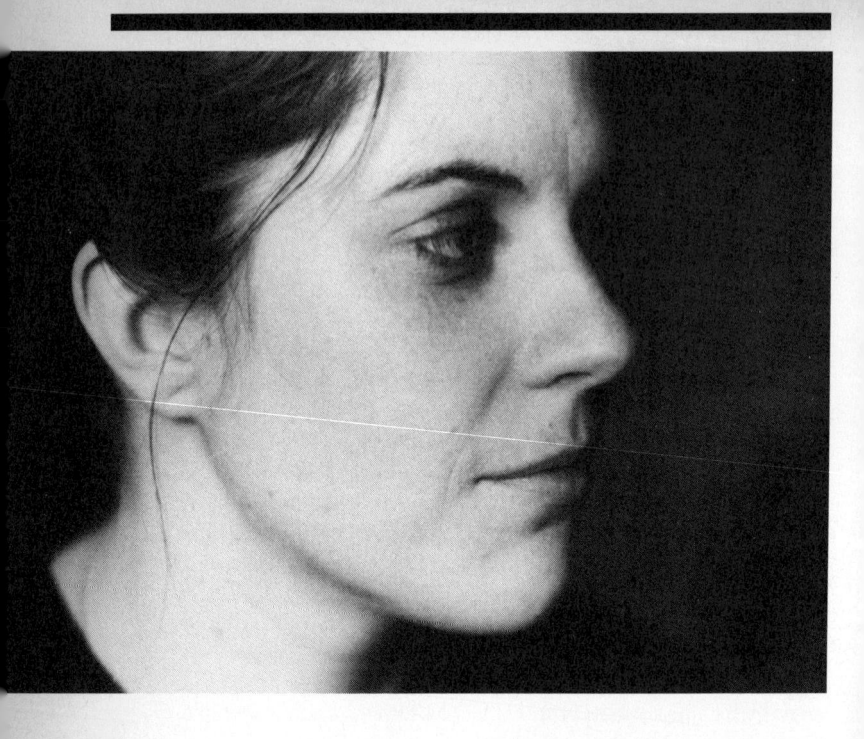

Gaby Werth, 34, Vegetarierin mit Vorliebe für Tequilla Sunrise, legt gerade den Hörer auf die Gabel, als ich zu ihrer Bürotür hereinkomme. Der Weg zu ihr führt durch die alte, denkmalgeschützte Diesel-Villa im Münchner Stadtteil Bogenhausen. Dort residiert Ralph Siegels Musikproduktion. Im Keller die modernsten Studios, darüber die ehrwürdige Empfangshalle und Chefetage. Oben, entlang der massiven Holzbalustrade, die Büros von *Jupiter records* sowie der Promotion-Abteilung für Platten-

## EINEN RIECHER FÜR HITS

*Gaby Werth, Verlagsmanagerin bei Ralph Siegel/MCA*

label und Verlag. Gaby arbeitet im Verlag als Managerin mit allerlei ambitionierten Nebenbeschäftigungen. Eben hatte sie auf Anfrage von Kerstin Kilanowski, die die Deutschland-Tournee der *Guest Stars* managt, ein Schlagzeug für einen Fernsehauftritt der britischen Frauenband besorgt.

Für gewöhnlich beschäftigt sich Gaby mit trockeneren Aufgaben. Sie ‹pflegt›, wie es in der Branche so schön heißt, den amerikanischen Musikkatalog *MCA*. Hierbei handelt es sich nicht etwa um eine Art Versandhauskatalog mit vielen bunten Bildern, sondern um eine 50 000 Musiktitel umfassende Kartei, in der alle Stücke aufgelistet sind, für die *MCA* die Verlagsrechte erworben hat. *MCA* kassiert bei jeder Veröffentlichung dieser Titel auf Tonträgern, im Rundfunk oder auf Notenblättern, behält einen Prozentsatz für die Verlagsarbeit ein (bei den meisten Verlagen 20 bis 40 Prozent), der Rest geht an Texter und Komponisten. Meistens sind es GEMA-Gebühren, die der Verlag kassiert und weitergibt an Autoren. Ein guter Verlag ist aber auch ständig bemüht, ein Stück weiter zu verkaufen: als Koppelung auf einem Sampler, als neue «Oldie»-Auflage oder in einer umarrangierten oder textübersetzten Version. Im Prinzip darf – außer zum privaten Gebrauch – niemand kommerziell mit einer Komposition, einem Text oder einer Musik arbeiten ohne die entsprechende Genehmigung des Verlages, der den Künstler vertritt, zu haben.

Gabys Katalog ist ein Kind des Hauses Siegel. Dort arbeiten 40 Mitarbeiter, davon neun im Verlag. Ralph Siegel ist einer der größten deutschen privaten Musik-Macher – und einer der umstrittensten. Er selbst ist Produzent, Komponist und Texter in einer Person, Besitzer eines eigenen Labels, moderner Studios und eben jenes Verlages. Natürlich werden Siegels Titel, die er für verschiedene Künstler schreibt (u. a. Nicole, Peter Alexander, Daliah Lavi), im eigenen Hause verlegt. So kassiert er die GEMA-Gelder für Kompositionen und Texte direkt und muß nicht einem fremden Verlag Prozente bezahlen. Es gibt einige Künstler, die, wenn sie selbst komponieren oder texten, eigene Verlage gegründet haben, um direkt zu kassieren.

## *KARTEILEICHEN SCHADEN*

Gabys Aufgabe besteht unter anderem auch darin, aus Amerika und England so viele gute Titel wie möglich aufzuspüren, zu überprüfen, ob die Verlagsrechte für Deutschland noch zu haben sind, Verhandlungen mit den ausländischen Partnern (meist Verlagsmenschen oder Plattenfirmen, seltener direkt Autoren) über den Übernahme-Vertrag und einen möglichen Vorschuß zu führen, andere Konkurrenten auszustechen und den Titel in

Deutschland zu verlegen. Der Titel wird bei der GEMA angemeldet und so gut wie möglich überwacht. Jede Veröffentlichung bringt Geld – dem Verlag und dem Autor (und wer sonst noch vertraglich dazwischen steht). Ab und an gelingt mal ein Volltreffer wie Bruce Springsteen, den Gabys Vorgänger noch eingekauft hat, als ihn kaum jemand kannte.

Das heißt, ein Verlagsmanager muß auch Ahnung vom Produkt, vom Markt haben. Bei jedem Deal geht Gaby ein betriebliches Risiko ein. Es schadet der Firma, wenn sie möglicherweise für einen hohen Vorschuß, der noch vor der deutschen Veröffentlichung fällig und nicht mehr zurückgezahlt wird, Flops einkauft. Karteileichen, auch wenn sie nichts gekostet haben, bringen keine Einnahmen.

Hier beginnt die Arbeit, die Gaby am meisten Spaß macht. Talentsuche. «Ich habe schon öfter was gerochen, und ein Jahr später kannte es die ganze Welt.» Ihre Passion gilt den kleinen unabhängigen Labels, die sie in England aufspürt. Da wird dann auch nicht wie üblich über Anwälte verhandelt, sondern direkt mit den Autoren. Wenn Gaby eine gute Band aufspürt, die vielleicht in England auf einem kleinen Label veröffentlicht hat, wird sie sich aus Passion und betrieblichem Interesse um eine Plattenfirma bemühen, die diese Band in Deutschland auf den Markt bringt. Denn nur auf Platte gepreßt kann es zu vielfachen und damit gewinnträchtigen Veröffentlichungen kommen. Fast jede Plattenfirma verfügt über ein internationales Produktmanagement, das das fertige Auslandsprodukt für den deutschen Markt übernimmt. Denen bietet also Gaby ihre Entdeckung an, sie selbst erwirbt die Verlagsrechte. Für Newcomer und Talente eine der erfolgversprechendsten Anlaufstellen. Der Verlagsmensch kennt für gewöhnlich die Branche und hat entsprechende Beziehungen. Sein Verlag hat kommerzielle Gründe, einen Künstler gut unterzubringen, weil er ja prozentual an den Einnahmen beteiligt ist. So decken sich ausnahmsweise die Interessen des Künstlers mit denen einer Firma.

## 2800 LANGSPIEL-PLATTEN

Gaby hat privat einen ganz anderen Musikgeschmack als verlegerisch. «Von Berufs wegen interessiere ich mich für erfolgversprechende Dinge. Ich höre Hitverdächtiges. Es darf kein Abklatsch von alten Sachen sein. Ich muß quasi heute erahnen, was morgen verkauft werden kann. Es muß eingängig sein, am besten mit Ecken und Kanten. Musik, die zwar ins Ohr rein-, aber nicht gleich zum anderen Ohr wieder rausgeht. Sie muß sich im Kopf verkanten und hängenbleiben. Bei deutschen Sachen habe ich selten einen Hit gehört. Bei amerikanischen schon öfter. Ich bin immer richtig stolz, wenn ich mit meiner Prognose gut lag. Ich kann mit meinem Geschmack natürlich nicht alles abdecken, auch wenn ich es gerne würde. Hier im Verlag kenne ich mich in Musiksachen allerdings am besten aus.»

Es ist in der Branche nicht unbedingt selbstverständlich, daß ein Verlagsmanager derart kompetent im Einschätzen von erfolgversprechenden Titeln ist. Dafür gibt es auch kein Patentrezept und beruht bei Gaby auf einer langen Beschäftigung mit Musik. Persönlich liebt sie englische, schottische Bands, Gitarrenmusik. «In meiner Freizeit höre ich viele Schallplatten. Ich habe eine große, wertvolle Sammlung. 2800 LPs, die ich sehr pflege. Das fing schon mit 14 an und war damals überhaupt nicht normal für ein Mädchen. Ich habe mich auch nie für die Interpreten, sondern immer nur für ihre Musik richtig interessiert. Vielleicht kam das alles, weil ich kein Instrument gespielt habe, worüber ich heute recht traurig bin. Ich habe wirklich ein merkwürdiges Verhältnis zu meinen Platten – richtig sinnlich und manchmal kribbelt es regelrecht. Ich kann mit verbundenen Augen am Geruch einer Scheibe erkennen, von welcher Firma sie ist.»

Musik war für Gaby früher immer nur Hobby. Bei der Ausbildung zur Fremdsprachenlektorin erwischte sie plötzlich die Frauenbewegung und sie stieg um auf Sozialwissenschaften, Publizistik, Soziologie und Jura. Nach dem Studium bewarb sie sich «einfach so» bei Siegel als Assistentin der Verlagsleitung, weil sie im Musikverlag eine Verbindung zwischen Journalismus und Musik vermutete. Als sie vor fünf Jahren einstieg, hatte sie von der Arbeit keine Ahnung und lernte erst einmal, wie man Verträge macht. Später übernahm sie den Katalog. Abgesehen davon, daß sie mehr Geld verdienen möchte, findet sie ihren Job ganz in Ordnung, weil sie selbständig arbeiten kann. Aber – während früher die Plattenbranche ihr Traum war, ist es heute das Bücherschreiben, natürlich über Musik. Das wäre nach ihrer Vorstellung eine Arbeit, an der sie wachsen, sich weiterentwickeln könnte. «Verlagsmanagement – der Job ist O.K., aber mit dem, was ich wirklich bin, hat das nicht viel zu tun. Ich tu was für die Unterhaltungsindustrie. Manchmal reicht es mir persönlich nicht, nur Leute mit Musik zu versorgen... Aber wenn ich dann so'n jungen Künstler vor mir habe, für den ich was tun will, das ist toll.»

## DIE WEIBCHEN-SCHIENE

Am wenigsten mag sie in dieser Branche die Promotion-Seite, die sie von ihren Kolleginnen und den eigenen Ausflügen in diesen Bereich kennt. «Für mich ist das 'ne Art Vertreterjob, Leute überreden. Es gibt ja auch so viele Männer in den Radiostationen und beim Fernsehen; nette, aber auch eingebildete und arrogante. Bei denen fühle ich mich dann auch nicht ernst genommen. Die meinen, sie sind viel kompetenter als ich. Da ich die Weibchen-Spiele nicht mitmache, hab ich es manchmal echt schwer. Ich versuche das mit meinen Fachkenntnissen auszuwetzen. Oder auf Tagungen. Auch ausländische Kollegen stellen sich das selbstverständlich vor, mit mir anzubändeln, ohne daß es richtig gefunkt hätte. Da habe ich schon manchmal Probleme, wenn es wichtige Auslandspartner sind, weil ich sie ja nicht brüskieren will. Ich versuche auch hier über Fachgespräche wieder eine sachliche Ebene reinzubringen.»

Die Weibchenschiene anderer Kolleginnen ärgert sie nur dann, wenn die mehr auf diese Tour erreichen, obwohl sie vielleicht nicht so kompetent sind. «Ich biete lieber mein Wissen an und nicht mich als Frau. Aber ich bin gerne Frau. Unter gleichwertigen Partnern kann ich auch sehr charmant sein.» Als frauenbewegter Mensch in dieser Branche reagiert sie sensibler im Umgang mit Frauen, registriert vielleicht eher Diskriminierungen, merkt sofort, wenn sie als Kollegin nicht ernst genommen wird, ärgert sich wie viele darüber, daß sie zu schlecht bezahlt wird und daß in den geschäftsführenden Etagen keine Frauen sitzen.

Wenn's um Musik geht, kennt sie allerdings keine Geschlechter-Frage. Da zählt nur die Leistung. «Ehrlich gesagt, vieles von Frauen gefällt mir nicht. Es ist langweilig und eingleisig. Unter kommerziellen Mädchenbands ist das Aussehen das Wichtigste, oder sie sind total farblos. Klampfenelsen, die Frauenlieder tüdeln. Die *Guest Stars* finde ich toll. Grace Slick und Chrissy Hynde sind meine Lieblingssängerinnen. Ich mag Frauen, die eine kräftige Stimme haben.» Das Manko vieler Frauen sei die mangelnde Profi-Einstellung. «Die können nicht mal eine Nacht lang durchüben.» Sicher gebe es auch immer noch dieses Kriterium, daß Frauen gut aussehen müssen. «Wolf Maahn hat mal über die *Bangles* gesagt, es wundere ihn, daß Frauen, die so gut aussehen, trotzdem so gute Musikerinnen seien. Also, mich wundert, daß Männer, die doof aussehen, so viel Erfolg haben.»

# IV. MANAGEMENT

## «IRGENDWIE MENSCH- LICHER ARBEITEN»

*Vivi Eickelberg*

„Guten Tag, ich bin Vivi.» Eine kleine blonde Frau reicht mir die Hand, Jeans, weißes Oberhemd, das aus dem Bestand ihres Mannes stammen könnte, die Ärmel hochgekrempelt. Als Schmuck ein Kettchen mit sechszackigem Stern. Eine Frau, die schon vom äußeren Eindruck her nicht in dieses narzißtische Glimmer-Business passen will, die man nur selten auf den einschlägigen Parties, in den Stammkneipen und Cafés der Berliner Musikerfamilie findet. «Ich habe mir abgewöhnt, das ganze Business als eine große liebe Familie zu sehen. Ich mache meinen Job und achte darauf, daß die Künstler nicht wie Waschmittel vermarktet werden. Aber ich will das Business nicht mehr so nahe an mich herankommen lassen. Das ist nicht meine Welt.» Und doch schwärmt seit drei, vier Jahren die gesamte Branche von dieser Frau; man hört soviel Nettes über sie, daß man schon wieder zur Skepsis neigt.

Vivi Eickelberg, 40, ist Promoterin (beim Begriff Managerin rümpft sie die Nase). Ihr Job ist es, Künstler in den Medien unterzubringen. Nicht irgendwelche, sondern die crème de la crème einer Szene, für die es in der deutschen Sprache noch immer keine passende Schublade gibt. Getragen von Sängern und Songschreibern, die Veränderungen wollen, die ihren Texten große

Bedeutung beimessen, auch wenn sie nicht durchweg politische Texte schreiben; zum Teil entstanden aus der Liedermacherei oder dem Chanson, emanzipierten sich die kopflastigen Barden in den letzten Jahren zunehmend auch musikalisch und kamen so den Konsumgewohnheiten eines jüngeren, Rock- und Pop-orientierten Publikums entgegen. Sie werden oft als kritisch-engagiert bezeichnet – oder auch als moralisierende Musikpädagogen belächelt – und lassen sich doch am besten durch Nennung ihrer Namen umreißen: Konstantin Wecker und Heinz Rudolf Kunze gehören dazu, Ulla Meinecke und Ina Deter, Ludwig Hirsch und Hermann van Veen, Klaus Hoffmann und Gitte Haenning. Gemeinsam ist allen, daß sie von Vivi Eickelberg promotet werden, seit 1986 gehören auch Kathrin Haug und der Kölner Kabarettist Konrad Beikircher zur «Familie», und als Jim Rakete Weihnachten '86 seine Management-Fabrik schloß, wechselte auch Manfred Maurenbrecher zu Vivi.

Fast alle brauchten Jahre, um nach «ganz oben» zu kommen, einige haben es bis heute nicht geschafft. Gitte Haenning zum Beispiel kämpft noch immer gegen ihr altes Schlager-Image an. «Heinz Rudolf Kunze braucht noch zwei Jahre, bis er den großen Durchbruch schafft», prophezeite Vivi im Frühjahr '84. Sie sollte recht behalten. Seine Plattenumsätze stiegen seitdem kontinuierlich, mit «Dein ist mein ganzes Herz» etablierte er sich endgültig unter den ganz Großen. Konstantin Wecker hat Vivi aufgebaut; «mein Erster», erzählt sie lächelnd. Ein WDR-Redakteur brachte die beiden zusammen.

## DIE FRAU AN SEINER SEITE

Aber noch einen Schritt zurück: Daß Vivi überhaupt in diese Szene hineingeriet, war auch das Verdienst eines Mannes – ihres eigenen. Der war zwar eigentlich Pelzgroßhändler, doch nebenbei auch die eine Hälfte des Musik-Blödel-Duos *Schobert & Black*. Vivi überredete ihren Gatten, die Musik zum Beruf zu machen, und wurde seine Managerin. Jahrelang steckte sie ihre ganze Energie in seine Karriere. «Eigentlich war ich ja von der Ausbildung her klassische Tänzerin, aber das war die falsche Berufswahl.» Als die Ehe scheiterte, wollte Vivi ihre Arbeit nicht aufgeben. Sie sprach andere an, ein paar Monate eigentlich jeden sympathisch scheinenden Künstler, der so aussah, als bräuchte er gerade eine Managerin. So geriet sie schließlich an Peter Horton. Sie betreute damals ehrenamtlich Gefangene, organisierte gelegentlich auch für diese Konzerte, und Peter Horton war bereit, im Tegeler Knast aufzutreten. «Wir arbeiteten zwei Jahre zusammen, aber dann nahm er eine künstlerische Entwicklung, mit der ich nichts anfangen konnte. Und wenn ich nicht voll hinter jemandem stehe, kann ich ihn auch nicht verkaufen.»

Vivis Aufgabe ist es, ihre Künstler in die Medien zu bringen – aber mit vertretbaren Inhalten, nicht um jeden Preis. Als Konstantin Wecker zwei Jahre lang kokainabhängig war, schaffte sie es, dieses Thema aus den Medien herauszuhalten. Blutgeile Reporter, die nach Gittes schwerem Unfall Fotos von ihrem übel zugerichteten Gesicht haben wollten und dafür riesige Summen boten, schmiß sie raus. Doch sowas passiert selten. Die meisten Journalisten haben begriffen, daß sie von Vivi bestimmte Geschichten nicht bekommen. Kein Klatsch, das Privatleben ihrer Künstler ist absolut tabu. Sie vermittelt Interviews, aber erzählen müssen die Künstler schon selbst.

## KONTAKTE SIND ALLES

Vivi hat sich über die Jahre eine umfangreiche Kartei aufgebaut: 1200 Medienleute, alle gespeichert in ihrem Computer, mit Telefonnummern, privat und dienstlich, Vermerken, wo der Schwerpunkt der jeweiligen Redaktion liegt, und ob der Ansprechpartner geduzt oder gesiezt werden sollte. Eine Erleichterung für ihre beiden Mitarbeiterinnen. Vivi selbst kennt die meisten persönlich. Kontakte sind das A & O in dieser Branche. «Jeder Künstler produziert auch mal eine schlechte Platte und da verhindern dann persönliche Kontakte, daß er für die Medienleute gestorben ist. Die bringen dann trotzdem was oder hören zumindest beim nächstenmal wieder intensiv hin.»

Vivi hat sich einen Vertrauensvorschuß erarbeitet, ihre Ansprechpartner wissen, daß sie «sehr textlastig» ist und keine kurzfristigen Hitjäger in ihrem «Stall» haben will, daß sie Wert legt auf die Persönlichkeit des Künstlers. So hört man ihr aufmerksam zu, wenn sie eine neue Künstlerin präsentiert. Gitte hätte es bedeutend schwieriger gehabt mit ihrem Comeback, so mancher Redakteur hätte wohl den Namen gelesen und gedacht: O Gott! – wäre da nicht Vivi im Hintergrund gewesen, die, aus einem jüdisch-sozialdemokratischen Elternhaus kommend (der Vater fünf Jahre im KZ, Flucht, Emigration, später einer der linken Anwälte Berlins), selbst seit zwei Jahren der Alternativen Liste angehört, soeben erst mit Wissenschaftlern und Bürgerinitiativen das «Alles Lüge?»-Festival zur Finanzierung einer unabhängigen Strahlenmeßstelle organisiert hatte. Die schon in den 60er Jahren stets dabei war: Demonstrationen gegen Springer und den Vietnamkrieg, Republikanischer Club, Knastarbeit und natürlich auch dort, wo sich die sozialistische Linke nach Sitzungen und Aktionen traf: am Tresen des *Extradienst*-Herausgebers Charly Guggomos. Die Redakteure wissen das alles natürlich nicht, wenn Vivi mit einem Künstler in ihre Redaktion kommt, aber sie spüren schnell, daß sie es mit einer Frau zu tun haben, für die politisches Engagement schon seit ihrer Kindheit eine Selbstverständlichkeit ist. Ob das auch mit ihrer jüdischen Herkunft zu tun hat, frage ich sie. «Nein», wehrt sie ab, auch wenn ihre Söhne David (20) und Samuel (10) heißen, «ich begreife mich nicht als Jüdin, habe mit der Religion und der Kultur nichts zu tun. Religionen haben immer Unglück und Machtgier über die Menschen gebracht. Aber was du automatisch lernst als Jüdin in Deutschland, ist, ständig wach zu bleiben, die politische Entwicklung genau im Auge zu behalten.»

Vivi und eine als konservativ geltende Schlagersängerin – das paßt nicht, da müssen Veränderungen stattgefunden haben. Und wirklich: Die hübsche Dänin entpuppte sich als nachdenklich gewordene, selbstbewußte Frau. Heute versteht sie sich gut mit Ina Deter, die Gitte noch vor vier Jahren, als sie auf einem Friedensfestival hintereinander auftraten, peinlich berührt beobachtete. «Beide haben sich in den letzten Jahren enorm verändert», meint Vivi, die damals noch eine Zusammenarbeit mit Ina Deter ablehnte. «Ich konnte mit dieser militanten, frauenbewegten Szene nichts anfangen, ich fand sie sehr holzhammermäßig. Aber Ina ist nicht mehr die knallharte Feministin, die alles oder nichts haben will und keine Zwischentöne akzeptiert; Gitte ist gerade dabei, sich selbst und ihre Umgebung anders zu beobachten, ernsthaft über Rollen und Verhaltensweisen nachzudenken.»

Gittes Entwicklung hat ihrer Karriere, ihrer Präsenz in den Medien nicht geschadet. Da hatte Vivi mit anderen Künstlern schon größere Probleme zu bewältigen. Allen voran natürlich mit Franz Josef Degenhardt, dem Kommunisten. Vivi arbeitete mit dem mittlerweile 55jährigen Barden seit dem ersten Festival der Aktion «Künstler für den Frieden». Degenhardt beklagte, er würde von den Medien boykottiert. «Ich hab ihm das nicht geglaubt und gesagt, laß es uns doch mal versuchen», erzählt Vivi. «Innerhalb von zwei Wochen hatte ich drei Fernsehauftritte vereinbart. Es ging also doch.»

# EINMAL EINE INTENDANTIN ERLEBEN

Seit der «Wende» hat sich allerdings viel verändert. «Ich kenne nur noch zwei Redakteure, die ihn überhaupt im Funk spielen. Alle anderen trauen sich nicht mehr oder dürfen nicht.» Die berühmte Schere im Kopf. Aber auch eine Konsequenz der kulturellen «Wende» in den Funkhäusern. Alles, was nicht chartsverdächtig und leicht konsumierbar ist, fliegt raus. Hat dieser Liedermacher denn noch immer keinen Synthi zu Hause, keinen Drumcomputer? Und dazu noch deutschsprachige Titel – die sind eh riskant, denn die verführen zum Hinhören. «Es sind nicht einmal unbedingt knallharte politische Aussagen, er ist ja auch viel poetischer geworden; die Zensur fängt früher an, bei der Musik, indem alles ausgegrenzt wird, was nicht dem US-mainstream nacheifert und textlich wirken will.»

«Ich möchte einmal eine Programmchefin erleben, eine Intendantin, eine Frau in Führungsposition bei einer Plattenfirma. Ich glaube, dann würde sich bereits sehr viel verändern», ergänzt Vivi noch, obwohl sie eigentlich nicht «schon wieder darüber klagen wollte, wie sehr Frauen überall benachteiligt werden». Doch Frauen seien «offener, interessierter an Künstlerpersönlichkeiten als an rein synthetischen Produkten. Ich glaube, Frauen sind eher in der Lage, neue Dinge aufzunehmen, ohne diese gleich als Bedrohung einzuordnen. Frauen sind nicht dazu erzogen worden, eine Machtposition zu verteidigen, aber Gefühle zuzulassen, was Männern verboten war und ist. Deshalb reagieren Männer oft so panisch, wenn einer wie Konstantin ihre vorgegebenen Hierarchien und Werte emotional aufbricht.»

Konstantin Wecker ist heute eine Institution, kein Problem für Vivi, wenn es um die Vermittlung von Interviewterminen oder die Präsentation der jeweils neuen Platte geht. Als er 1986 im Abstand von vier Monaten gleich zwei Alben veröffentlichte (ein Live-Mitschnitt seiner «Lieder & Lyrik»-Tournee und eine Studioproduktion), beschlossen sie gar, auf jegliche Promotion für das erste Album zu verzichten. Für Franz Josef Degenhardt dagegen konnte Vivi trotz intensiver Bemühungen 1985 nicht einen einzigen Funktermin buchen. Vivi gab auf, die beiden trennten sich. Für einen Musiker bedeutet der totale Funkboykott fast ein Berufsverbot. «Die Leute müssen doch die Stücke hören können, um zu entscheiden, gefällt mir das oder nicht.» Und ohne Funk läuft nichts. «Fernsehen kann einen Künstler unterstützen, aber entscheidend sind die Radioeinsätze, nur die machen einen Song populär. Wenn Ina nicht in die ZDF-Hitparade kommt, ist das relativ egal. Aber wenn sie von den Radiosendern boykottiert wird, hat das konkrete Auswirkungen auf den Verkauf der Platte.»

Vivi glaubt, «irgendwie menschlicher» zu arbeiten, als ihre angestellten Kolleginnen es können, und dadurch effektiver. «Die Festangestellten haben zu viel in ihren Köfferchen, da bleibt keine Zeit für individuelles Eingehen auf die einzelnen Künstler.» Das Ergebnis sind Floskeln: «Das Größte, die Beste, der neue Superhit…» Das nervt, beide Seiten zumeist. Doch der Druck der Firmen ist groß. *Media Control* spuckt unerbittlich die Erfolgsbilanzen der Funkpromoterinnen auf die Schreibtische ihrer Chefs. Es gab Zeiten, da reichten bei der *WEA* schon drei, vier mittelmäßige Wochen zur Kündigung, heute steht die *Ariola* ganz oben auf der Giftliste jobsuchender Promoterinnen. *Teldec*-Mitarbeiterinnen haben das zusätzliche Problem, daß sie den monatlichen Ausstoß ihrer Firma kaum schleppen können.

Die meisten Firmen merken inzwischen selbst, daß ihr eigenes Promotionsystem zumindest bei individuellen Künstlerpersönlichkeiten nicht das Effektivste ist. Bis eine Erkenntnis bei solch großen Konzernen in die Tat umgesetzt wird, können allerdings Jahrzehnte vergehen. «Dabei liegen die Vorteile von Freien doch auf der Hand», meint Vivi. «Freie sind nur für ganz wenige Künstler verantwortlich und können sich voll auf diese konzentrieren. Da sie nicht fest angestellt sind, verursachen sie weniger Kosten und stehen zudem unter höherem Druck, weil sie ohne Erfolge den nächsten Auftrag nicht bekommen.»

Vivi hat es geschafft, sich diesem Druck der Plattenfirmen zu entziehen. Die intensive persönliche Verbindung mit ihren Künstlern verhindert, daß eine Plattenfirma sie ausbooten könnte. Die Künstler sind alle ohne vertragliche Bindung bei ihr, «reine Vertrauenssache, wer weg will, soll auch weg können», erklärt Vivi diese für ein Geschäft, in dem es immerhin um gewaltige Summen geht, ungewöhnliche Praxis. «Solange ein Künstler aber zu mir steht, kann die Plattenfirma nichts machen.»

## «ICH WERDE ES NICHT MEHR LOS»

*Vera Brandes & Huberta Rölfing*

*E*rst wollten wir nicht so recht, schließlich sollte es doch um die Rock-Szene gehen, und mit der hat Vera Brandes nur am Rande zu tun. Doch immer wieder fiel ihr Name während der Recherchen zu diesem Buch, erstaunte Fragen von Veranstalterinnen, Musikerinnen, Promoterinnen, weil ihr Name in unserem Exposé fehlte. An dieser Frau schien kein Weg vorbeizuführen. Was Fritz Rau für den Rock bedeutet, ist sie im Jazz, in ethnischer Musik jeglicher Art. Und mehr: Sie besitzt drei Schallplattenlabel und zwei Musikverlage mit Künstlern wie Charly Mariano, Barbara Thompson, Jon Hiseman, Bettina Wegner oder Andreas Vollenweider, sie vertritt drei weitere US-amerikanische Label hier in Europa, sie verfügt über ein eigenes Tonstudio, übernimmt auch gleich die Öffentlichkeitsarbeit für die fertigen Produkte, sie managt *Playing Games* – und irgendwann zwischendurch organisiert sie noch komplette Tourneen, Konzertreihen und Festivals wie das *Kölner Blues &*

## EINE ÜBERRASCHENDE BEGEGNUNG

Lindweiler Weg, Vera Brandes' Wohn- und Arbeitssitz liegt am Rande der Stadt. Nur mit Mühe ist es uns gelungen, das Kölner Einbahnstraßenlabyrinth zu überlisten. Als sich nun die Tür vor uns öffnet, wird der Blick auf das Hausinnere von einem riesigen Bernhardiner verdeckt, der freudig erregt über uns herfällt. Im Hintergrund, das bellende Wesen beruhigend, eine bekannte Stimme: «Vera arbeitet noch.» Die Überraschung ist geglückt. Was macht Huberta Rölfing hier in Köln?

*Huberta Rölfing*

*Vera Brandes*

*Boogie-Festival* oder die bundesweit sensationell erfolgreichen *Fiestas de Salsa*. Was ist das bloß für eine Wahnsinnige, die mehrere Vollzeitjobs gleichzeitig erledigt – und das seit 14 Jahren, obwohl sie gerade erst 30 wurde.

Die Terminabsprache geht problemlos vonstatten: «Wie wär's mit Sonntagabend, da hab ich noch frei – wie lange brauchen wir?» Zur Sicherheit bekommen wir noch drei Telefonnummern – Büro, Wohnraum, Schlafzimmer. Alles im selben Haus. Wie *strange* muß diese Frau sein und leben.

«Wußtest du nicht, daß ich über Vera überhaupt erst in dieses Business gekommen bin? Ich habe sie auf einem Skihügel in Österreich kennengelernt. Diese Frau stand permanent in einer Telefonzelle – selbst oben am Lift, und wenn wir ins Hotel zurückkamen, rief ihr der Portier schon entgegen: Frau Brandes, Telefon. Danach haben wir uns nicht mehr aus den Augen verloren. Ich war damals noch Sportstudentin und brauchte immer Kohle. Ich hab deshalb häufig obskure Sachen gemacht, zum Beispiel beim WDR als Statistin gejobbt, als Tortenmädchen bei Alfred Biolek. Da hab ich Vera einfach mal gefragt, ob ich nicht in den Semesterferien bei ihr arbeiten könnte.»

*Und ich dachte immer, dein Einstieg wäre die Arbeit für Ina Deter gewesen. Fünf, sechs Jahre muß das jetzt her sein, als du neben ihr auftauchtest – und viel Erfahrung hattest du da noch nicht...*

«Ina hab ich über Vera kennengelernt. Ich wußte überhaupt nicht, daß die singt. Die Platten fand ich dann auch nicht so besonders. Den ersten richtigen Kick habe ich gekriegt, als ich Ina im Proberaum besucht habe, irgendwo in Köln unter den Eisenbahnbrücken. Es war gar nicht mal die Musik, es war Inas persönliche Ausstrahlung, ihre Art, die Musik zu präsentieren, sogar in diesem dummen Proberaum. Die Frau hatte so eine Energie, ich war hin und weg und hab sofort mein Semester geschmissen, um sie auf der anstehenden Tour zu begleiten.»

*Du hast immer am Eingang gesessen und mit leuchtenden Augen Platten und Poster verkauft...*

«Dieses ganze Merchandising-Zeugs, Aufkleber, T-Shirts, Poster usw. kam erst später, zunächst nur Platten. Aber die erste Tour war ganz schön stressig. Ich hatte ja überhaupt keine Ahnung, was mich erwartete. Für mich war kein Hotelzimmer reserviert, für mich gab es auch keinen Platz im Auto. Ich mußte im Tour-Lkw auf einem Paradekissen zwischen zwei *Zeltinger*-Roadies sitzen. Ich war ein katholisches Kind, hatte vier Jahre brav Sport studiert, kein Bier getrunken, nicht geraucht – und dann diese Roadies, mein Gott. Die hatten nur harte Sprüche drauf.»

*Als wir uns bei der nächsten Tour wiedergetroffen haben, warst du selbst Roadie und deine Sprüche waren auch nicht von schlechten Eltern.*

«Klar, das muß du, um dich durchzusetzen. Ich wurde ja auch nicht mit Glacéehandschuhen angefaßt. Ich war Backline-Roadie und mußte das Schlagzeug und die Mikros aufbauen, die Monitoranlage verkabeln. Ich hab auch geholfen, die riesigen PA-Türme abzubauen. Richtig hart. Aber das war auch in Ordnung. Ich war nun mal als Roadie eingestellt und nicht als Frau. Ich hatte aber nicht zu viele

Probleme damit, daß ich eine Frau war. In vielen Dingen war ich genauso stark wie schwächere Männer, ich kannte die Technik bald genauso gut. Aber da war schon ein hartes Leben angesagt. Wenn du Nacht für Nacht durchfährst, irgendwann nicht mehr weißt, wo du bist, wo du schläfst, immer nur im Lkw liegst. Ich hab manchmal geheult vor Erschöpfung. Aber ich wollte es ja auch.»

Das zottelige Untier stürzt wieder ins Zimmer, gefolgt von einem lachenden Lockenkopf. «Entschuldigt» – wie jung diese Frau aussieht! – «nein, ich habe nicht gearbeitet. Ich habe mit *Greenpeace* telefoniert, die planen heute abend eine Aktion zu Reagans neuem Atomversuch. Wir können denen helfen, indem wir, sobald das gestartet ist, bei den Sendern anrufen und fragen, wo die Berichte darüber bleiben. Ihr macht doch mit, oder? Wißt ihr, daß dieser neue Versuch der Amis x-mal so groß und gefährlich ist wie die Bomben auf Hiroshima…?» Sie scheint vergessen zu haben, weshalb wir eigentlich gekommen sind, und verwickelt uns in ein längeres Gespräch über *Greenpeace* und Umweltbewegungen, Atomkatastrophen und Friedenspolitik, bis sie wieder hinausrennt, um zu sehen, ob die Nachrichten schon was bringen. Wir sind überrascht.

## *SUCHT*

*Wieder zwei Jahre später warst du schon Tourneemanagerin von Wolf Maahn. Warum bist du eigentlich bei Ina ausgestiegen?*

«Es ist schwierig, wenn du eigentlich Lehrling bist, aber den Gesellen machen sollst. Es ging einfach nicht mehr. Unsere Freundschaft fing an, darunter zu leiden. Ich hab dann für Wolf Maahn allein von meinem Schlafzimmer aus die nächste Tournee gebucht. Ich kannte nichts und niemanden, aber Wolf hatte großes Vertrauen zu mir. Dann hatte ich allerdings einen Schlaganfall und mußte eine Weile aufhören.»

*Weshalb bist du eigentlich nie ganz ausgestiegen? Ein Schlaganfall – und das mit 28 – da könnte man doch auf die Idee kommen, zumindest schonender mit seinen Kräften umzugehen. Aber du warst auf der nächsten Ina Deter-Tournee schon wieder dabei, dein Name tauchte in Verbindung mit Conny Konzack und den Geschwistern Humpe auf, dann hast du plötzlich bei Vivi Eickelberg gearbeitet. Was hat dich immer wieder in dieses Business getrieben?*

«Es ist eine Sucht. Wenn man einmal drin ist, kann man nicht mehr aufhören. Deshalb war ich sehr glücklich, daß sich Vivi mit mir in

Verbindung setzte, als ich bei Conny aufgehört hatte. Ich hatte mit ihm zusammen das Management für Inga und Annette Humpe gemacht, aber ich konnte nicht mehr mit ihm zusammenarbeiten. Ich war fix und fertig. Das war ein ewiges Macht- und Konkurrenzspiel. Ich war dem nicht gewachsen. Conny ist kein übler Mensch, aber mit ihm zusammenarbeiten ist eine Strafe. Das ist unmöglich. Doch in diese Situation platzte auch Ina rein. Ihr Manager hatte ihr die Tournee vor die Füße geworfen. Ich hab also alles neu zusammengestellt und bin auch 60 Tage als Tourneemanagerin mitgefahren. Bei Vivi sollte ich danach den ganzen Schreibbereich lernen, Sekretärin quasi. Ich war auch voll gewillt, das zu machen, aber nach drei Monaten dachte ich, ich sterbe. Ich kann organisieren, ich kann Leute mobilisieren, ich kann verkaufen. Aber ich habe festgestellt, ich kann nicht morgens um zehn anfangen und abends um sechs nach Hause gehen, in einem festen Acht-Stunden-Rhythmus. Ich kann mit Leuten arbeiten, aber nicht für Leute. Ich brauche selbständige Bereiche. Wenn mich jemand fest anstellt, gibt es Stress. Wenn ich an was glaube, mache ich das mit Haut und Haaren. Da spielt es für mich überhaupt keine Rolle, ob ich acht oder zwölf Stunden am Tag arbeite, weil ich in dem Moment etwas schaffe, was ich schaffen will.»

*Auf Kosten deiner Gesundheit und deiner persönlichen Entwicklung? Mir ist aufgefallen, daß Menschen sich rapide verändern, wenn sie so intensiv in dieses ewig coole, oberflächliche Glimmergewerbe verstrickt sind.*

«Was mich sehr schockiert hat all die Jahre, war, festzustellen, wie Frauen die ganzen männlichen Eigenschaften angenommen haben. Ich sah mich selbst auch auf dem besten Wege dazu. Das kam auch gut an. Ich hab immer einen auf flott gemacht, spitzes Mundwerk. Im letzten Jahr sind mir da wahnsinnig die Augen aufgegangen. Ich habe gemerkt, dieses Geschäft kann man auch aus einer ganz anderen Kraft, einer inneren Kraft heraus machen. Aber: Ich hätte mich, wenn ich nicht in dieses Business hineingerutscht wäre, niemals so in Frage gestellt. Denn in diesem Gewerbe spürst du tagtäglich die Diskrepanz zwischen dem, was du darstellst und wie du bist.»

## *NOTBREMSE*

«Ich glaube, das ist richtig. Dieses Business ist eine Riesenherausforderung», schaltet sich Vera in das Gespräch ein, nachdem sie eine halbe Stunde ruhig, nachdenklich und Kräutertee schlürfend zugehört hat. «Viele Leute sind dem körperlich nicht gewachsen. Dem kann man eigentlich auch nicht gewachsen sein. Die Anstrengungen sind zum Teil wirklich unmenschlich. Man muß sich wahnsinnig zusammenreißen und selbst auf die Bremse treten, um sich nicht in den Strudel ziehen zu lassen. Ich trinke zum Beispiel abends nie Kaffee, um mich wachzuhalten und länger arbeiten zu können. Ich hab sogar das Rauchen aufgegeben, weil ich merke, daß das keinen guten Effekt hat. Mein Körper muß mir als Barometer für die Kräfte, die ich habe, völlig unbeeinflußt zur Verfügung stehen. Das ist der einzige Indikator, den ich habe, um zu merken, was über meine Kräfte geht.»

Vera hat die Notbremse gezogen, ihr Leben umgestellt, nachdem sie vor zwei Jahren während einer extrem anstrengenden Phase – zwei parallel laufende Festivaltourneen – ihren völligen Zusammenbruch erleben mußte. Vier Schulmediziner konnten ihr nicht helfen, sie geriet an einen Naturheilkundler und seitdem lebt sie gesünder. «Früher hab ich quer durch die Apotheke alles an Medikamenten gefressen, was überhaupt irgendwie nützlich schien. Ich war dabei, meine Gesundheit zu ruinieren. Wenn ich heute frustriert bin, schmeiß ich keine Tabletten ein, sondern setze mich ins Auto und fahre weg.»

«Aber nie zu lange», ergänzt Katharina, die gerade von Vera zur Musikverlagskauffrau ausgebildet wird. Selbst die Urlaubsreisen – «bis zu 14 Tage» – entwickeln ihre eigene Dynamik.

«Mit Ina und Huberta war ich mal auf Formentera. Gleich am ersten Tag, wir liegen am FKK-Strand herum und was passiert? Da läuft der Promotion-Chef der *Phonogram* vorbei.» Danach versuchte sie es etwas weiter weg – in Brasilien. «Ich dachte, das ist eine völlig andere Welt. Und was passiert? Ich komme in den ersten Plattenladen rein und sehe dort Vollenweider-Alben in Hunderterstapeln liegen. Ich hatte noch nie was von einer Veröffentlichung dieses Albums in Brasilien gehört. Ich also sofort zum Telefon, die Plattenfirma angerufen: Ihr Arschlöcher, ihr verkauft hier wie wahnsinnig, das Ding ist sogar in den Charts und ihr habt nie eine einzige Mark Lizenzen rübergeschoben... Also, ich werde die Arbeit nicht los.» Eigentlich will sie sie auch gar nicht loswerden. «Natürlich ist es manchmal nervend, unangenehm. Aber es macht mich auch wahnsinnig stolz und ich denke: Du hast schon einiges hingekriegt.»

## DIENSTLEISTUNGS-GEWERBE

Ihr erstes Konzert organisierte sie 1973. Da war sie knapp 17 und auf Grund ihres frechen Mundwerks Schulsprecherin, zuständig auch für die Organisation von

Schulfeten. Eigentlich war damals Rock angesagt, doch Freunde steckten Vera mit der Nase in die Jazz-Szene, nahmen sie mit zu Konzerten, machten sie mit den Musikern bekannt. Sie war fasziniert, besorgte sich sämtliche Scheiben von *ACM*, dem damals einzigen Jazzlabel, und startete, kaum voll geschäftsfähig, eine Konzertreihe «*New Jazz in Köln*». Sie hatte beschlossen, diese Musik zu ihrem Beruf zu machen.

Die Eltern sahen das anders. «Nachdem ich mit dem Abi fertig war, stellten mich meine Eltern vor die Wahl: Entweder du lernst jetzt einen soliden Beruf oder siehst zu, wie du dich finanziell alleine durchschlägst. Diese Musikgeschichten werden wir nicht länger subventionieren. So habe ich mir einen Trick ausgedacht, womit ich einerseits Kohle von meinen Eltern kriegte und außerdem Zeit genug hatte, meinen Job zu machen. Ich ging dreimal die Woche zwischen sechs und acht abends auf die Werbefachschule. Da lernte ich zwar nichts Neues, aber alles, was ich ohnehin schon tat, wurde mir als richtig attestiert. Ich lernte mein passives Vokabular in aktives umzusetzen und den ganzen Fachjargon draufzuhaben. Das fand ich sehr praktisch.»

Seit drei Jahren bildet sie selbst aus. Sechs Mitarbeiterinnen hat sie zur Zeit. Den letzten Versuch mit einem Mann machte sie vor fünf Jahren «und der ist furchtbar in die Hose gegangen». Frauen arbeiten «extrem sorgfältiger, mit mehr Liebe zum Detail», hat sie festgestellt. «Das ist ein großer Unsinn, daß ansonsten in der Branche Frauen immer nur eingesetzt werden, wenn es darum geht, zumeist männlichen Redakteuren etwas zu verkaufen.» Verkauft sie sich nicht, wenn sie einen ihrer Schützlinge in den Medien unterbringen will? «Gelegentlich schon. Zum Beispiel, wenn ich mit jemandem telefoniere, der in einem Sender eine wichtige Position hat, aber keine Ahnung von der Musik, die ich ihm anbieten will. Dann laß ich auch allen Charme spielen, den ich habe. Wenn ich meinen Job gut machen will, muß ich auch bereit sein, Leuten hinterherzurennen – ohne dabei das Gesicht zu verlieren. Ich betreibe ein Dienstleistungsgewerbe, damit muß ich mich abfinden.»

## ZWISCHEN DEN KULTUREN

Die Redaktionen haben sich inzwischen daran gewöhnt, daß Vera Brandes unaufhörlich neue Musiker anschleppt, deren Namen sie noch nie zuvor gehört haben. Denn Vera kümmert sich um all das, was abseits des Mainstream angesiedelt ist. Kip Hanrahan, Taj Mahal, Carla Bley, Jaspar van't Hof, Tito Puente, Ruben Blades, Salsa Picante,

Astor Piazolla... «Meine Leidenschaft ist ethnische Musik. Mich interessiert nicht ein ganz bestimmter Stil, ich bin musikalisch absolut kein monogamer Mensch. Der rote Faden meiner Arbeit sind Begegnungen verschiedener Kulturen», versucht sie ihr musikalisches Konzept zu beschreiben. «Die Fusion von Jazz mit Elementen des Rock oder das Erlebnis, indische oder lateinamerikanische Musik nach Europa zu holen. Ich glaube, ein kultureller Austausch ist die beste Möglichkeit, ein Verständnis zwischen den Bevölkerungen verschiedener Erdteile zu schaffen.» Ein fast schon politisches Konzept? «Sicher. Ich bin ein sehr politischer Mensch.» Mit zwölf lief sie schon bei den Demonstrationen gegen die Notstandsgesetze mit, mit 13 wäre sie beinahe von der Schule geflogen, «weil ich als Schülersprecherin eine Demo gegen den § 218 anzettelte». Ihr Interesse an Musik aus der Dritten Welt ist «auch ein politisches. Ich hab zum Beispiel heute eine ganz andere Beziehung zu einem Land wie Kolumbien, seitdem ich von dort eine Band nach Deutschland geholt habe. Ich hoffe, daß sowas auch beim normalen Publikum funktioniert, daß Menschen, die ansonsten nur die gängige Musik konsumieren, durch die Berührung mit ethnischer Musik auch eine andere Einstellung zu den Dingen kriegen. Ein kleiner Beitrag, ich weiß, aber für mich sehr wichtig.»

Kontinuierliches Engagement in einer politischen Initiative kann sie sich auf Grund ihrer Arbeit nicht leisten. «Ich kann immer nur Feuerwehr spielen, kurzfristig irgendwas organisieren, den Initiativen Kontakt zu Künstlern vermitteln.» Wie viele Stunden sie pro Woche arbeitet, «hab ich mir nie ausgerechnet. Ich kenne keinen einzigen Selbständigen in dieser Branche, der eine 40-Stunden-Woche hätte. Außerdem wär das für mich ein Horror. Ich muß einfach immer was tun.» Freizeit kennt sie so gut wie gar nicht. Selbst als sie sich eine zweite Wohnung zulegte, «um eine klare Trennung von Arbeit und Privatleben zu bekommen», hatte sie dafür berufliche Gründe – sie will in ihrer Arbeit «noch besser werden. Dazu brauche ich ruhige Stunden, um neben den alltäglichen Aktionen auch nachdenken zu können. Da ich mich im Büro nicht daran halte, baue ich mir eine Krücke und schaffe mir eine zweite Wohnung an.» Und ihr größtes Ziel für 1987 ist natürlich auch ein berufliches: «Mein erstes Pop-Projekt, *Playing Games*, zu einer der führenden Bands in Deutschland zu machen.»

# EINE SCHEINBAR PRIVATE EBENE

*Kerstin Kilanowski, Agentur Defizit*

Der Name ihrer Agentur umschreibt einen Zustand, aus dem heraus auch die Idee zu diesem Buch entstanden ist: DEFIZIT. Kerstin Kilanowski, 31 Jahre alt, Feministin mit Musikleidenschaft, unternimmt seit drei Jahren einige Anstrengungen, in Köln eine zentrale Anlaufstelle für Musikerinnen zu installieren. Ein schwieriges Unterfangen, für das man einen langen Atem braucht. Und andere Einnahmequellen. Denn – das Ein-Frau-Unternehmen trägt sich finanziell (noch) nicht selbst. Kerstin lebt von Einnahmen als freie Journalistin und Promoterin.

## EIGELSTEIN

Journalistin oder Lektorin wollte sie während ihres Studiums der englischen Literaturwissenschaften werden. Doch dann entdeckte sie nach ihrem Examen eine Anzeige. Der Vertrieb des Kölner Independant-Labels *Eigelstein* suchte eine Mitarbeiterin. Das war 1981 – zu einer Zeit, in der Plattenindustrie und Publikum die Neue Deutsche Welle entdeckten. «Ich spielte damals in einer Frauenband Schlagzeug und wollte weiter im Kulturbereich bleiben. Es war mir aber nicht egal, wo ich arbeite. Ich hatte schon einen unterschriebenen Vertrag eines der größten Verlagshäuser im Musikbereich in der Tasche. Mir war allerdings klar, daß sie dort in der Hauptsache Schweinemusik machen – mit unpolitischen, abgewichsten Mitarbeitern wie in jeder Versicherungsfirma.» Drum stieg sie lieber als Promoterin bei *Eigelstein* ein, eine der engagiertesten Plattenfirmen Deutschlands.

«Als ich mir anfangs die Platten durchgehört habe – Avantgarde, politische Liedermacher, Jazz – dachte ich: ‹O Gott! Was ist das denn!› Alles Platten, die man nie im Radio hört. Das war ein spannender Prozeß, wie sich innerhalb von zwei Jahren meine Hörgewohnheiten verändert haben. Seitdem verstehe ich mehr von Musik, hat sich mein Bewußtsein über kulturpolitische Zusammenhänge verändert.»

Im Zuge der Neuen Deutschen Welle machte der *Eigelstein*-Vertrieb plötzlich Umsätze, die weit über die bisherigen Dimensionen hinausgingen. Entscheidungen, zuvor in langwierigen, demokratischen Prozessen mit allen Mitarbeitern getroffen, wurden plötzlich industriellen Marktstrukturen angepaßt, weil der damalige Geschäftsführer mit der NDW hohe Verkaufszahlen witterte. «Da war nicht mehr die Frage, warum man eine Platte vertreiben will, entscheidend, also: Stecken innovative Ideen hinter der Musik? Wer soll angesprochen werden? Wird mit der Musik eine Gegenkultur entwickelt?»

Die Konflikte spitzten sich zu.

Der Vertrieb griff immer öfter zu marktüblichen Werbemaßnahmen, mit denen Kerstin nicht einverstanden war. Zum Beispiel Andreas Dorau («Fred vom Jupiter»). «Ich habe heimlich so ganz teure Vierfarb-Postkarten weggeschmissen, auf denen der 17jährige Knabe im schwarzen Anzug stand, um ihn herum 11- bis 13jährige Mädchen im Bikini. Das fand ich völlig geschmacklos. Es gab Krach. Und es kam auch der Ausspruch: ‹Klar, wir verstehen das schon, wenn du als Feministin sowas nicht machen kannst.› Es gibt andere Promoter, die nicht diese Skrupel haben.»

Die unerträglichen Anforderungen wurden immer stärker. Noch bevor der Vertrieb später in die Miesen rutschte, kündigten sämtliche Mitarbeiter, weil sie mit dem Unternehmensgebaren des Geschäftsführers nicht einverstanden waren. Der blieb mit seinem Packer allein und suchte sich neue Mitarbeiter.

Sich selbst verkaufen, Kompromisse und Zugeständnisse machen ist nicht unbedingt Kerstins Sache. «Ich sehe da immer politische Zusammenhänge, ganz gleich, ob es sich um sexistische Tendenzen in der Arbeit als Promoterin handelt oder um Dumpf-Musik verdealen aus ökonomischen Gründen. Darum bin ich auch eigentlich eine schlechte Promoterin.»

Ihr geht es auf die Nerven,

wenn Journalisten sich nicht auf ein fachliches Gespräch mit ihr einlassen wollen. «Die meisten verwechseln da etwas. Sie meinen, ich wolle sie wegen ihrer schönen blauen Augen treffen. Die Arbeit einer Promoterin liegt zu einem großen Teil darin, daß sie eine scheinbar private Ebene mit dem Journalisten finden muß, um zu geschäftlichen Ergebnissen zu kommen. Deshalb werden ja auch hauptsächlich Frauen eingestellt, weil sie traditionellerweise dem Geschäftlichen eine emotionale Note geben.»

Kerstin kleidet sich auf Tour oder bei Promotionsreisen bewußt unauffällig. «Ich möchte in keiner Weise, daß die Männer denken, sie könnten von mir was anderes bekommen als eine Auseinandersetzung über inhaltliche Dinge. Ich mach mich ja nicht häßlich, aber ich fühle mich so viel sicherer.» Sie hat Promoterinnen kennengelernt, die sich auf Terminfahrten von der «sympathischen Durchschnittsfrau zur aufgedonnerten Anmacherin» verwandelten.

## DEFIZIT

Nach ihrer Kündigung beim *Eigelstein*-Vertrieb, der eine eigenständige Firma war und später pleite ging, bekam sie einen Arbeitsvertrag bei der *Eigelstein*-Produktion. Als sich der allgemeine Rückgang der Plattenverkäufe 1983 auch bei *Eigelstein* niederschlug, mußten die meisten Mitarbeiter entlassen werden, auch Kerstin. Heute arbeitet sie freiberuflich wieder gelegentlich für die Firma, die sich finanziell einigermaßen erholt hat.

Die Idee zur Agentur *DEFIZIT* entstand, weil Kerstin während ihrer Musikarbeit merkte, daß die ohnehin wenigen Musikerinnen im Lande fast nichts miteinander zu tun hatten. Zwar gibt es an diversen Orten Musikerinnen-Initiativen, aber zwischen den Städten passiert nicht viel. Dabei besteht ein erklärtes Bedürfnis nach Zusammenarbeit und Austausch. Das beginnt mit Informationen über Konzerttermine, Band-Suche oder praktische Arbeitshilfen, führt über Vermittlung, Management und Promotion bis zur Tourneeleitung. «Ich gebe auch Tips bezüglich Plattenaufnahmen. Produzententätigkeit. Covergestaltung. Konzeptionelle Arbeit. Überhaupt die Frage, ob Musikerinnen bereits reif sind für eine LP-Produktion. Viele glauben – und darin unterscheiden sie sich nicht von den männlichen Kollegen –, daß es reicht, interessante Musik zu machen. Es fehlt aber ein Gesamtkonzept in ihrer Musik. «All dieses zu koordinieren und organisieren ist Ziel von *DEFIZIT* und sicherlich nicht alleine von Kerstin zu bewältigen, die von sich sagt: «Ich arbeite vom Aufstehen bis zum Schlafengehen.»

## ANSPRÜCHE

Kerstin stellt Ansprüche an die Musikerinnen, die mit ihr zusammen arbeiten wollen: «Es sollen von der Motivation her Profis sein, die nicht vor jedem Auftritt erst diskutieren, ob sie überhaupt auf die Bühne gehen wollen. Ich möchte mit Gruppen arbeiten, die schon was Eigenständiges zu bieten haben. Es reicht mir nicht, daß Frauen hinter Instrumenten stehen.»

Die Frage, ob es einen Unterschied zwischen männlicher und weiblicher Rockmusik gibt, kommt ihr zu früh. «Frauen sind doch im Rockbereich mit Ausnahme von Sängerinnen erst ein paar Jahre verstärkt zu sehen. Laß denen noch etwas Zeit, damit sich was entwickeln kann. Im Bereich der Avantgarde allerdings gibt es wahnsinnig gute Frauen. Da müssen die Männer noch lange stricken, bis sie so gut sind wie zum Beispiel Meredith Monk.»

Kerstin will mit *DEFIZIT* auch in einen Bereich des Business stoßen, der einen ganz unseriösen Ruf hat: Management. «Oft läuft da der größte Beschiß. Da kauft ein Agent eine Gruppe für eine Tournee ein, sagt denen, ihr kriegt pro Gig soundsoviel Geld, macht aber mit den Veranstaltern ganz andere Gagen aus, die er dann größtenteils selbst einstreicht. Oder: Ich kenne einen freien Produzenten in Köln, der mit einer schwarzen, sehr guten Sängerin, die kein Deutsch verstand, einen Vertrag machen wollte. Sie sprach mich an und ich ging mit ihr als Beraterin zu der Vertragsunterzeichnung. Da stellte sich im Gespräch heraus: Er hat die Stücke geschrieben, besitzt dafür einen eigenen Verlag, stellt Studio und Musiker, kassiert GEMA. Streicht alles ein und bietet ihr eine kleine Abfindung dafür, daß sie ins Studio geht. Er stellt sich als wahnsinnig großzügig dar und spricht von Live-Auftritten. Ich frage ihn, wie das ohne Band gehen soll. Und er meint, na, ja. In Diskotheken zu Playback. Die Frau hatte das alles überhaupt nicht mitbekommen und hätte den Vertrag fast unterschrieben.»

# V. MEDIEN

## BRAVO FÜR HEAD-BANGER

*Gundi Hoppe, Chefredakteurin bei CRASH*

Als Mädchen hatte sie ständig Hausarrest und dachte, Menschen, die in Diskos gehen, seien schlecht. Ihre Oma glaubt heute noch, daß sie mal «auf der Straße landen» wird. Mit 17 war sie Beamtenanwärterin, weil ihre Eltern darauf bestanden hatten. Mit 18 durfte sie, da volljährig, machen, was sie wollte: eine grafische Ausbildung. Später arbeitete sie als Immobilienmaklerin. Dann kam Freund Jörg und schleppte sie ins Musikbusiness. Von da an wollte sie nie wieder raus aus der Branche. Heute ist Gundel Hoppe, alle nennen sie Gundi, Chefredakteurin des «definitiven Hardrock- & Metal-Magazins» *CRASH*. Auflage 120000. Eine Publikation der Jürg Marquard-Gruppe, in der u. a. *Musik-Express / Sounds* und *Cosmopolitan* erscheinen. Ärgster deutscher Konkurrent: *Metal Hammer*.

Gundi, 29, ist die einzige festangestellte Redakteurin für *CRASH*. Als direkte Mitarbeiterin steht ihr nur die Layouterin Uschi Brem-Freund zur Seite. Außerdem arbeitet sie mit Anne, der Sekretärin der Verlagsgruppe zusammen. Gelegentlich greift ihr noch Bernd Gockel unter die Arme, der aber hauptamtlich als Chefredakteur beim *Musik Express* arbeitet und Gundi nach München in das supermoderne Verlagshaus geholt hat.

Eine junge Frau, blond und blauäugig, die vorübergehend als Redaktionsassistentin beim *Musik-Player* gearbeitet hat («Da gab's nur Pfuscher.») und, bevor sie über Bernd Gockel zum *Musik Express* kam («Wow, das war's, was ich wollte.»), zwischendurch für den Berliner Musikmanager und Fotografen Jim Rakete arbeitete – jetzt Chefin über ein Heer von freien Mitarbeitern und verantwortlich für das Monatsblatt im Vierfarbdruck. Im Musikgeschäft ist eben alles möglich.

## DIE MAUSIS

Ihre Karriere in diesem Business begann, wie für so viele Frauen, als Sekretärin. Nachdem sie für Freund Jörg nächtelang neben ihrem Makler-Job das Layout für eine Musik-Zeitschrift gemacht hatte, entschied sie sich für die Szene: Mitarbeiterin in Jörgs Management der Hagener Punk-Welle-Band *Extrabreit*. Aber im Büro lernte sie nicht, wie erhofft, die interessanten Leute kennen. Und was die Musiker brachten, glaubte sie, auf ihre Art, auch zu können. *Die Mausis* hieß ihre Frauenband, in der sie «gefühlsmäßig» Bass spielte. Den Namen hatte ihnen Kai Havaii, der Sänger von *Extrabreit*, am Küchentisch seiner und Jörgs Wohngemeinschaft verpaßt. Eine ihrer Nummern «Orient, Orient», erschien prompt auf dem 2. Hagen-Sampler. Sängerin Mausi meinte, nun müsse eine richtige Schlagzeugerin her und stellte Nena Kerner vor. Das mißfiel Gundi, weil Nena Rock trommelte und Gundi damals auf zu neuen Ufern wollte – sprich Punk oder New Wave. Nena ging nach Berlin und wurde berühmt, gemanagt vom Büro Jim Rakete.

Mit der Trennung von *Extrabreit* und dem Weggang des Szene-Gurus Jörg Hoppe starb auch die Hagener Szene. Gundi bewarb sich in München – dort lebte Jörg mittlerweile – als Redaktionsassistentin beim *Musik-Player*. Den gibt es heute noch unter dem Namen *Soundcheck*. Durch Jörg lernte sie Bernd Gokkel kennen und durfte beim *Musik-Express* den Posten eines ausscheidenden Redakteurs übernehmen. «Die hatten immer geile News. Ich war tierisch neugierig, wo sie die wohl her hatten. Das wollte ich wissen.»

Alles lief schön. Aber der Punk griff wieder nach Gundi. Sie kündigte kurzerhand, urlaubte mit Nena und Freundeskreis auf den Malediven, zog zu Jörg nach Berlin, um mit Susanne, der Freundin von *Nena*-Gitarrist Carlo Karges, Musik zu machen, was aber am mangelnden Verständnis füreinander scheiterte. Heute arbeitet Suse als Popstar-Stylistin und Gundi hat sie im *CRASH* beim Stylen der Hardrockerinnen *Rosy Vista* porträtiert.

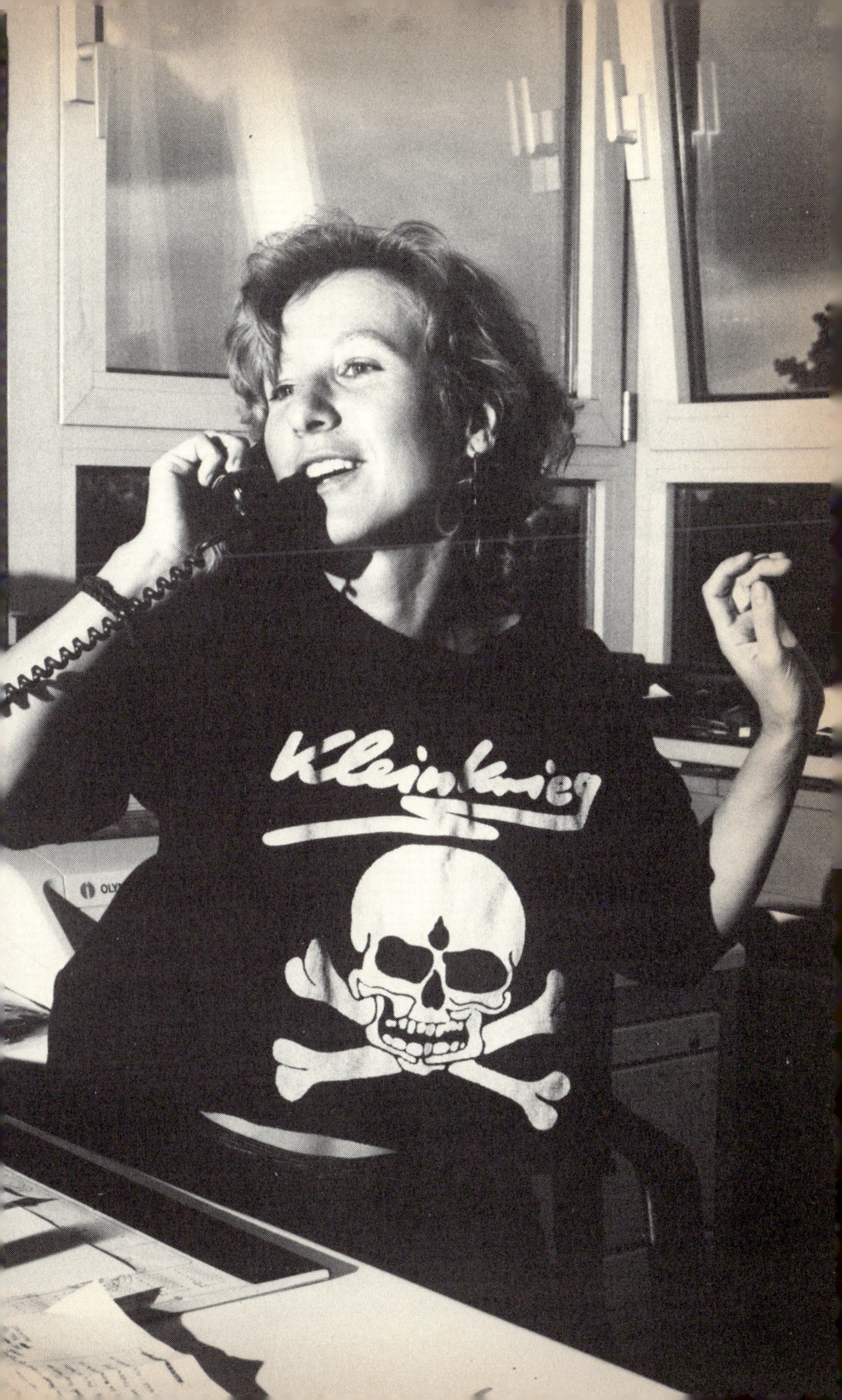
Kleinkrieg

## BEI RAKETE

Im Rakete-Büro, in dem fast nur Frauen arbeiteten, war damals noch ein Plätzchen frei: Promotion für die ansässigen Künstler, die Gundi teilweise bereits kannte. *Nena* im Studio betreuen, Brötchen holen und Musiker besorgen. Gundi bekam bald ihr eigenes ‹Baby›, Anke Wendland. «Ich habe zwar nicht auf ihre Musik gestanden, aber auf sie als Person. Ich weiß nicht, wie es passiert ist, und ich habe es bis heute nicht verwunden, aber sie konnte mich von einem auf den anderen Tag nicht mehr leiden. Ich habe dann die ‹*Band für Afrika*›-Geschichte organisiert. Da war ich stolz auf mich, alles unter einen Hut gebracht zu haben.» Aber sonst gab es wenig für Gundi zu tun: «Wir waren einfach zu viele. Und dazu kam, daß Jim sowieso am liebsten alles selbst in die Hand nahm und sich nicht reinreden ließ in das, was er unter dem ‹Konzept Fabrik› verstand. Und damit konnte ich mich weiß Gott nicht immer identifizieren. Dadurch, daß ich mit meiner Auffassung von effektiver Künstlerbetreuung ständig daneben zu liegen schien, wurde ich schließlich völlig verunsichert. Ich hatte überhaupt keinen eigenen Stil mehr und mein Selbstbewußtsein war dahin.»

Dazu kam, daß Anke Wendland nicht der Star wurde, den das Büro gerne aus ihr gemacht hätte. «Sie landete nicht in den Charts mit meiner Promotion, und das nehme ich auf meine Kappe. Wenn ich etwas nicht hundertprozentig hinkriege, bin ich schlecht.» Dabei ist wahrlich nicht nur die Promotion an einem Flop schuld. Allein – es fehlten die Erfolgserlebnisse und die Bestätigung. Gerade war sie auf dem Weg zum Arbeitsamt, um endlich «was Richtiges» zu lernen, da rief wieder Bernd Gockel aus München an: «Hast du keine Lust, *CRASH* zu machen?»

Das war's. Nach Punk, New Wave und dem ganzen Deutsch-Rock nun Heavy Metal – und zwar definitiv. «Ich hatte ja bisher mit der Mucke gar nichts zu tun. Aber ich habe sofort ja gesagt und bin in ein Hotel nach München umgezogen. Die Zeitung war Anfang des Jahres (1986) neu rausgekommen und ‹stand› im Groben bereits. Ich kam ins Büro, sofort ans Telefon. Ich hatte ja sonst nix. Keine Mitarbeiter, keine Platten, keine Stories und nur die Hälfte der üblichen Zeit für meine erste Ausgabe.» Ohne Bernd und ihre Layouterin, die vielen freien Mitarbeiter, die größtenteils selber Schwermetall-Fans sind, und die feste Überzeugung «Ich schaff's!» wäre das Projekt wohl baden gegangen. Das vergleichsweise geringe Anfangsgehalt konnte wohl nicht allein der Anreiz sein, rund um die Uhr zu arbeiten. Und mit dem Thema hatte Gundi bisher auch nicht viel im Sinn.

## BRAVO

Das hat sich zwischenzeitlich geändert, wie auch ihr Gehalt. «Vieles im Heavy Metal überschneidet sich mit Punk. *HM* ist momentan die einzige ursprüngliche und gute Musik. Kommt aus der Arbeiterecke wie ich auch. Damit kann ich mich identifizieren.» Abgesehen davon findet sie viele Musikstile gut. «Das ist das Gräßliche an mir. Ich kann alles hören.» Und sie hat ganz genaue journalistische Ziele. «Ich will eine Art *BRAVO* machen für diese spezielle Branche: Gut zu lesen, kurze Geschichten, knappe und interessante Infos – bunt, was die Mischung betrifft. Das *CRASH* soll eine perfekte Ergänzung zu Platten und Konzerten werden. Ich will dafür sorgen, daß Hardrock und Heavy Metal für möglichst viele Leute interessant werden, daß sowas zum Beispiel auch verstärkt im Fernsehen gezeigt wird.» *BRAVO* ist ihre Lieblingszeitung, was die Aufmachung betrifft. Arbeiten möchte sie dort allerdings nicht, höchstens mal, um «das System» kennenzulernen.

Die Artikel für *CRASH* bespricht sie mit ihren Mitarbeitern. «In Gesprächen mit meinen Jungs oder auch mit Jörg oder meiner Schwester Sabine, die ebenfalls Hardrock-Fan ist, erfahre ich, häufig auch in Nebensätzen, so viel, was ich hinterher, manchmal im ganz anderen Zusammenhang, als Baustein für 'ne gute Idee verwenden kann!»

Am Schreiben selbst ist sie nicht so sehr interessiert. «Schreiber sind entweder ‹Künstler› oder Fans und als Fan kann ich mich auch so beweisen. Ich bin eher ein Organisations-Typ», das heißt Artikel und Fotos bestellen, terminieren, redigieren und vor allen Dingen: *spüren*, was angesagt ist. Sie muß inhaltliche Schwerpunkte setzen, Kontakte aufbauen und pflegen, Titelbild und Layout besprechen, entscheiden, welche Stories wie ins Blatt gehievt werden. Es müssen Werbemaßnahmen entwickelt werden, «damit das *CRASH* noch präsenter wird». Alles zusammen muß für sie perfekt sein. Ein harmonisches Ganzes. «Ich kann aber eine Sache nur rund machen, wenn ich alle Fäden in der Hand halte.» Die internen Machtkämpfe um Entscheidungsbefugnisse und die Durchsetzung ihrer Vorstellung eines perfekten *Crash* sind zwar weniger geworden, aber noch muß Gundi auf ihrem Platz um Anerkennung kämpfen. Sie stellt höchste Ansprüche an ihre Arbeit, räumt ein, daß ihr Perfektionismus sie manchmal sogar behindert. «Ich beginne aber, kleine Abstriche zu machen und mich nicht mehr maßlos zu ärgern, wenn mal eine Bildunterschrift falsch ist. Meine Fehler sind wie im Computer gespeichert, die passieren mir dann so leicht nicht noch mal. Andererseits habe ich auch gelernt, daß ich mich durchsetzen muß, wenn mir was im Heft nicht gefällt, sonst ärgere ich mich hinterher schwarz. Umgekehrt natürlich auch: Wenn ich was nicht haben kann, was ich für gut und wichtig halte, bin ich schwer enttäuscht.»

Sie hält immer Augen und Ohren offen. Nichts darf ihr entgehen, überall muß sie dabeisein. Aber immer auf der Höhe... das gelingt auch Gundi nicht. «Wenn ich schlecht drauf oder müde bin und dann hinter der Bühne stehe und plötzlich englisch sprechen muß, dann steh ich schon mal da wie ein Dorftrottel. Um backstage als Frau mitmischen zu können, mußt du entweder gut aussehen oder möglichst lebendig wirken, sonst reden sie nicht mit dir.» Da bricht dann ihre Scheu aus Jungmädchenjahren wieder durch. Meistens aber findet Gundi sich nicht graumäusig. «Wenn ich anziehe, was ich fühle, komme ich auch an – und ich muß mich gut fühlen, um erfolgreich sein zu können.»

## *BRÄUTE*

Das Outfit ist für die HM-Szene nicht unbedeutend. Schaut man in ihr Magazin, springen einem knallenge Lederhöschen, die sich im Schritt gewaltig wölben, tätowierte Brüste und Tiger-Stokkings auf schweißnasser Frauenhaut ins Auge. Löwenmähnige Frauengesichter auf muskulösen Männerkörpern, Foto-Orgien mit Hilfe von Sekt und Gitarrenhälsen, Sado-Maso-Nieten von den Fußgelenken bis zum Oberarm. Gundi selbst läuft nicht wie ein Poser herum, ist nicht als Heavy-Metal-Braut zu erkennen.

Frauen werden im «Männerdominierten Heavy-Rock-Lager» (so steht es in *CRASH*) als Lustobjekt, als Scharfmacher und Anreißer benutzt. Aber dieses Frauenbild haben die Rocker nicht wirklich, meint Gundi. «Die meisten Typen, die so wild und gewalttätig auftreten, daß jeder Outsider Angst davor hat, in solch ein Konzert zu gehen, sind hinter der Bühne genau das Gegenteil: lieb, zahm, treu, häufig verheiratet oder wohnen gar bei Muttern.»

Das gilt auch für die Fans. Die kommen zu den Konzerten, um sich mal wieder zusammenzuraufen, denn im Radio, in Discos oder im Fernsehen kommt HM nur selten vor. Sie stehen in der Masse, betreiben Headbanging oder Stagediving und spielen mit Hingabe Air-Guitar. Frauen sieht man selten. «Kann sein, daß die einfach Angst vor diesen scheinbar bösen Buben haben», meint Gundi, «oder sie sind nicht aggressiv genug, um an solcher Musik Gefallen zu finden.»

Außer Musik und Arbeit hat Gundi keine Interessen, höchstens elementare: «Gegen diese bundesdeutsche AKW-Politik und den damit verbundenen Bullen-Terror muß unbedingt was unternommen werden! Ansonsten: Ob ich nun zu Hause sitze und Fernsehn gucke –, da geh ich doch lieber arbeiten. Ich lese kaum noch, neben Zeitungen höchstens mal 'nen Fantasy oder was von Stephen King. Mir graut davor, ein ganzes Wochenende in der Hütte zu sitzen. Früher habe ich es genossen, mal zwei Tage zu pennen. Jetzt habe ich eine Aufgabe und damit fällt alles andere flach.» Stimmt nicht so ganz. Als wir uns das letzte Mal trafen, hatte sie noch einen Horror davor, sich zu verlieben, weil sie das nur ablenken würde von wichtigen Gedanken. Dem hat sie nun formal einen Riegel vorgeschoben. An einem Freitag, dem 13., heiratete sie ihren Jörg nach einem Blitzbesuch in Berlin. Sie fuhren nach Dänemark, wo dererlei schnell und problemlos geht. Und nun hat alles seine Ordnung. Die Liebe zwischen Berlin und München wie auch die Karriere.

# DAS BILD DER FRAU
## Moni Kellermann, Fotografin

Sie steht vor ihrer Wohnungstür am Ende des dunklen Ganges und bittet uns herein. Welch eine Haarfrisur. Pink, kurz und wirr. Und so große Augen. Damit ich dich besser sehen kann! Moni Kellermann ist Fotografin in Hamburg. 99 Prozent ihrer Motive sind Musiker. Der Flur ihrer Wohnung ist gleichzeitig Fotolabor. In ihrem kleinen Zimmer stehen Bass und Verstärker. Überall liegen kleine Stapel von Fotos und Zeitungen. Trotz der frühen Stunde ist Moni voll da, erklärt mit verblüffender Selbstverständlichkeit, daß – wenn überhaupt – sie in dieses Buch gehöre, weil sie nicht nur selber als Frau, sondern auch – logisch – am Bild der Frau in dieser Branche arbeite. Außerdem gilt ihre Leidenschaft der Rockmusik. Keine Frage. Moni gehört hier hin. Sie hält sich für ruhig und nachdenklich, «auch wenn ich viel rede.» Und da sie nicht nur viele, sondern auch spannende Geschichten erzählt, ziehen wir uns aus dem folgenden Gespräch zurück und überlassen Moni die Seiten.

## MONI, DAS MÄDCHEN ODER MISSVERSTÄNDNISSE

In die Musik verliebt habe ich mich mit vier: «Tipitipitipso» von Caterina Valente. Der erste ‹richtige› Lieblingsstar war Barry Ryan («Eloise») mit *BRAVO*-Starschnitt überm Bett. *Shocking Blue* fand ich toll, danach Melanie – verträumte romantische Texte zur Gitarre. Mit 15 bin ich total auf Jimi Hendrix abgefahren und wollte unbedingt E-Gitarre spielen. Ich ging aufs Mädchengymnasium. Meine Schulkameradinnen haben sich nicht gerade für diese Musik interessiert. Hatten sie einen Freund, dann war dessen Lieblingsmusik angesagt oder die Schnulze, nach der sie in der Disco zusammen getanzt hatten. Ich landete dann notgedrungen meistens bei den Brüdern meiner Freundinnen. Die hatten genau die Platten im Regal, auf die ich scharf war. Für eigene Schallplatten reichte das Taschengeld nicht. Meine Eltern schenkten mir zu Weihnachten eine Wandergitarre. Was für ein Mißverständnis! Ich wollte eine *elektrische* Gitarre, mit der man lospowern kann. Die Folkklampfe habe ich gehaßt und ausgiebig verschmäht. In den Sommerferien habe ich dann gejobbt bis zum Umfallen und mir anschließend für das ganze Geld eine E-Gitarre und einen Verstärker gekauft. Den habe ich heute noch. Eine bessere Pappbox, die ordentlich Krach macht und die Töne schön verzerrt. Später entdeckte ich die Musik von *Cream* mit Jack Bruce am Bass. Da hatte ich endgültig ‹mein› Instrument gefunden. Der E-Bass ist für mich das erotischste aller Musikinstrumente. Als Teenager hatte ich schreckliche Schuldgefühle. Rockmusik war nichts für ein junges Mädchen. Aber ich wußte, daß es nun mal ‹mein Ding› war. Ich war hin- und hergerissen zwischen meinen eigenen Bedürfnissen und der Erwartung anderer Leute. Ich war ein typisches, verwöhntes Einzelkind, ängstlich und schüchtern. Ich versuchte, immer in Harmonie mit meinen Eltern zu leben. Ich war nicht gerade der Typ, der mit 16 seine Gitarre packt, in die Welt zieht und ein weiblicher Hendrix wird. Ob das anders ausgesehen hätte, wäre Jimi eine Frau gewesen?

## MONI TRIFFT PATTI ODER VERÄNDERUNGEN

Nach dem Abitur sollte und wollte ich Lehrerin werden. Aber nach zwei Semestern Germanistik/Anglistik merkte ich: Das ist mir zu weltfremd, zu theoretisch und zu wenig lustvoll. Eines Tages sah ich an der Uni eine Schallplatte mit einem Foto drauf, das meinen Blick magisch anzog. Tagelang schlich ich um diese Platte rum, dann kaufte ich sie mir. Ich wußte nicht, was für eine Musik drauf war. Es war «Horses» von Patti Smith. Als ich mir zu Hause in Ruhe die Platte anhörte, war ich schon nach wenigen Sekunden völlig hingerissen. Was für eine Stimme! Und dann diese Texte! Und diese Musik! Ich hatte in meinem Leben noch nie so etwas gehört. Und plötzlich war da eine Frau, die mit 31 ihre erste Platte gemacht hat. Das war wie ein Signal: Ich kann es auch schaffen. Es ist doch noch nicht zu spät, eine Band zu gründen und Musik zu machen. Weg von der passiven Konsumentenrolle, hin zur aktiven Persönlichkeit. So wurden Frau Schmitz' Pferde zum bisher wichtigsten Einfluß in meinem Leben. Weg von zu Hause! Ich war 21, als ich auszog, nach Düsseldorf ging und eine Ausbildung als Groß- und Außenhandelskaufmann machte. Als Frau macht man im Stahlhandel keine Karriere, nur die Knochenarbeit, während die Herren in der Weltgeschichte herumreisen und die Spesen auf den Kopp hauen. Mein nächster Arbeitsplatz war ein kleiner Plattenladen. Meine Mutter war entsetzt: Die gebildete Tochter verramschte sich als Verkäuferin! Für mich war das eine tolle Zeit. Von dem Job profitiere ich heute noch: Namen, Zahlen, Plattencover – ich kann mich fast an das ganze Sortiment genau erinnern. Düsseldorf war für mich ohnehin die erste Gelegenheit, Bands live auf der Bühne zu sehen. Als Ende '78 Nina Hagen (zum erstenmal in Westdeutschland) auftrat, lernte ich beim Konzert Martina kennen. Sie wollte eine große Sängerin werden, und wir beschlossen, eine Frauenband zu gründen. Nicht etwa aus Feigheit oder Angst vor Männern. Uns war damals schon bewußt, daß eine reine Frauenband in den Medien eine ganz andere Aufmerksamkeit kriegt. Wir hatten überhaupt keine Bedenken – schließlich tauchten überall zu der Zeit Bands auf, deren Mitglieder noch nie zuvor ein Instrument in der Hand gehalten hatten – Punk.

## MONI UND ÖSTRO UND INGA RUMPF ODER SUCHE

Für unsere Band fanden wir eine Gitarristin, die wir zum Schlagzeugspielen überredeten. Martina sang und schaffte dreieinhalb Töne auf ihrem Saxophon, ich spielte Bass und dazu kam noch eine Keyboarderin. Sie war die einzige, die ihr Instrument beherrschte. Logo! Die Pianistin mit dem elterlich gesponserten klassischen Unterricht. Wir nannten uns *Östro 430*. Ich bin ausgestiegen, bevor die Gruppe wirklich bekannt wurde. Für mich ging das völlig in die falsche Richtung los: Erst berühmt werden und dann weiterüben. Nee. Mir waren das zuviel Superstarallüren. Es gab ja in der ganzen Szene keine richtige Frauenband, da wurde schon über uns geredet, als wir die Nasen noch nicht mal aus unserem Übungsbunker herausgestreckt hatten. Bereut habe ich den Ausstieg aus der Band nie. Als ich mal zu Besuch in Hamburg war, lernte ich Inga Rumpf kennen. Sie wollte gerade ihre Wohnung renovieren und meinte, eher im Spaß, ich könne ihr ja dabei helfen. Statt vier Tage bin ich vier Wochen geblieben. Ich bin dann ganz nach Hamburg gezogen, habe für Inga im Büro gearbeitet und eine Tournee gebucht. Wir waren zusammen mit Udo Lindenberg auf Achse und anschließend auf Ingas eigener Tour (1981). Am Anfang hat mir das unheimlich Spaß gemacht, war ja auch was völlig Neues. Unterwegs habe ich dann gemerkt, daß ich es nicht ertragen konnte, meine eigenen Ideen in das Projekt einer anderen Person zu stekken. Ich wurde neidisch. *Sie* stand im Rampenlicht. *Ihr* jubelten die Leute zu. Ich war nur der Malocher im Hintergrund. Tourneebegleiter ist ein undankbarer Job, weil du immer zwischen Veranstalter und Musiker vermitteln mußt. Wenn's gut läuft, merkt das keiner, wenn's schlecht läuft, kriegst du von beiden Seiten eins

drauf. Inga war für mich Arbeitgeber und gute Freundin zugleich. Das gibt natürlich leicht Konflikte. Streitereien machen dich viel eher total fertig. Frauen untereinander sind offener und deshalb viel verletzlicher. Am Ende der Tour war ich mit den Nerven runter. Aber es war gut, weil ich unglaublich viel übers Business und auch über mich selbst lernen konnte. Ich bin Inga heute noch dankbar dafür, daß sie mir diese Chance gegeben hat.

## MONI SCHWARZ-WEISS ODER UNSTERBLICHKEIT

Über eine Freundin bekam ich einen Aushilfsjob als Laborbotin bei der *Hamburger Morgenpost*. Da habe ich zum erstenmal mitgekriegt, wie ein Schwarzweißfoto entsteht. Das war viel einfacher, als ich dachte. Und Fehler waren auch nicht so schlimm: Auf den Filmen der Profis waren von 36 Aufnahmen auch oft nur zwei wirklich gut, das fand ich sehr beruhigend. Ich habe mir dann mal eine Kamera ausgeliehen. Natürlich habe ich sie ins nächste Konzert mitgeschleppt, wohin auch sonst. Als ich im Herbst '83 auf dem *Künstler für den Frieden*-Festival war, machte ich hinter der Bühne ein paar nette Bilder von Udo Lindenberg zusammen mit Joan Baez. Eins davon wurde mein erstes veröffentlichtes Foto in der Zeitung. Ich war vielleicht stolz! Und plötzlich interessierte sich auch der Musikredakteur für die Fotos der Laborbotin, die immer Van Morrison über Walkman hörte. Ich bekam Aufträge für die Musikseite und schrieb Konzertkritiken, weil sonst die Fotos allein nicht gedruckt wurden. Heute tue ich das nur noch ungern, weil es mir unangenehm ist, ständig die Kreativität anderer Leute unter die Lupe nehmen zu müssen. Ich bin kein Besserwisser. Ich möchte eigenwillige Fotos machen, die für mich wichtigen Augenblicke im Bild festhalten, ohne auf die Illusion hereinzufallen, ich könnte Die Wirklichkeit zeigen. Die gibt's nicht. Nichts lügt gekonnter als ein schönes Foto. Es wäre einfach gut, wenn meine Arbeit andere Menschen inspiriert, selbst aktiv und kreativ zu leben. Mich reizt das Unvergängliche an der Fotografie. Sie verschwindet nicht wie ein gesprochenes Wort. Sie hält länger als dein eigenes Leben. Ich will mich unsterblich machen, wenigstens auf dem (Foto-) Papier.

## MONI LIVE ODER BERUFSALLTAG

Ich kenne niemanden unter den Profikollegen, der eine kleinere Ausrüstung hat als ich. Ich besitze ein Kameragehäuse und zwei Objektive. Das Blitzlicht ist «Made in Hongkong» und hat achtzig Mark gekostet. Mir reicht das völlig aus. Alles zusammen paßt gut in ein kleines Alu-Köfferchen. Das sieht eher aus, als hätte ich da zwei Brötchen und 'ne Dose Cola drin, ist aber sehr praktisch. Ich kann's bei Konzerten zum Draufstellen benutzen. So groß bin ich nämlich nicht. Der Job ist ziemlich anstrengend. 80 Prozent meiner Fotos entstehen bei Konzerten. Als Fotograf kannst du da ja nicht hinten am Tresen stehen und am Sektglas nippen. Auch wenn der Laden proppevoll ist, du mußt dich nach vorne durchkämpfen, da helfen manchmal nur die Ellenbogen. Du brauchst Stehvermögen und viel Geduld. Um einen guten Platz zu erwischen, mußt du früher da sein als die anderen – und warten. Und ich hasse es, warten zu müssen. Egal auf was. Früher habe ich nicht besonders auf meine Kondition geachtet. Aber bei meinem Ehrgeiz und Arbeitspensum muß ich einfach ausgeschlafen und fit sein. Kein Alkohol, keine anderen Drogen. Der Kopf wird schließlich noch gebraucht. Meinen Job empfehle ich niemandem, der drauf spekuliert, schnell viel Geld zu verdienen. Die Honorare für Schwarzweißfotos sind niedrig, da bringt's nur die Menge der verkauften Fotos. Und als Free-Lancer gibt's nur dann Geld, wenn ein Foto gedruckt wird. Angefangen habe ich ja mit der

*Hamburger Morgenpost*. Aber in der relativ kurzen Zeit, in der ich jetzt fotografiere, habe ich mir einen guten Ruf verschafft. Ich arbeite heute größtenteils für Musikmagazine. Die erscheinen monatlich und dadurch ist die Chance, daß sich jemand ein Foto länger oder mehrmals ansieht, größer als bei einer Tageszeitung. Zum Drüberwegblättern sind sie auch wirklich zu schade. Es ist schwierig, in großen Zeitschriften zu veröffentlichen. Beim *Stern* zum Beispiel stehen doch Tausende auf der Matte, die auch mal 'n richtiges Honorar kassieren möchten. Ich habe auch schon Fotos für Plattenfirmen gemacht oder Tourneeplakate. Aber für die lukrativen Geschichten greifen die Herren Produktmanager lieber auf bekannte Namen mit großen Fotostudios zurück.
Die Abzüge der Fotos mache ich selbst. Ein Schwarzweißnegativ ist ja erst das halbe Bild. Das gebe ich nicht aus der Hand. Aber das ist eine Arbeit, die die wenigsten sehen. Die beneiden mich um meinen «freien» Job und denken, ich gehe in der Sonne spazieren, und dann sage ich: «Ich geh jetzt nach Hause, mach meine Türen zu, dann steh ich im Dunkeln und dann wird drei Stunden lang vergrößert.» Ich habe auch keine Fünf-Tage-Woche. Es ist schwierig, mal einen Tag lang überhaupt nichts zu machen und dann an etwas anderes zu denken. Wenn ich keinen Fototermin habe, bereite ich mich auf den nächsten vor. Musik hören, fremde Fotos angucken, lesen. Jede mögliche Information sammeln. Ich bin Perfektionist. Letztes Jahr habe ich in elf Monaten bei 102 Konzerten fotografiert. Da sind die Termine tagsüber nicht eingerechnet. Urlaub habe ich seit zehn Jahren nicht mehr gemacht.

## MONI UND DIE FRAUEN ODER SCHÄTZE

Ich verehre niemanden. Aber es gibt Menschen, deren Arbeiten ich sehr schätze. Laurie Anderson zum Beispiel. Ihr intelligenter Sprachwitz fasziniert mich. Sie ist wirklich einzigartig. Als ich sie hier in Hamburg bei ihrer Ankunft fotografieren wollte, hatte sie selbst nichts dagegen, aber ihr Manager. Der wäre mir am liebsten ins Gesicht gesprungen. Man glaubt immer, die Manager seien für die Musiker und die Medienleute da. Ich denke mittlerweile, daß sich die Funktion des Managements ungesund verselbständigt hat. Da gibt es einfach zu viele Gestalten, die unter dem Deckmäntelchen «Der Künstler will das aber so» sich aufspielen. Die wollen ihre Selbstbestätigung und viel Kohle machen. Die Musiker selbst wissen in den wenigsten Fällen von den Anweisungen, die sie angeblich selbst gegeben haben.

Wen ich gerne einmal fotografieren würde? Vanessa Redgrave! Mein größter Traum! Die hat einen Charakterkopf – das kann ich gar nicht aushalten. Für mich die beste lebende Schauspielerin der Welt. Live-Fotos von Bette Midler – die ist völlig wahnsinnig. Martina Navratilova, dezent geschminkt im hautengen silbergrauen Gymnastikanzug käme auch ganz gut. Überhaupt, Frauen guck ich mir halt lieber an, die regen mich eben mehr auf. Es ist nicht, daß ich gegen die Männer im allgemeinen was hätte. Sie sind nur zu langweilig, emotional etwas unterbelichtet und selten erotisch. Von Franz Beckenbauers Beinen mal abgesehen. Wenn ich Frauen fotografiere, hat das natürlich auch einen politischen Effekt. Eine Frau im Rock-Business wird fast immer auf stereotype Weise abgebildet. Je weniger sie anhat, desto besser. Das Sex-Kätzchen mit der geilen Stimme. Ich habe den Anspruch, das Bild der Frau in der Rockmusik zu verändern mit meinen Fotos. Ein Beispiel: Nona Hendryx. Fotosession im Hotelzimmer. Standardsituation: schwarze Sängerin, Schlafzimmerbett. Da fällt mir sofort das Klischeebild ein: die Dame räkelt sich lüstern auf dem Bett. Komm näher, Baby. Der Fotograf als Voyeur stellvertretend für die gierige Menge der Fans. Ich dachte: Nimm die Situation und mache etwas Positives draus. Als ich zu Nona sagte, sie solle sich doch mal aufs Bett setzen, fiel ihr beinahe die Kinnlade runter und sie guckte etwas irritiert. Ich wußte, was sie dachte. «Nein, das nicht.» Im Gegenteil, sagte ich. Auf meinem Foto sitzt sie einfach aufrecht und ruhig auf dem Bett und guckt ganz souverän vom Betrachter weg zur Seite. Prompt fand der Redakteur einer großen Musikzeitung das Foto «langweilig». Kein Wunder, er wollte lieber das Bild der geilen Negerin, die auf ihn (?) im Bett wartet. Da ist es natürlich langweilig, sich statt dessen eine Frau als Persönlichkeit angucken zu müssen. Der Grund, warum dieser Typ sich langweilt, ist der, warum das Foto so gut ist.

Kolleginnen treffe ich selten, in Hamburg kenne ich nur eine weitere Fotografin. Mit Frauen habe ich am meisten in den Presseabteilungen der Plattenfirmen und in den Büros der Veranstalter zu tun. Die finden, glaube ich, ganz gut, was ich so mache, und unterstützen mich auch, sofern sie das überhaupt können. Es gibt natürlich auch solche, die nicht damit umgehen können, daß da eine selbständige Frau reinkommt und nicht so'n jungdynamischer Typ,

der ihnen Komplimente macht. Was dir als Frau passieren kann, ist, daß du nicht ernst genommen wirst. Schlimm genug. Es ist aber nicht die ach so böse Männerwelt – die gründlichsten Niederlagen habe ich mir bisher immer noch selbst beigebracht. Nach dem Motto: Die Frau von heute sorgt für die Peinlichkeiten selbst. Dazu fällt mir wieder der Termin mit Nona Hendryx ein. Ich wollte sie zuerst bei Tageslicht draußen fotografieren, weil ich Blitzlicht an sich hasse. Aber es regnete, und sie sagte: «Ich mache ja alles mit, sogar einen Kopfstand, aber ich gehe nicht vor die Tür.» Sage ich: «Dann mach doch den Kopfstand!» Sie: «Du meinst, ich soll wirklich...?» Und dann bin ich im Hotelfoyer unter den Augen der erstaunten Hotelbediensteten auf Knien auf dem dicken Teppich rumgekrochen, während Nona locker zum Kopfstand ansetzte. Und was passiert? Nichts! Das Blitzlicht funktioniert nicht! Ausgerechnet jetzt! Ich habe mich selten so geschämt. Wo ist die Klappe im Erdboden? Da steht einmal im Leben eine Frau für mich Kopf, und ich – was mache ich außer einem dummen Gesicht? Nona lacht. Macht nichts, noch mal von vorn – der Blitz geht schon wieder nicht! Wir haben dann ein Probefoto gemacht, wie sie einfach auf dem Boden hockt (sieh da, der Blitz geht doch), dann endlich der Kopfstand (der dritte) und noch ein

Foto, wie sie lachend auf allen vieren in Richtung Kamera krabbelt. Geschafft, tolle Fotoserie. Erfolg durch Doofheit. Der Blitz war nämlich gar nicht kaputt. Ich hatte nur vor lauter Aufregung vergessen, den Film weiterzuspannen. Das mochte ich natürlich nicht zugeben. Ja ja, Frauen und Technik, und die Technik hatte schuld.

## PUSH ONCE OR TWICE

*Monika Dietl – Dijäi beim Rundfunk*

Anlage einschalten, beide Plattenteller überprüfen, Licht an, Mikroaussteuerung kontrollieren, Kopfhörer auf. Sprechprobe. Je eine Platte auf den Teller. Vorsicht! Unterschiedliche Geschwindigkeiten. Anspielen. 18 Uhr. 18.10 Uhr. Dong!

«Einen wunderschönen guten Abend. Willkommen beim ‹SFBeat› zur Vollmondzeit. Ihr habt heute das Vergnügen mit Monika Dietl.» Und ihrer Musik – ungewöhnliches Vinyl, «was sonst in Berlin kein Mensch spielt». Ihr bayerisches «rrr» und ihr eigensinniger Musikgeschmack spalten die Zuhörerschaft in begeisterte und genervte. Sie würde sich selbst «Dijäi» nennen, wenn sie nicht schon offiziell «Moderatorin» beim Berliner Jugendfunk ‹SFBeat› wäre.

Sie wird gleich die Wortbeiträge (heute geht es um Versicherungen) ihres Kollegen flockig anmoderieren, Informationen zum gerade veröffentlichten *Depeche Mode*-Album geben, Ausgehtips und Meldungen zum Tage verlesen. Bei geschlossenem Mikro wird sie beim nörgeligen Toningenieur im abgetrennten Regieraum mit freundlichen Bemerkungen gut Wetter machen.

Für gewöhnlich sitzt sie auf der anderen Seite des Mikros, fragt Leute aus, gibt Informationen und Stimmungen über die Wellen. Nach ihrer eigenen Person wird sie selten befragt. Dabei macht ihr das Reden – auch über sich selbst – Spaß, und sie wird ganz aufgeregt dabei. Ein Zustand, den sie in ihren eigenen Sendungen gar nicht leiden kann. Sie ist aber nun einmal so: direkt, mitreißend, eigenwillig, aber nicht eigenbrötlerisch, mutig in Geschmacksfragen und eben auch hektisch.

Musik per Radio begleitet sie, seit sie sich ans Hören erinnern kann. Die Charts rauf und runter, englische Sender, später «Zündfunk», das bayerische Jugendprogramm. Dann kam der Punk. Und mit ihm Monika als die Sängerin in einer der ersten Münchner Punk-Bands, den *Dagowops*. «Wir waren zwar pop-orientiert, aber trotzdem harte Punks», flüstert sie, weil man dies gar nicht mehr laut sagen dürfe. «Klingt ja so falsch, heutzutage.» Damals klang es auf jeden Fall laut. Sie waren vertreten auf dem ersten Punk-Fest in Erding, auf einem München-Sampler und brachten eine Single heraus. Dennoch stellte sie sich die bewegende Frage: «Wie soll mein weiteres Leben verlaufen?» Bis dahin hatte sie Deutsch und Englisch studiert, sogar mit guten Noten abgeschlossen, aber Lehrerin hatte sie nie werden wollen.

«Ich hasse Arbeit wie die Pest. Nur weil ich kein Geld habe, arbeite ich.» Der damalige Moderator beim «Zündfunk» war Fan der *Dagowops*, was ein englisches Schimpfwort für Italiener ist. Sie sprach mit ihm über seinen Job und fand: «Ist doch super. Musik interessiert mich sowieso.» Beim Bayerischen Rundfunk machte sie eine Probesendung: «Punk und Politik», wobei sie zu dem Schluß kam, «daß Politik absolut verabscheuungswürdig ist und Punk nichts damit zu tun hat, wozu ich heute noch stehe». Sie wurde genommen, weil sie sowieso ein Mädchen suchten für die Moderation und ihnen die Probeaufnahme gefiel. «Wenn du weiblichen Geschlechts bist, hast du immer mehr Chancen. Da bewerben sich nicht so viele. Vielleicht, weil Typen von Haus aus exhibitionistischer sind.»

So erging es ihr auch in Berlin. Dank guter Verbindungen beider ARD-Redaktionen, ausgewiesener Kompetenz und akutem Moderatorinnenmangel fiel ihr der berufliche Übergang nicht schwer und – bei aller Kritik – sie wundert sich noch heute, daß die Berliner ihr Bayerisch relativ gut verkraftet haben. Sie versucht seitdem in Berlin eine musikalische Lücke mit ihrer Sendung zu füllen.

## *GESCHMACKSFRAGEN*

«Ich spiele nur das, was mir gefällt. Reine Geschmacksfrage. Aber es gefällt mir natürlich sehr viel mehr, als ich in der kurzen Zeit unterbringen kann, und so wähle ich das aus, was die Leute sonst nirgends hören, also nicht die Hitparade.»
*Wo bekommst du deine Platten her?*
«Anfangs habe ich mir 80 Prozent gekauft. Inzwischen gibt's nicht mehr so viele gute Platten, die ich mir kaufen würde. Die *New Order*-Platten kaufe ich mir oder kriege sie von der Plattenfirma. Die *Foetus*-Platten kaufe ich. Alles andere ist nicht so wichtig.»
*Werden die Moderatoren nicht reichlich bestückt von den Plattenfirmen?*
«Ich nicht. Das ist ganz übel. So was kriegst du nur, wenn du lange dabei bist und mehr Zeugs von der Industrie spielst. Die merken natürlich, wenn du nur 50 Prozent von der Industrie bringst. Die paar Stücke, die ich spiele, sind sowieso ein Witz für die. Das ist doch 'ne Minderheitensendung. Ich kriege daher kaum Platten. In der Regel muß ich unbedingt einen Monat bevor eine Platte rauskommt, anrufen. Erfahre ich von einer Scheibe erst, wenn sie schon raus ist, und muß sie dann noch bestellen, dauert das oft zu lange, so daß ich sie gar nicht mehr spielen kann. Ich bring doch keine alten Sachen. Mein Ehrgeiz, gewisse Bands als erste zu haben, hat etwas nachgelas-

sen. Du kriegst auch keine Anerkennung dafür. Zum Beispiel die neue *Foetus*-LP. Die hatte ich zwei Monate, bevor sie rauskam. Aber glaubst du, das fällt jemandem auf? Andererseits – bekäme ich so viele Platten wie Helmut, ich wüßte gar nicht mehr, wohin mit dem Zeugs. 80 Prozent würden sowieso in den Mülleimer wandern.»

*Man hört oft den Vorwurf von Musikerseite: Die werden doch alle bestochen von der Industrie!*

«Himmlisch. Ich warte nur darauf. Bitte, bestecht mich!»

*Stimmt es denn nicht, daß die Promotion-Frauen der großen Plattenfirmen mit Geschenken kommen? Das soll doch ein Grund mit dafür sein, daß die kleinen Independant-Sachen so selten laufen.*

«Vielleicht – ich weiß nicht. Also, bei uns... Nee. Vollkommener Blödsinn. Das ist mir noch nie passiert.»

*Bist du denn auf andere Weise bestechlich?*

«Ungerecht ist das Ganze immer. Warum mag ich dieses und jenes nicht? Grundlegend saubere Kriterien gibt's nicht. Die einen kenne ich, die anderen nicht. Die einen sind mir sympathisch, die anderen nicht.»

*Wie bringst du dich auf den neuesten Stand?*

«Durch lesen – *New Musical Express*, *Melody Maker*. *SPEX* lese ich halt, obwohl ich mich immer ärgere. So 'ne Haß-Liebe. Alles, was sich nicht auf Deutschland bezieht, ist rettungslos vom *New Musical Express* abgeschrieben.»

*Informierst du dich auch, indem du in der Szene rumhängst?*

«Was ist das? Zur Zeit passiert zu wenig, was mich interessiert. Es ist musikalische Flaute. Die zehntausendste Klampfenband interessiert mich nicht.»

*Wie bereitest du dich auf eine Sendung vor?*

«Kommt darauf an. – Es ist ja furchtbar. Im Laufe der Zeit kannst du nix mehr unbefangen hören. Sobald du 'ne Platte hörst, überlegst du immer, wie kann ich das wann spielen. Ätzend. Beim ersten Ton hast du schon im Kopf: Ah, das wäre ein guter Anfang, das kann man vielleicht am Schluß spielen, ist etwas romantischer. Ich hör das sofort. Und in der Redaktion geht dann der Kampf los: ein Wortbeitrag vier Minuten, noch einer fünf Minuten, und 'ne Meldung...»

*Würdest du am liebsten nur Musik spielen?*

«Das sage ich ganz offen. So wichtig ich das finde, daß die Beiträge gemacht werden – und die Beiträge im *SFBeat* sind verdammt wichtig –, aber mein Interesse ist nun mal Musik. Ich hätte gerne eine eigene Musiksendung, aber das dauert natürlich. Auf das Risiko Kabel-Rundfunk laß ich mich nicht ein. Die sind qualitativ auch nicht besser, und dafür darf man da fast umsonst arbeiten. Vielleicht

beiß ich mich irgendwann mal in' Arsch, weil ich da nicht angefangen habe. Aber ich bin ziemlich faul, wie gesagt, und bleib lieber da hocken, wo ich hocke und warte.»
*Ist das dein Traumjob?*
«Ach! Wenn ich mich ärgere, denke ich, ich schmeiß den ganzen Krempel hin und such mir einen Halbtagsjob als Sekretärin. Aber das ist ja auch dumm. Man muß froh sein. Es ist zwar nervenaufreibend und wird schlecht bezahlt, aber es gibt viel schlimmere Jobs.»
*Verdienst du gut?*
«Ich bin nicht angestellt. Es gab 'ne Zeit, da hab ich viel außer der Reihe gemacht, weil ich etwas ganz interessant gefunden habe. Ich bin auf eigene Kosten nach London gefahren und habe die tollsten Interviews angekarrt, zum Beispiel *Frankie goes to Hollywood* oder Johnny Rotten. Tolle Sachen, wo sie sich normalerweise die Finger hätten abschlecken müssen. Und dann kommste zurück und kriegst 150 Märker für das Teil. Das hab ich schon lange nicht mehr gemacht.»
*Hast du eine Message?*
«Was?!»
*Willst du über deine Musik, deine Ansagen etwas Bestimmtes rüberbringen?*
«Nur das, was ich gerade sage, gute Bands vorstellen, die Leute unterhalten. Humor ist wichtig und daß du nicht absinkst.»
*Putschst du dich vor einer Sendung auf?*
«Wenn ich sauer bin, hol ich mir nachmittags ein Einbecker Urbock aus der Kantine, alles andere ist Spülwasser. Wenn ich gute Laune oder keine Zeit habe, muß das nicht sein. Ich versuch dann, so ruhig wie möglich zu sein, weil's nicht so gut kommt, wenn ich hektisch bin.»
*Hat dir die Technik Schwierigkeiten gemacht?*
«Das ist doch keine Technik in den Studios. Regler aufziehen kann jeder. Ich würde gerne ein ganzes Mischpult bedienen. Hauptregler, Höhen und Tiefen einstellen, Bänder selber abfahren, 'ne Jinglebox mit lustigen Einspielungen. Im Sender ist der Standard der Technik eher hinterwäldlerisch.»

## DORIS DAY

*Wie heißt deine eigene Band?*
«Ich schätze, es wird auf *Push Once* hinauslaufen.»
*Was macht ihr für Musik?*
«Computermusik. War mir erst ganz fremd.»
*Fühlst du dich als Frontfrau, als Rocklady?*

«Um Gottes willen. O nein, bitte! Aber irgend jemand muß ja die Doofe sein. Ich kann halt nix anderes als singen. Ich kann auch das nicht, aber es macht Spaß.»

*Gibt es Frauen, die du in der Musikszene bewunderst?*

«Fällt mir auf Anhieb niemand ein. Ich bin total männerfixiert.»

*Deine Wünsche für die Zukunft?*

«Im Lotto gewinnen. Ich könnte dann tun, wozu ich Lust habe. Ich würde nicht arbeiten. Ich würde ein Haus am Meer haben, wo's warm ist, eins in London, eins in New York. Ich würde gerne so 'ne richtige amerikanische Hausfrau sein, Doris-Day-mäßig. Das fand ich immer toll.»

*Und warum bist du noch hier und nicht in Amerika?*

«Wie oft soll ich das noch sagen: Es fehlt das Geld. Der Millionär als Ehemann.»

## «EINFACH WEG»

*Gitti Gülden*
*Fernsehen, Radio & Presse*

Gitti Gülden ist Journalistin. Sie arbeitet freiberuflich, Schwerpunkt populäre Musik. Eine der ganz wenigen, die in allen drei Bereichen – Presse, Radio und Fernsehen – zu Hause ist. Wir besuchten sie in Hamburg.

*Was machst du zur Zeit eigentlich alles?*
«Im Funk mache ich hier in Hamburg *Musik für junge Leute*, eine Mittagssendung mit Veranstaltungshinweisen usw., nachts moderiere ich den *Nachtclub* und den *ARD-Nachtrock*. Dann schreibe ich noch für *Musik-Express, Szene* Hamburg, *Tip* Berlin, ab und zu für ein Magazin namens *Feinschmecker*, wenn ich in London mal ein gutes Restaurant entdeckt habe. Dann natürlich *Mambo*, da bin ich so eine Art Talent-scout. Ich gucke, wer für die Sendung in Frage kommt, und mache auch selbst Interviews. Außerdem schreibe ich nebenbei Wohnreportagen, also: wie richte ich meine Wohnung mit möglichst wenig Geld möglichst geschmackvoll ein. Das ist toll, weil man da wieder mit sogenannten normalen Leuten zusammenkommt. Denn das Musikbusiness bedingt ja doch, daß man eigentlich fast nur mit Leuten zu tun hat, die nach dem Motto leben: Ich kenne nur Hotelzimmer und Flughäfen.»
*Wie bist du in diese vielen Bereiche hingerutscht?*
«Ich bin eigentlich Lehrerin, hab auch drei Jahre in Hannover als Lehrerin für Kunst, Sport und Musik gearbeitet. Aber dann bin ich aus verschiedenen Gründen nach Berlin gekommen. Ich mußte wieder jobben, habe angefangen in der ‹Hexenküche›, einer Kneipe, zu arbeiten. Da kamen viele Leute aus dem Rockgeschäft hin. So lernte ich die Leute kennen, die das *Kant Kino* machten, wo auch Bands auftraten. Ich bin dort eingestiegen, bis mir alles zu riesig wurde. Als der *SFBeat* eine Frau als Moderatorin suchte, hab ich's versucht und fand es toll. Das war 78/79. Dann bin ich allerdings nach Amerika gegangen und habe von dort für den NDR und den SFB Cassettenbriefe gemacht, was dort in der Szene los war. Eines Tages kam Wolfgang Kraesze nach Amerika. Er wollte zusammen mit Claudia Strauve dort zwei Filme drehen. ‹Route 66› und einen über einen Indianerstamm in Nordkalifornien. Da bin ich als ‹Mädchen für alles› eingestiegen – Hotels buchen, auf die Kinder aufpassen, Drehorte organisieren. Danach bin ich wieder zurück nach Hamburg und beim NRD neu eingestiegen als Moderatorin.»
*Dein Mann Jörg Gülden ist auch Musikjournalist und arbeitet teilweise für dieselben Redaktionen wie du. Da bietet sich ein Vergleich eurer Arbeiten geradezu an: Schreibt eine Frau anders als ein Mann?*
«Sicher. Ich finde, daß Frauen sich liebevoller und konzentrierter mit dem Künstler auseinandersetzen als ein Mann. Der sieht vor allem die Platten, das Werk, fast losgelöst von der Person. Frauen setzen sich mehr mit dem Menschen auseinander. Männer tun sich damit erheblich schwerer. Die können nicht so aus sich herausgehen. Ich merke das bei Interviews. Musiker, die sich intensiver mit Themen,

mit Inhalten auseinandersetzen, finden es toll, wenn eine Frau zum Interview kommt und Fragen stellt. Die meisten, die in diesem oberflächlichen Hitparadenbereich angesiedelt sind, finden das nervig. Die wollen eher Hulligulli-Sprüche loswerden und fühlen sich bei mir zu sehr beobachtet.»

*Wie bildest du dich weiter?*

«Ich lese *Melody Maker*, *New Musical Express* kann ich nicht mehr ausstehen, die sind so pastoral geworden, *Face*, *Blitz*, *Smash-Hits* nicht zu vergessen, ein irrsinniges Teenie-Blatt. *Rolling Stone* ist mir zu amerikanisch, zu mainstream-artig geworden. An deutscher Presse lese ich *Musik-Express*, *SPEX*, nicht zu vergessen die *taz*, die haben sehr interessante Beiträge zu diesen Themen. Am dünnsten ist der *Stern*, der hinkt immer hinterher.»

*Ist das nicht ein täglicher Existenzkampf, als freie Journalistin zu arbeiten?*

«Nee, das nicht mehr. Aber du arbeitest täglich mehr, auch an fast allen Wochenenden, als du tun würdest, wenn du abgesichert wärst. Denn du weißt nie, ob du nächsten Monat auch noch soviel zu tun hast. Mir ist schon mal passiert, daß ich nach dem Urlaub plötzlich nicht mehr im Besetzungsplan auftauchte, weil ich mich zuvor mit dem Redakteur gestritten hatte. Da gab es kein Wort der Erklärung, keine Diskussion – einfach weg.»

*Was reizt dich an deiner Arbeit: nur die Musik oder auch das Gefühl, mit Stars zu tun zu haben...*

«Nein, das interessiert mich überhaupt nicht mehr. Du mußt das als Job sehen: ich erfülle hier meine Aufgabe und der Star auf der Bühne. Wenn ich vor lauter Aufregung kein Wort herauskriege, funktioniert ein Interview nun mal nicht.»

*Kannst du das völlig ausschalten?*

«Ziemlich. Mit der Zeit läßt es nach. Ich bin nur noch nervös, ob alles klappt, ob ich das Interview nachher auch auf der Cassette habe. Am Anfang denkst du ja noch, die sind wahnsinnig interessiert daran, was du dir an spannenden Fragen ausgedacht hast. Aber du merkst schnell, daß das überhaupt nicht stimmt. Das liegt auch daran, daß diese Karnickeltermine wahnsinnig zunehmen: fünfzehn Journalisten interviewen drei Künstler in zehn Minuten.»

# VI. FANS

## DIE ÄRZTIN
### Melanie

«Ich höre nur *Die Ärzte*, alles andere ekelt mich richtig an. Ich nerve den ganzen Tag mit den Ärzten. Ich denke nur noch an *Die Ärzte*. Manche Nacht schlafe ich auch gar nicht, weil ich sehr oft wegen der Ärzte weine, vor allem, als Sahnie aufhörte. Ich will gar keinen Freund, der nicht irgendeine Ähnlichkeit mit Farin, Sahnie oder Bela B. hat. Vor einiger Zeit habe ich Farin im Urlaub kennengelernt. Wenn ich anrufe, weiß er sofort Bescheid. Er hat sogar schon bei mir angerufen. Das war echt das Höchste. Für mich sind *Die Ärzte* eine einzige Person...»

Das schrieb Melanie in einem Brief, in dem sie sich für ein Interview anbot. Natürlich waren wir neugierig. Ein 15jähriges Mädchen aus Berlin-Spandau, der totale *Ärzte*-Fan. Zugegeben – die Jungs sind wirklich süß. Da mag manches Mädchenherz, vielleicht auch das eine oder andere Herz älterer Damen höher schlagen. Aber warum wird so eine Band zum Mittelpunkt eines Lebens? Was bedeutet das alles für Melanie?

Melanie hat sich für unser Gespräch Verstärkung mitgebracht. Ihre Freundin Carina. Beide unterscheiden sich äußerlich wie Farin und Bela B. Melanie in Schwarz, punkige Haarsträhnen, lustige Sommersprossen und oft mißtrauisch dreinblickende Knopfaugen mag besonders Farin. Carina blond, gekleidet in Pastelltönen, unauffällig, niedlich, findet Bela B. am besten. Carina sagt nicht viel. Sie ist froh, daß sie eine Freundin hat, die für sie all die Dinge tut, die sie sich selbst

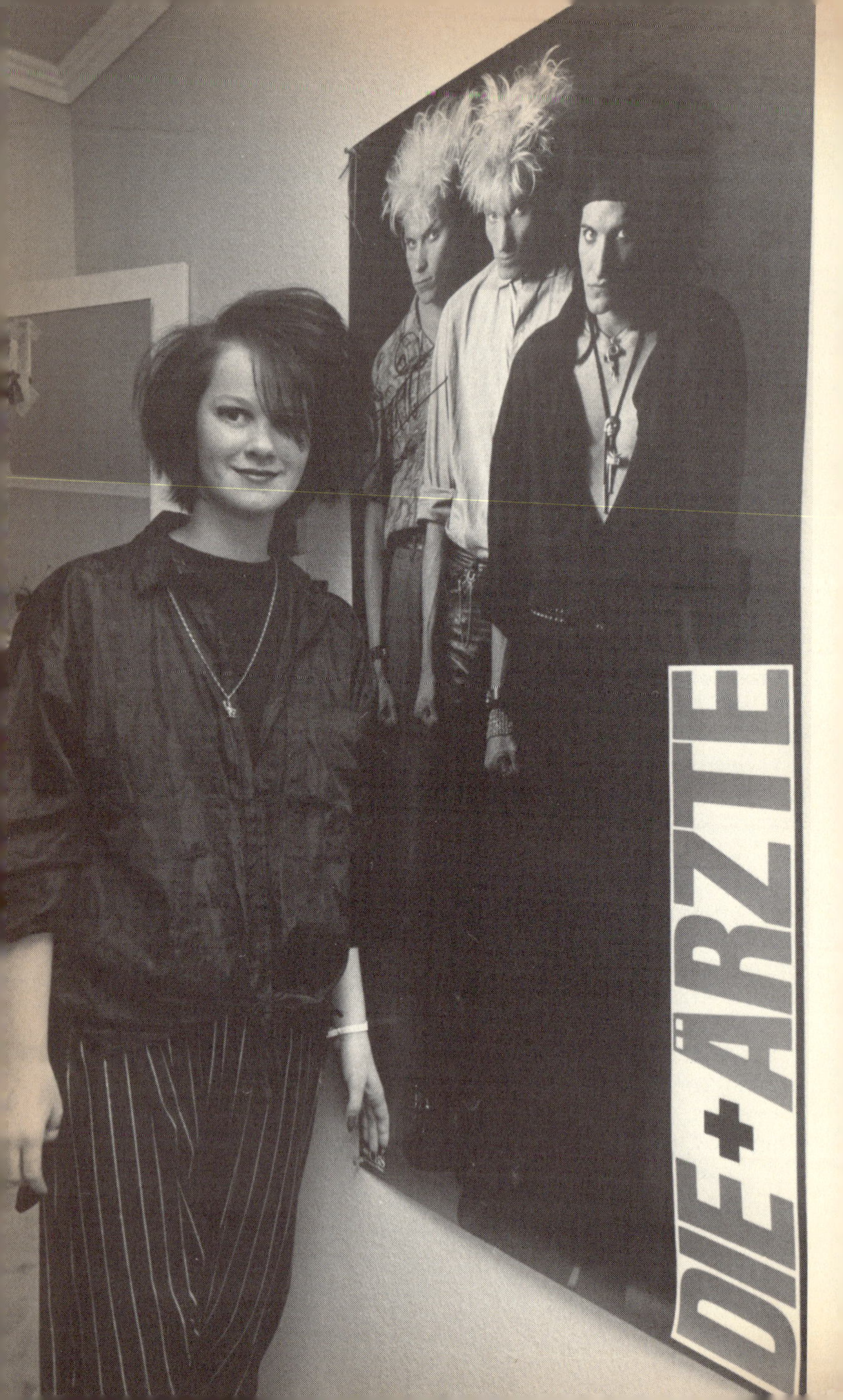
DIE ÄRZTE

nicht traut. «Ick schick sie immer vor, wenn wat is», grinst sie und man merkt, daß stille Wasser eben auch tief sind. Ansonsten reden sie immer über das eine – *Die Ärzte*. Daß sie süß sind und so. Jeden Tag dasselbe.

## HÜBSCHE JUNGS

Melanie und Carina kommen gerade von Farin und wissen nicht so genau, was sie mehr aufregt. Der Besuch bei ihm, von dem sich Melanie ihr Sweatshirt mit Autogramm abgeholt hat? Oder das Gespräch mit mir über ihre Beziehung zu den *Ärzten*. Ihnen ist etwas peinlich zumute. Sie kichern. Das Thema ist ja auch nicht so einfach. Melanie ist schwer verknallt. Carina auch, aber nicht so doll. Sie hat auch noch andere Vorlieben, zum Beispiel Boy George. Bei Melanie ist das anders. Es gibt nur eins: *Die Ärzte*. «Hübsche Jungs, tolle Musik, toller Charakter», sagt Melanie. Sie kennt zwar bisher nur Farin persönlich, aber das ist erheblich mehr, als die meisten anderen Fans von sich und dem Angebeteten behaupten können.

Die beiden Mädchen sind die einzigen *Ärzte*-Fans auf ihrer Schule. Das findet Melanie einerseits schlecht, weil es für die *Ärzte* natürlich gut ist, wenn sie viele Fans haben. Außerdem tut es ihr weh, wenn die anderen aus ihrer Klasse sagen: Scheiß *Ärzte*, die müssen selbst mal zum Arzt.

Andererseits ist sie ganz glücklich darüber, weil sie alle anderen *Ärzte*-Fans blöd findet. «Ich will die am liebsten für mich alleine haben!» Drum will sie auch in Zukunft keine Leute mehr zu Farin mitnehmen, den sie schon siebenmal in seiner Wohnung besucht hat. Sie kann's gar nicht fassen, daß er sie jetzt kennt. Und er ist nicht mal eingebildet. Kümmert sich ganz nett um seine Fans. Sie quatschen eigentlich nur Blödsinn miteinander, verarschen sich gegenseitig, erzählt sie. Aber einmal hat sie auch schon ganz toll mit ihm am Telefon geredet, als sie den Tränen nahe war und er es gemerkt hatte.

Melanie möchte unbedingt Bela B. auch persönlich kennenlernen. Sie sollen mit ihr reden, ab und zu. Mehr will sie nicht. Ehrlich. Auch nicht mit einem von denen ins Bett gehen oder so. Sie lacht. Wenn, dann müßten es alle beide oder wie früher alle drei sein. Und das ist ja wohl ein bißchen viel.

Für sie wäre es was Besonderes, wenn Farin und Bela B. sie kennen würden. «Die sind was Höheres», meint sie. Sie mag *Die Ärzte* auch lieber als sich selbst. «Ich finde an mir nur gut, daß ich *Die Ärzte* gut finde. Was soll man sonst an mir gut finden?»

## NERVENARZT

Ihr Bruder hält gar nichts von den *Ärzten*. Der steht auf Hardrock.

Die Mutter findet die Jungs häßlich. Das ist so ungefähr das Unmöglichste, was man über *Die Ärzte* sagen kann. Ihr Vater hält sie für bekloppt. «Die sagen manchmal, ich soll zum Nervenarzt. Das meinen die ernst.» Für ein bißchen unnormal hält sie sich auch. Aber – «ist doch langweilig, wenn jeder so ist wie die anderen».

Melanie läuft eben so rum, wie es ihr gefällt. Das wird bald so sein wie Bela B. Ihre Haare sollen gerade so lang werden wie seine. Wenn er sich bis dahin eine Glatze schneiden ließe, würde sie auf Farin umsteigen. So weit geht die Liebe denn doch nicht.

Apropos Liebe. Daß zum Beispiel mal ein Junge um die Ecke kommt, über den sie *Die Ärzte* vergißt, kann sie sich zur Zeit nicht vorstellen. Der, den sie gut findet, müßte irgend etwas von den Jungs haben. Die Nase oder die Haare. Und er müßte auf jeden Fall *Die Ärzte* auch gut finden. Momentan scheint ihr das höchste Glück auf Erden allerdings eine Begegnung mit beiden. «Vorher war's ja nur Musik für mich, als ich die noch nicht so toll fand. Jetzt ist es manchmal wie die Hölle. Eben ohne Sinn. Weil ick ja sowieso nicht an die rankomme!»

Kritik hat sie keine an den Jungs. «Die schlechten Seiten kenn ick ja och nicht.» Will sie auch nicht unbedingt kennenlernen. Sie stellt sich lieber vor, daß *Die Ärzte* so sind, wie sie sie erlebt. Selbst wenn sie erfahren würde, daß alles nur Show-Business ist. Maskerade. Ihre Liebe würde das nicht schmälern, sagt sie. «Die Musik ändert sich ja nicht. Oder das Aussehen.» Oder die Wohnung. Sie hat ihr Zimmer ähnlich eingerichtet wie Farin. Mit Matratze ohne Bettgestell. Natürlich ist ihr ganzes Zimmer mit Postern beklebt. Im Schrank, überm Bett. Natürlich hat sie alle Schallplatten, geht auf jedes erreichbare Konzert, liest alle Zeitungen, in denen sie was über *Die Ärzte* finden kann. Ein teures Hobby? «Nö. Für die ist mir nichts zu teuer.»

Melanie möchte Friseuse werden und ihren Stars dann immer die Haare schneiden. Oder Musik machen. Mit drei Mädchen. Schlagzeug, Bass, Gitarre. Versteht sich. *Die Ärztinnen*. Allerdings spielt sie noch kein Instrument, aber zum Geburtstag gibt es einen Bass. «Dann werde ich zu Farin gehen und ihm sagen, er soll mir das beibringen.» Daß es vielleicht Jahre dauert, bis sie das Instrument gut spielen kann, schreckt sie nicht ab. «Um so besser. Dann bin ich eben Jahre mit denen zusammen.» Dann könnte Melanie auch ihre Memoiren hautnah fortsetzen. Sie schreibt nämlich alle Begegnungen, Gespräche, Gedanken mit und über *Die Ärzte* auf. Aber das darf keiner lesen: «Nur für mich», sagt sie und guckt wieder ganz mißtrauisch. ■

## WOFÜR EIN STAR ALLES GUT IST

*Sabine*

Alle Tour-Mitglieder kennen sie, das heißt, sie wissen, daß «da so eine mitfährt». Geredet hat bisher kaum einer mit ihr. Sabine aus Hamburg fährt seit fünf Jahren jeden Ort auf einer Tournee mit an, übernachtet im selben Hotel wie Peter («wegen der Atmosphäre») und besucht bis auf ganz wenige Ausnahmen jedes Konzert auf einer vier- oder achtwöchigen Tour. Das letzte Mal waren es 22 Städte. Das Eintrittsgeld muß sie nicht selber bezahlen. Sie ist vor Beginn der Tournee vor Peter getreten und hat gesagt: «Ich will euch begleiten!» Da hat er gesagt: «Etwa die ganze Tour?» «Ja», hat sie geantwortet, «und das ist teuer!» «O.K.», hat er gemeint, «du kriegst den Paß.» Ansonsten hat sie zu Peter selten Kontakt. «Ich wüßte gar nicht, was ich mit ihm bereden sollte», hamburgert sie und kichert ihr witziges Lachen. Eine schöne, alleinstehende Frau, 39 Jahre alt.

Vor fünf Jahren ging's ihr sehr schlecht. «Ich war ganz unten», erinnert sie sich. Da stieß sie auf Peter. Er war wie ein Strohhalm für sie. Die gelernte Näherin begann ihn zu studieren, alles zu lesen, was sie über ihn fand. Sie besuchte Konzerte, immer und immer wieder.

«Ich kenne ihn heute wahrscheinlich besser als er sich.» Und sie kennt sich selbst mittlerweile auch besser, weil die Auseinandersetzung mit einer Person wie Maffay – «als Typ, mit dem ich mir vorstellen könnte zu leben» – ihr für vieles im Leben, das damals fast zu Ende schien, die Augen geöffnet hat. Peter ist für sie der Typ Mann, der einerseits dient und andererseits hart durchgreift, der schwach ist, dies aber noch nicht zeigen kann. «Wir wissen doch alle, daß er eigentlich gar nicht singen kann, und so toll sieht er doch auch nicht aus.» Sie lacht wieder, als lache sie auch ein wenig über sich mit ihrer ‹Macke›. Aber jeder habe schließlich irgend so ein Ding im Kopf. «Die einen fahren in Urlaub, ich fahre mit auf Tournee. Da steh ich auch zu.»

Aber das kostet Geld. Immer die teuersten Hotels, Fahrtkosten, Verpflegung, Hotelbar. «Ich lebe ansonsten sehr bescheiden», sagt Sabine. «Kein Auto, 'ne kleine Wohnung, wenig Klamotten. Ich mache vor jeder Tour – und die wird ja schon ein Jahr vorher geplant – eine genaue Kalkulation, wieviel ich jeden Tag ausgeben kann. In Frankfurt beispielsweise gehe ich immer in eine Pension, weil ich das Hotel nicht mag. Das ist natürlich billiger. Dann kann ich mir in einer anderen Stadt mal wieder etwas mehr leisten.

## NUR ECHTE FANS

Aber hin muß sie. Es ist wie eine Sucht. «Manchmal dachte ich schon: Mein Gott, immer das gleiche. Und so toll sind die meisten Konzerte musikalisch ja auch nicht! Aber dann geh ich doch wieder hin.» Und es ist wohl auch gar nicht die Musik, die sie anzieht. «Auf der letzten Tour gab es musikalisch kaum einen Höhepunkt», sagt sie. Aber die Atmosphäre im Publikum, die stimme für sie immer. In München stand Maffay auf der Bühne, es blieb ihm die Stimme weg und dann fiel er sogar hin. Die Menge hielt den Atem an, hoffte, daß er sich aufrappeln möge. Kein Pfiff, kein Buh. Das Bangen lohnte sich. Er stand auf, und ab ging's. Das Publikum brach in Beifallsstürme aus. Das sind Momente, die Sabine nicht vergißt. «Wir», sagt sie oft, wenn sie vom Publikum spricht, und meint die Fans, die echten, für die solch ein Maffay-Auftritt ein Erlebnis, ein Abenteuer ist. Wo zwischenmenschliche Grenzen aufgehoben werden, sich wildfremde Menschen an den Händen halten oder vor Begeisterung auf die Schenkel klopfen oder dem unbekannten Nachbarn Bockwürstchen mitbringen. «Das ist nicht nur ein Konsumieren. Ich habe das in anderen Konzerten überprüft. Da gehen die Leute hin, wollen was haben, aber es passiert nichts zwischen dem Künstler und ihnen. Da ist ein großer Graben.» Den spürt sie bei Maffay nicht. Es pielt auch keine Rolle, ob der Nebenmann aussieht wie der Angestellte der lokalen Raiffeisen-Bank oder wie die ältere Nachbarin, die tagsüber die Enkel hütet. «Wenn du über die lachst», sagt Sabine, «bist du kein echter Maffay-Fan.» Als echter Fan würde man der Omi noch auf den Klappstuhl helfen und ihr eine zweite Wunderkerze in die Hand drücken. Man könne das nicht nur von außen betrachten, man müsse sich in die Person hineinversetzen und das tolerieren. Mir fällt das schwer, doch von dem Konzert, das ich besuche, kriege ich kaum was mit, weil mich die Fans so faszinieren: Rocker, Popper, Sachbearbeiter, Großmütter. Und vorne steht der breitbeinige Held, weckt Sehnsüchte, die er nicht befriedigen kann, hat etwas, was alle da unten im Publikum auch haben. Etwas, das sie verbindet. Vielleicht fühlen sie sich in einer versteckten Ecke ihres Herzens als Versager, als solche, die man um ein Stück Lebendigkeit betrogen hat. Und vor ihnen steht einer ohne große Schulbildung und erlernten Beruf, der sich trotzdem nach oben gerockt hat und ihnen zuruft: «Geht's euch gut?» Alle schreien «Ja» und es stimmt für den Moment. Aber danach? Fallen sie nicht in sich zusammen, greifen sie nicht nachts neben sich ins Leere oder nach einem Mann, der eben nicht so ist wie der Maffay ihrer Träume? Sabine wehrt ab. Klar gebe es Frauen, die sich ihn an ihrer Seite vorstellen, die einem Traum hinterherrennen, den sie nie einholen können. Die dann als Ersatz mit einem Musiker aus der Gruppe ins Bett gehen; denn Maffay ist einer der treuesten und, wie er sagt, «kein Mann für eine Nacht».

Bei ihr sei das nicht so, sagt Sabine. Klar knüpfe sie Kontakte, wenn sich was ergebe. Warum auch nicht. Aber sie ist kein Teenie mehr. Sie sieht hinter die Dinge. Daß Maffay zum Beispiel gar nicht so schlagfertig ist, wie er tut. Denn sie Sprüche sind meistens alt und von Leuten, die um ihn herum sind. «Was nicht heißt, daß er es dann, wenn er's sagt, nicht auch so meint. Oder daß er so auf seiner Gitarre herumhackt und ins Mikro grölt, weil er seine echten Gefühle verdecken will.» Und wenn er Schnulzen sänge, wäre es für sie auch in Ordnung. «Das sind eben so Phasen. Die kennt doch jeder von uns auch. Das ist doch normal.» Jedenfalls würde sie eine musikalische Kehrtwendung ihres Peter nicht vom Maffay-Glauben abbringen. Sie betrachtet ihn als Mensch, weniger als Musiker.

Manchmal muß sie sich auch wegen Peter streiten. Neulich mit einem Freund, der ihr Faible für Maffay gar nicht teilen konnte. Sie stritten sich, bis sie feststellten: Es ging gar nicht um Maffay. Es ging um die Beziehung zwischen den beiden. Maffay war nur Auslöser, der Spiegel für ihr Verhältnis zueinander. Und anschließend meinte ihr Freund: «Komisch, wofür so ein Maffay alles gut ist.»

# VII. SCHNEEWITTCHEN ODER SCHNEEFLITTCHEN

## ANKE KUCKUCK NACHDENKLICH

Welcher Hexenbesen (oder war es etwa der Märchenprinz?) hat mich bloß geritten, mich freiwillig so vielen starken, berühmten, selbstbewußten Weibern auszusetzen. Denn daß wir nicht auf schwache, namenlose und unsichere Frauen im Rock-Business stoßen würden, war ja vorher klar.

Kein Problem (vorher), wenn man sich selbst zu denen zählt, die der Volksmund stark nennt, sich als Teil eines Business versteht, über das es hier zu (be)richten gilt.

Natürlich weiß ich, daß man (pardon: frau) nicht mehr so gradlinig den Männern alle Schuld dafür in die Schuhe schieben darf (schade!), daß dieses Rock-Business als das härteste und chauvinistischste Geschäft bezeichnet wird, daß es deswegen und auf Grund von Erziehungsmustern so wenig Frauen in diesem Bereich gibt. Das muß man (pardon: frau) schon geschickter anstellen. Es geht schließlich nicht nur um ein gesamtgesellschaftliches, sondern auch um ein individuelles Problem. Da muß man (pardon: frau) auch schon mal vorsichtig die Frage stellen, ob frau (pardon: man) nicht vielleicht zu bequem und/oder ängstlich ist, sich mit Drums oder Bass auf die Bühne zu stellen und sich eben jenen männlichen Marktstrukturen auszusetzen.

Fehlt den Frauen etwa Ausdauer, Mut und Fleiß oder vielleicht einfach nur Spaß an der Sache Rockmusik? An lauten Tönen, die nicht zart die Sinne vernebeln und feenhaft im Kosmos verschwinden, sondern ins Hirn krachen und schreien: Hier bin ich! Seht mich an! Schneewittchen ist tot. Es lebe Schneeflittchen!

## *SCHNEEWITTCHEN*

Gefallen sich Frauen möglicherweise immer noch besser in der Rolle der leidenden Opfer oder dummen Schafe, in der sie nicht verantwortlich sind für ihr Tun, aber andere prima verantwortlich machen können für ihr Schicksal? In einer Rolle, in der sie genommen werden, wie sie sich präsentieren – als Cover-Schöne, als Textzeile, als Groupie, als Madonna.

Vielleicht lassen sich die Frauen lieber anbaggern als selber anzumachen, was auszugehen droht. Stehen lieber griffbereit fürs Bett zur Verfügung, als daß sie übers Griffbrett verfügen.

Vielleicht liegt ihnen nur insofern etwas an ihrer Selbstbestimmung, als daß sie selbst bestimmen, wer über sie bestimmen soll.

Auf der Suche nach dem Mann fürs Leben stellt man sich besser ins Publikum. Da stehen mehr Typen rum, die Auswahl ist größer, die Konkurrenz nicht so mächtig. Welcher Kerl traut sich schon mit einer kreischenden Rock 'n' Roll-Braut vor den Traualtar, die anstatt ja zu sagen, *Yeah* brüllt.

## *SCHNEEFLITTCHEN*

Aber wir haben ja mit denen gesprochen, die auf der anderen Seite der Medaille stehen. Die verrückt, mutig und ausdauernd genug sind, sich den Anforderungen zu stellen. Gierig habe ich aufgesogen, wenn sie, die aus ihrem Leiden eine Leidenschaft gemacht haben, uns (oft zögerlich) erzählten, sie müßten mehr Leistung bringen als Männer, um gleiche Positionen zu ergattern, und bekämen dann auch noch weniger Geld. Sie hätten bluffen lernen, die Coole mimen, sich auf Macho-Methoden einlassen müssen Sie haben ihre Ellenbogen wiederentdeckt, müssen sich wehren, wenn sie blöd angemacht werden, oder haben sich mit dem *Mösenbonus* arrangiert («Ganz gut für 'ne Frau...»)

Das paßt doch prima ins alte Feindbild. Da steht er wieder, der Mann mit seiner Gitarre vorm Schoß, breitbeiniges Brunftgehabe, das Mikro in der Hand wie einen Schwanz. YEAH! Da kommt keine dran vorbei. Das ist die Aufforderung zum Kampf der Geschlechter. Das ist Rock 'n' Roll. Buhmänner, die keiner ausbuht, weil sie die Größten sind im Geschäft. Auf der Bühne und dahinter, in den Plattenkonzernen und Sendeanstalten. Sie sind die Produzenten und Manager, Agenten und Regenten.

## MÄRCHENPRINZEN

Genau hingucken! Sind sie es wirklich, die uns Frauen hindern, in diesem Business Fuß zu fassen? Diese lächerlich wirkenden, aalglatten Manager, diese aufgeblasenen Roadies, diese hochempfindlichen, aber stahlharten Musiker, diese geldgeilen, kriminellen Veranstalter, diese bestechlichen Journalisten? (Von den netten Männern ist hier nicht die Rede.) Warum haben sie eigentlich immer noch die passende Frau in ihrem Schatten: diese pflegeleichten Gummigroupies, diese wartenden Gattinnen. Das gibt's doch gar nicht, daß es das noch gibt.

Sollte es wirklich so simpel sein, Frauen auf diese dämliche Weise auszutricksen? Uns mit unseren eigenen Waffen zu schlagen? Falschverstandene Weiblichkeit. Aufgabe statt Hingabe (und das Gegenteil ist nicht etwa Angabe!). Opferlamm an Stelle von Opferbereitschaft.

Und dann gibt es schließlich die, die es geschafft haben. Superfrauen. Heldinnen. Vorbilder. Ganz wenige. Die müssen für alles und jede geradestehen. Sie verwirklichen sich selbst, sind kreativ – ganz aus sich selbst heraus, weil sie innerlich frei sind. Stimmt das? So frei kann Janis Joplin gar nicht gewesen sein, hätte sie sich sonst totgefixt?

Was müssen sich diese Superfrauen bloß beweisen? – Die Frage ist ja auch nicht neu. Aber es geht eben nicht so glatt runter, wenn man hört: Sie ist 14 Stunden täglich mit der Promotion einer Band beschäftigt. Nervenzusammenbruch. Sie stresst sich bis zum Schlaganfall – mit 26 – beim Organisieren einer Tournee. Sie schleppt Cases trotz Rückenschmerzen. Sie hat Gelenkrheuma vor lauter Musikarbeit. Hat da etwa der freudsche Papa seine schnellen Finger im Spiel? «Ey, Alter, da staunst du, was deine kleine Tochter alles kann, was?»

Mag sein, daß die Superfrauen ihrem Boyfriend imponieren wollten, der Schlagzeuger in einer mittelmäßigen Schülerband war und letztlich doch nicht hielt, was er großspurig versprochen hatte. Vielleicht ist ihnen später einer begegnet, der die 47. Ausgabe von Lieschen Müller satt hatte. Denn auch das haben unsere Gespräche ergeben: Fast immer waren es Männer, die die Frauen nach vorne gebracht haben, die ihnen Identifikationsfigur waren. Total männerfixiert, mindestens ebenso wie die Groupies, die wir so oft belächeln, oder auf die wir mit Unverständnis reagieren. Unangenehme Sichtweise?

## MÖSENBONUS

Neuer Versuch. Ich will ja niemandem was Schlechtes. Tu mir nix – ich tu dir auch nix. Sie liegen vor mir, die seitenlangen Interviews der tollen Frauen. Schwesterlich habe ich mich ihnen genähert, um sie auszuhorchen. Hatte völlig vergessen, daß ich meiner eigenen Schwester früher gerne die Augen ausgekratzt hätte. Klaus hielt sich in manchen Gesprächen zurück, weil die Frauen sich veränderten und andere Antworten gaben, wenn er sie befragte. Haben sie selber gesagt.

Ich hingegen kann ihnen ihre Probleme scheinbar besser entlocken, habe mehr Verständnis, bin sensibler, genieße ihr Vertrauen. Warum eigentlich? Bin doch auch nur ein Mensch. Auch hier wieder der *Mösenbonus* (dieses wunderbare Wort, das ich von Annette Kluge gelernt habe). Die Frauen präsentieren mir ihre schwachen Seiten, und an denen sind wir als Journalisten natürlich interessiert – vor allem bei starken Frauen. Schwachstellen. Probleme. Knackpunkte.

## SCHWÄCHLING

Zwischendurch bin ich dabei selber schwach geworden. Keine Distanz. Projektion eigener Probleme auf meine Interviewpartnerinnen. Umgekehrt Ähnliches. Neid, Eifersucht, Konkurrenz. Nicht nur, aber auch. Unter Schwestern. Vielleicht nirgendwo mehr als gerade dort. Daß es bloß keine merkt. Ruhig bleiben. Vorsicht. Geschickte Tarnung aus dem Unbewußten: freundliches Lächeln, liebevoller Umgang, bekundete Solidarität. Ein gemeines Schicksal verbindet uns.

Frau sein.

Es waren/sind so viele Persönlichkeiten um mich versammelt, allen wollte ich gerecht werden und glaubte mittendrin zu verschwinden. Wie wehrt sich ein genialer Kopf dagegen? Flotter schreiben, schneller reden, besser analysieren, lauter schreien. Das ist sehr anstrengend, aber gehört nun mal zum Job. Und zustimmend nicken, wenn von «rumbumsenden Promo-Tussis», «arschwackelnden Groupies», «tumben Mädels», die aus Liebe in die Branche wechseln, die Rede ist. Ausdrücke, wie sie Frauen über Frauen gebrauchen (wenn sie sie nicht nur denken). Klischees, die auch viele sogenannte Starke von ihren sogenannten schwachen Geschlechtsgenossinnen im Kopf haben. *Stern*, *Quick* und *Bild* im übrigen auch. Klischees, die sich vielleicht auch deshalb so hartnäckig halten, weil es auch die ungeliebten Wünsche der Starken sind.

Solange sich sowohl die einen als auch die anderen Weiber immer wieder über Männer definieren, sich an ihnen messen lassen oder auf sie beziehen, wird das nichts mit dem Durchbruch in die Rockmusik.

So frage ich mich ernsthaft: Hat mich nun der Märchenprinz oder der Hexenbesen geritten, als ich mich entschloß, an diesem Buch mitzuarbeiten? Die Sache befindet sich noch in der Entwicklung und ist unentschieden. Sollte es aber der Prinz gewesen sein, hätte ich die Zeit besser im Kosmetik- und Bräunungsstudio als an der Schreibmaschine verbracht.

# VII. INITIATIVEN

Das Interesse von Frauen, Musik nicht nur zu konsumieren, sondern auch selbst zu machen, ist spätestens seit der Punk-Welle Ende der 70er, Anfang der 80er Jahre massiv angewachsen. In allen stilistischen Bereichen – vom Jazz über Soul, Funk, Avantgarde bis zum Hardrock – arbeiten heute nicht nur zahlreiche Sängerinnen, sondern auch hervorragende Instrumentalistinnen. Dennoch werden Frauen im Vergleich zu ihren männlichen Kollegen weiterhin nicht wenige zusätzliche Steine in den Weg gelegt: Noch immer gelingt es Frauen erst viel später, in die Musik einzusteigen. Sie sind dadurch gezwungen, sollten sie sich nicht für eine reine Frauenband entscheiden, mit weitaus jüngeren oder aber in der Regel erfahreneren gleichaltrigen Musikern zusammenzuarbeiten: zahlreiche Qualifikations- und Weiterbildungsmöglichkeiten bleiben ihnen vorenthalten. So gilt etwa als Altersgrenze für die Aufnahme an Musikhochschulen in der Regel 25 Jahre, Rockwettbewerbe der Städte oder Kreise richten sich oft an jugendliche Nachwuchsmusiker. Überhaupt eine Band zu finden, scheint jungen Musikerinnen heute leichter zu fallen als noch der Generation der heute Etablierten (Meinecke, Deter). Doch der Leistungsanspruch an die Frau in der Band ist oft höher, sie wird kritischer beobachtet, sobald der erste Image-Bonus – «Geil, 'ne Frau in der Band» – verflogen ist. «Als Frau in einer Männerband mußt du gleich perfekt sein. Ich hab schon mit Typen gespielt, die konnten drei Griffe und lernten den vierten auf der Bühne.»

Der Anteil der Frauen bei den Berufsmusikern ist immer noch unverhältnismäßig gering, der Anteil reiner, nicht bewußt schwul orientierter Männerbands unverständlich hoch.

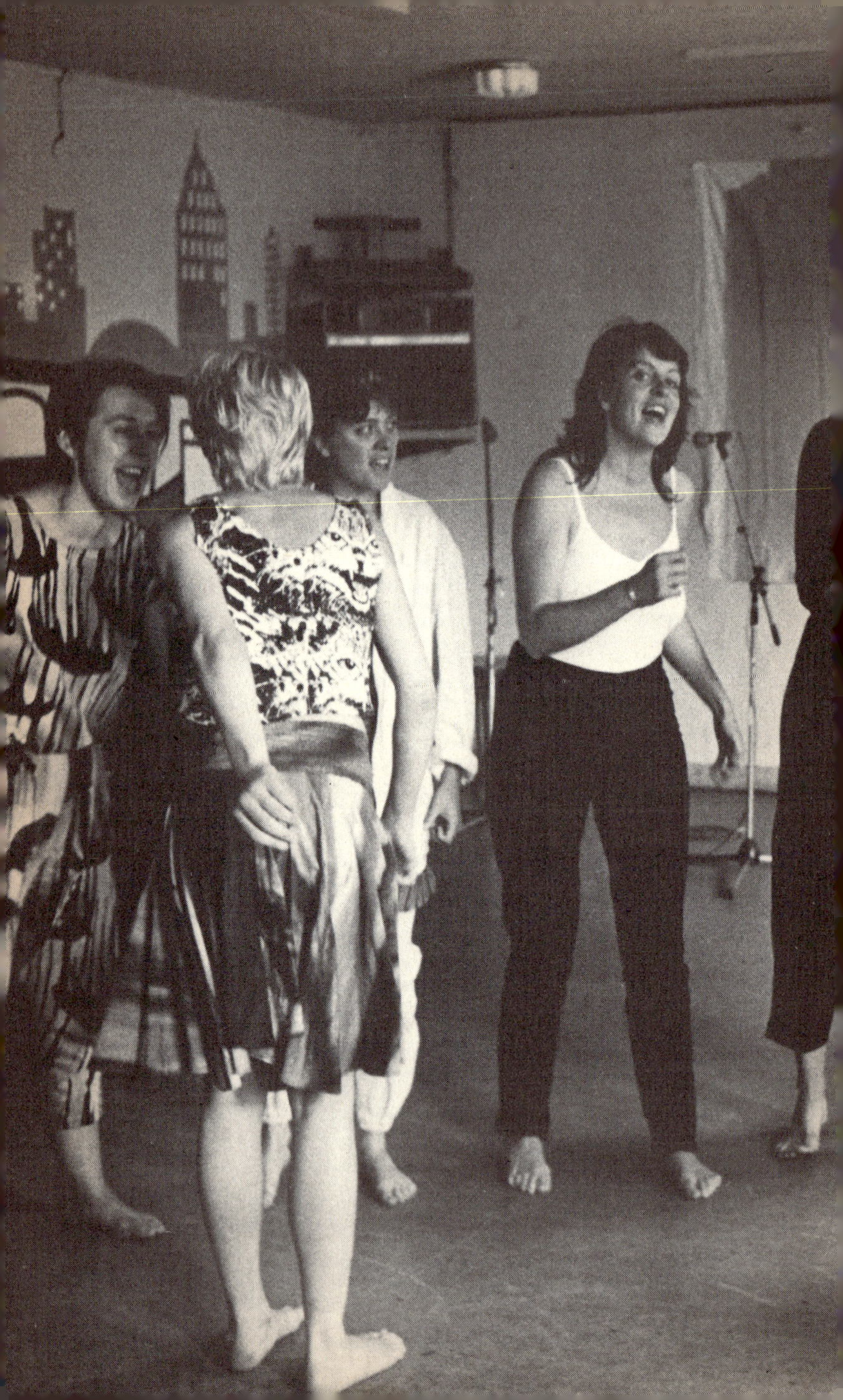

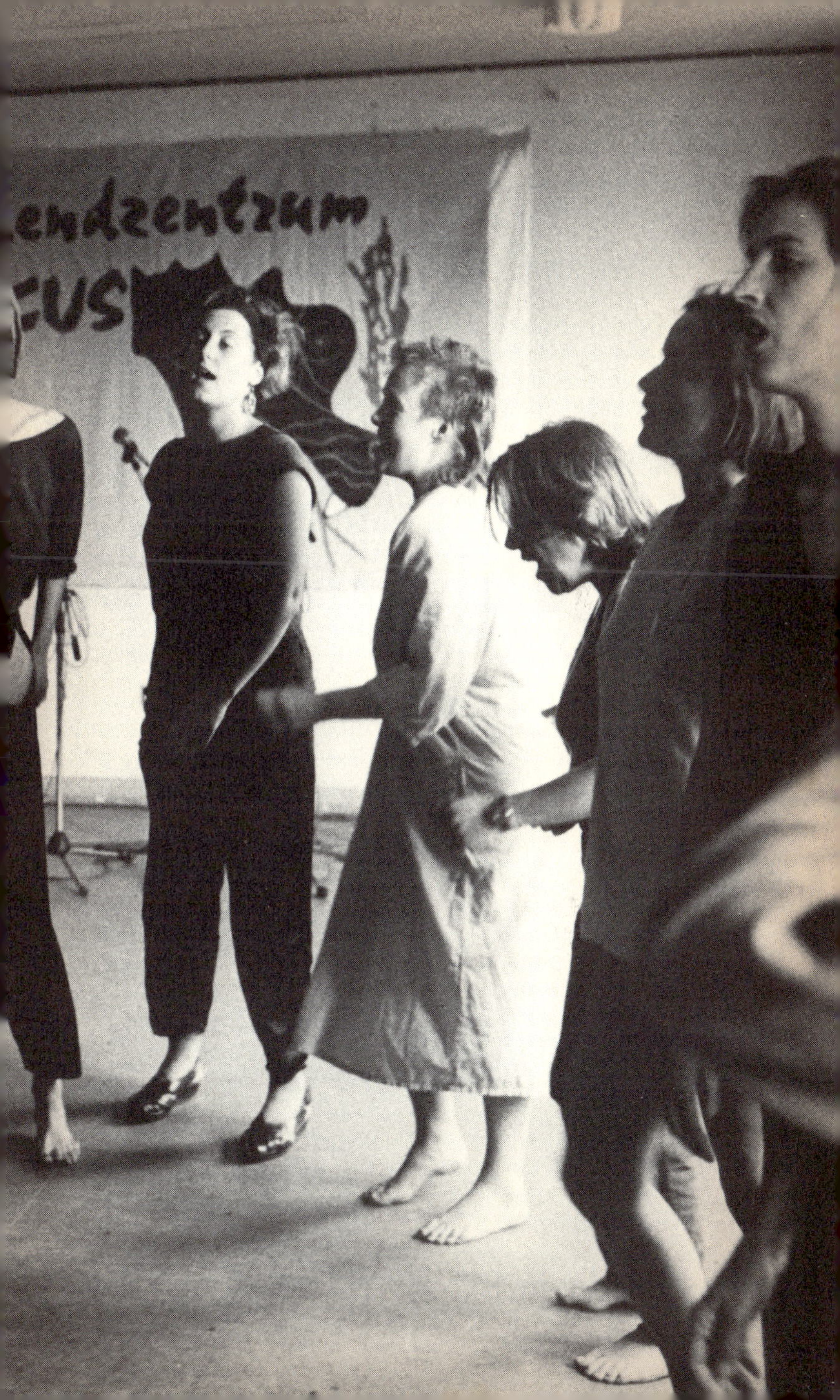
endzentrum
EUS

Frauen in der Rockmusik sind nicht zur Normalität geworden. Frau braucht weiterhin mehr Mut, mehr Ermutigung, um sich da hineinzuwagen.

## BEISPIELSWEISE BERLIN

Diesen ersten Schritt zu erleichtern, aber auch um intensivere Kommunikationsstrukturen unter erfahrenen Musikerinnen zu schaffen, haben sich seit Anfang der 80er Jahre über die gesamte Bundesrepublik verteilt FrauenMusikInitiativen gebildet. In Berlin beispielsweise veranstalten Gabi Mehlitz (Bass) und Bettina Busse (Keyboards) im Juni '87 bereits zum 5. Mal ihren *Frauen-Rock-Treff*: Workshops über zwei Tage für alle in der Rockmusik üblichen Instrumente sollen «interessierten Frauen, die noch nie selber Rockmusik gemacht haben, eine Einstiegsmöglichkeit geben und Musikerinnen einen Erfahrungsaustausch über Instrumente, Stilrichtungen, Techniken usw. bieten». Den zumeist euphorischen Abschluß bildet in jedem Jahr ein Konzert mit vier europäischen Frauenbands sowie der während der Workshops entstandenen Session-Band.

In Berlin existiert außerdem seit vier Jahren das Frauenmusikzentrum *Lärm & Lust*. Die einst heruntergekommene Fabriketage in einem Kreuzberger Hinterhof, von anfangs 40 Musikerinnen mit finanzieller Unterstützung von *Netzwerk, Goldrausch* und dem Berliner Rockbeauftragten des Senats in drei mühevollen Jahren total renoviert, dient Berliner Musikerinnen heute als Treffpunkt mit Übungsräumen, *Ladies-Only*-Disco, Workshop-Wochenenden und reichhaltigen Angeboten an Einzel- oder Gruppenunterricht für Saxophon, Schlagzeug, Gitarre, Bass und Klavier. Im Haus selbst sind bereits eine Big-Band, eine Samba- und eine etwa 20köpfige Percussiongruppe entstanden, die Tanzcombo *The Ladies Night & Day Dance Band* sowie eine Rockband sind im Aufbau.

## ‹EMANZEN› IN MÜNCHEN

In München traten 1986 erstmals die *Sirenen* in größerem Rahmen an die Öffentlichkeit. Hervorgegangen aus einem Stammtisch Münchner Musikfrauen und mit der lockeren Durchführung einzelner Konzerte und Workshops, organisierte der inzwischen auf 60 Musikerinnen und Musikbegeisterte angewachsene Verein vom 28. Februar bis zum 2. März 1986 ein großangelegtes FrauenMusikFestival mit vier Konzerten, einem Dutzend Workshops zur instrumentellen Weiterbildung, mit Vorträgen und Diskussionen zu Themen wie «Frauen-Texte», «Rockmusik als Beruf», «Komponistinnen aus

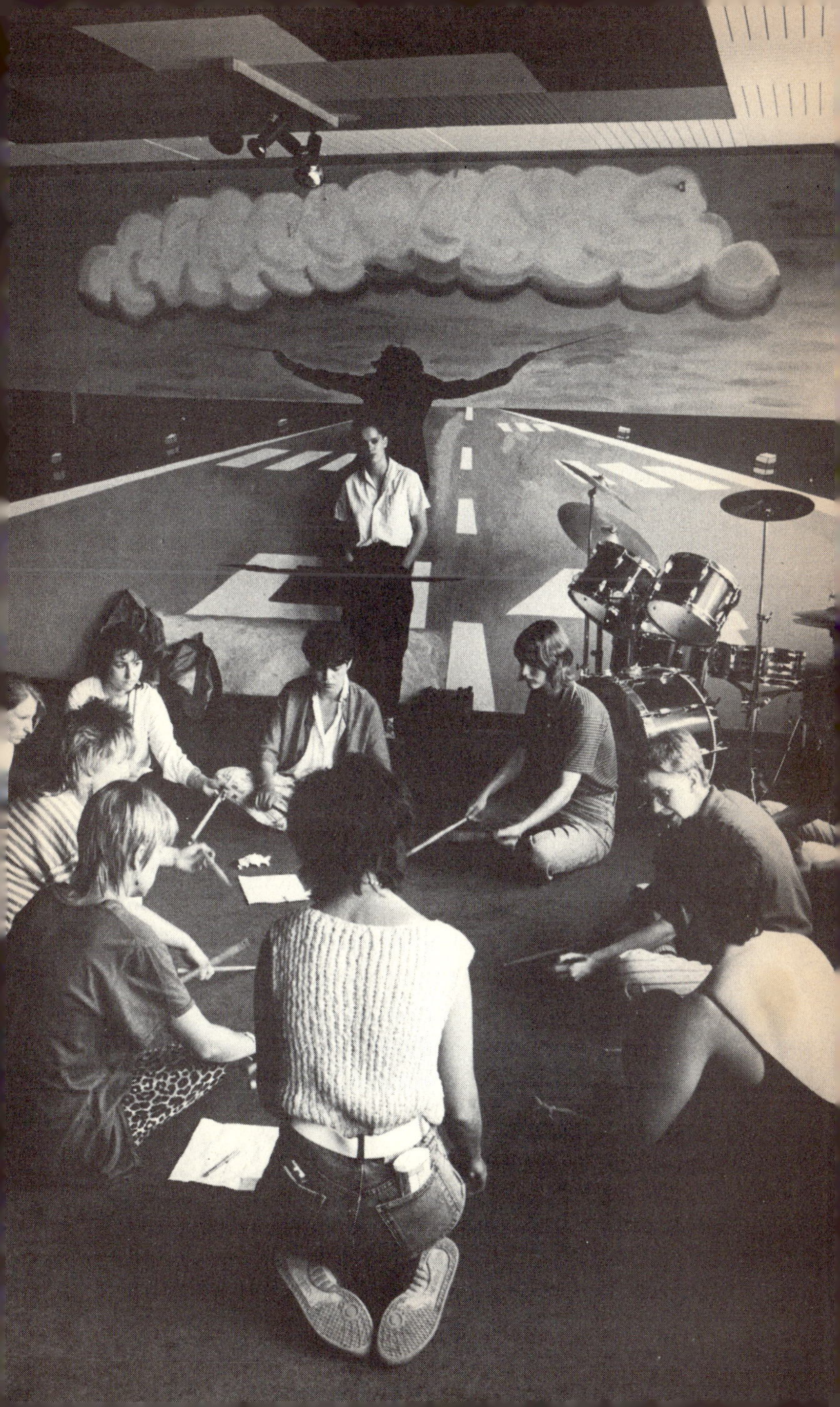

500 Jahren». Doch Aufsehen weit uber die Grenzen der Stadt hinaus erregte vor allem die Reaktion maßgeblicher Herren der Schöpfung auf das Programm. So verweigerte Prof. Walther Keßler, Präsident der Fachhochschule München, den *Sirenen* nach Einsicht in das Programm bereits zugesagte Räume mit der Begründung, für solche Veranstaltungen, bei denen er nicht überblicken könne, «was denn da vor sich gehe», könne er die Verantwortung nicht übernehmen. Weniger zurückhaltend ist er im Gespräch mit der Leiterin der Frauen-Gleichstellungsstelle: «Diese Emanzenveranstaltung kommt mir nicht ins Haus!»

Der Ressortleiter Jazz des Bayerischen Rundfunks, Joe Kienemann, blamierte sich gleich schriftlich. Da Männern der Zutritt zu den Veranstaltungen versagt blieb, könne er nichts darüber senden, revidierte er seine anfängliche Zusage. «Eine solche Diskriminierung, die eigentlich nur mit Rassismus verglichen werden kann, schlägt nicht nur männlicher Grundauffassung von Toleranz und Demokratie ins Gesicht», schreibt er sich in Fahrt, um – Dieter Hildebrandt könnte es nicht schöner formulieren – gleich noch eins draufzulegen: «Um konsequent zu sein, bitte ich Sie, sich vorzustellen, ich müßte bei der Übertragung alle männlichen Zuhörer bitten, das Rundfunkgerät abzuschalten.

Ich habe mich für die Frau und ihre berechtigten Forderungen nach Gleichstellung in allen Bereichen des Lebens als Mann immer eingesetzt und werde dies auch nach Kräften weiterhin tun. Gerade deshalb kann ich mich nicht in den Dienst dieser Aktion stellen, die der Sache der Frau mehr schadet als nützt», beendet er sein Schreiben mit dem Briefkopf einer Anstalt des öffentlichen Rechts und «ein bißchen traurigen Grüßen».

## Europäisches Frauen Musik Netz

Auch die Hamburger *Frauen machen Musik* wollen im Sommer '87 zum 4. Mal ihre Frauenmusikwoche durchführen, ein zehntägiges Seminar mit Instrumentalunterricht für diverse Blasinstrumente, Piano, Gitarre, Bass, Schlagzeug u. a., Technikeinführung, Musiktheorie (Harmonielehre, Arrangement, Komposition) und Ensemblespiel für die Bereiche Jazz, Rock, Funk, Avantgarde, Tanz, Vocal, Percussion usw., dies alles unter Anleitung qualifizierter Musikerinnen und Musikpädagoginnen. Zur kontinuierlichen Diskussion geben die Frauen dreimal jährlich einen Rundbrief heraus.

*Frauen in der Musik* nennt sich eine zweite Gruppe in Hamburg, bestehend aus sieben Musikerinnen, die sich verstärkt theoretisch mit der Situation und den Problemen musikmachender Frauen beschäftigt: Welcher Zusammenhang besteht zwischen weiblicher Sozialisation und dem Musikmachen von Frauen? Gibt es eine spezifisch weibliche Musik? Wie verlief die Geschichte der Musik von Frauen? Welche Erfahrungen machen Musikfrauen im etablierten Kulturbetrieb? Unterliegt das Musikmachen von Frauen anderen Ansprüchen und Maßstäben – sowohl bei den Musikerinnen selbst als auch bei den Zuhörer(inne)n?

Das Interesse an einer intensiveren Diskussion solcher Fragen ist nicht nur in Hamburg, Berlin oder München sehr groß. Auch in anderen Städten sind bereits neue FrauenMusikInitiativen entstanden. Um das Netz der Musikerinnen weiterzuknüpfen, trafen sich 13 Initiativen im November '86 zu einem ersten Erfahrungsaustausch. Seitdem finden diese Treffen regelmäßig statt, ein geplanter Rundbrief soll weitere Informationen verbreiten. Die Münchner *Sirenen* haben die Koordination übernommen, sie können auch weiterhelfen, wenn Adressen, Kontakte, in einer bestimmten Stadt vonnöten sind. Und wenn sich die Anschriften der lokalen Initiativen mal wieder geändert haben:

*Frauen-Rock-Treff*, c/o Bettina Busse, Willibald-Alexis-Straße 5, 1 Berlin 61, Tel: 030/6 93 48 18 oder Gabi Mehlitz, Köpenicker Straße 154, 1 Berlin 36, Tel: 6 12 44 85 oder 6 93 48 18

*Lärm & Lust*, Oranienstraße 189, 1000 Berlin 36; Tel. 030/ 6 14 56 40

*Sirenen Musikfrauen München e. V.*, c/o Lillemor's Frauenbuchladen, Arcisstraße 57, 8000 München 40; Tel. 089/2 72 12 05

*Frauen machen Musik e. V.*, c/o *Sigrid Poepping/Lavenda Schaff*, Lutterothstraße 60, 2000 Hamburg 20; Tel.: 040/43 78 64

*Frauen in der Musik*, c/o Gabi Thiering, Winklersplatz 8, 2000 Hamburg 50

*Frauenkulturverein*, Petra Nolle, Callenberger Straße 24, 3000 Hannover; Tel. 05 11/1 81 79

*Arbeitskreis Frau und Musik e. V.*, Antje Olivier, Frobenstraße 6, 4000 Düsseldorf 30; Tel. 02 11/62 78 21

*Frauenkulturverein e. V.*, Dortmunder Straße 11, 4400 Münster; Tel. 02 51/66 57 61

*Unerhört*, c/o Brigitte Schulte-Hofkrüger, Am Barkhof 3, 2800 Bremen

*Musikerinnentreff*, c/o Frauen-Kunst & Kulturzentrum, Innerer Kleinreuther Weg 28, 8500 Nürnberg; Tel. 09 11/35 19 70

*Defizit*, Kerstin Kilanowski, Hansaring 36, 5000 Köln 1; Tel. 0221/133679

*Österreichische Frauenmusikwoche*, c/o Anka Hauter, Stumpergasse 63/14, A–1060 Wien

*Frauen machen Musik*, c/o Frauenzentrum, Mattengasse 27, CH–8005 Zürich

*werkgroep vrouwen muziek*, Swamerdamstraat 38, 1091 RV Amsterdam; Tel. 020/947317

## DANK AN... BILD-NACHWEIS

*B*esonderen Dank (außer allen, denen Sie bereits im Buch begegnet sind) für Gesprächsbereitschaft, Kontaktvermittlung und Sonstiges an Karin Aderhold, Thomas Böhm, Bettina Busse, Heide Dumont, Marianne Enzensberger, Claudia Giese, Gudrun Gut, Carmen Herzog, Tina Hey, Marina Hlubek, Petra Jung-Friz, Hilaneh von Kories, Gabi Mehlitz, Gabi Meier, Marina Rätzel, Marianne Rosenberg, Barbara Witten und Peter Zimmermann.

Und natürlich den Fotograf(inn)en: Ann-Christine Jansson (S. 11, 21, 30, 67, 141)
Marco Saß (S. 15, 51, 111, 121, 162, 169)
Moni Kellermann (S. 38, 39, 129, 144, 185)
Christian G. Irrgang (S. 157, 196)
Roland Owsnitzki (S. 86, 188)
Christine Albert (S. 210/211, 213)
Ralph Quinke (S. 29)
Andreas Arnold (S. 34)
Alfred Will (S. 61)
Thomas Räss (S. 97)
Wolfgang Schulte (S. 89)
Christian Deska (S. 175)

Bei Abbildungen ohne Nachweis handelt es sich um Privatfotos.

Der auf S. 55/56 abgedruckte Leserbriefwechsel stammt aus «Vorwärts» (21. Juli 1983).

# Namen-register

Ariola 116, 119, 134, 160
Ärzte, Die 13, 95 ff, 139 ff, 195 ff

Baez, Joan 53, 54, 182
Beatles, The 28, 33, 35, 116
Berliner Bass Ballett 57
Bild 126, 128, 138, 206
Böll, Carmen 60, 63, 99 ff
Booren, Thera van den 109 ff
Brandes, Vera 161 ff
Brandi, Klara 23 ff
Bravo 18, 68, 73, 123, 138 ff, 177, 180
Busse, Bettina 77 ff, 212, 215

Catch, C. C. 73 ff
CBS 53, 116, 143, 147
Christiansen, Maike 77 ff
Claßen, Sabina 66, 69
Cochise 23 ff
Crash 173 ff

Dauner, Wolfgang 31
Degenhardt, Franz Josef 159
Deter, Ina 11, 50 ff, 156 ff, 209
Deutsche Grammophon 94, 116, 129
Dietl, Monika 13, 187 ff

Eickelberg, Vivi 155 ff, 164, 165
Eigelstein 169 ff
EMI 31, 116, 120, 122, 147
Extrabreit 107, 140, 174

Ferber, Dorle 23 ff
Formel Eins 117, 126, 137, 138, 140
Fukking, Jörg 139 ff
Fukking, Silvie 139 ff

Grips 18, 59

Grönemeyer, Herbert 73, 110, 116, 120, 123
Guest Stars, The 151, 154
Gülden, Gitti 192 ff

Haenning, Gitte 156 ff
Hagen, Nina 14, 54, 107, 181
Haigis, Anne 28 ff, 116
Hammerbacher, Carin 38 ff
Hans-a-plast 45 ff
Hartmann, Karin 38 ff
Harzer, Claudia 77 ff
Heinrich, Karin 133 ff
Hendryx, Nona 185, 186
Holy Moses 66, 69
Hopfenmüller, Annette 60 ff
Hoppe, Georgia 38 ff
Hoppe, Jörg 173 ff
Hoppe, Gundi 173 ff
Hostert, Isabel 38 ff
Howitt, Doro 77 ff

Insisters 14, 16
I wie Gelb 38

Kellermann, Moni 179 ff
Kienemann, Joe 214
Kilanowski, Kerstin 151, 169 ff, 215
Killing the Pink Ballett Girl 85
Kluge, Annette 12, 57 ff, 84, 206
Konzack, Conny 98, 164, 165